U0152887

考前充分準備　臨場沉穩作答

千華公職證照粉絲團 f
https://www.facebook.com/chienhuafan
優惠活動搶先曝光

千華公職資訊網
http://www.chienhua.com.tw
每日即時考情資訊　網路書店購書不出門

千華 Line 生活圈 @
https://line.me/R/ti/p/%40cus3586l
即時提供最新考訊、新品出版、活動優惠等資訊

千華數位文化
Chien Hua Learning Resources Network

金融科技力知識檢定測驗

- **辦理依據**：依據104年12月本院召開之「金融數位力認證測驗專家諮詢會議」決議辦理。自第8屆起，本項測驗名稱由「金融數位力知識檢定測驗」更名為「金融科技力知識檢定測驗」。

- **報名資格**：報名資格不限。

- **報名日期**：第十屆109年10月7日至11月2日。

- **測驗日期及考區**
  一、測驗日期：第十屆109年11月21日。
  二、考　　區：分為台北、台中、高雄、花蓮等四個考區。

- **測驗科目、時間及內容**
  一、測驗科目、時間及題型

測驗科目	測驗時間	試題題數	測驗題型及方式
金融科技力	90分鐘	60題	四選一單選題，採答案卡作答

  二、測驗科目及內容：金融數位力

  (一)金融科技的發展演進　　(二)雲端運算
  (三)市場資訊供應-大數據與新市場平台　　(四)人工智慧
  (五)區塊鏈　　(六)生物辨識
  (七)支付　　(八)保險科技
  (九)存貸　　(十)募資
  (十一)金融科技下的投資管理　　(十二)純網銀與開放銀行
  (十三)監理科技　　(十四)資訊安全與風險管理
  (十五)金融機構的數位轉型

- **合格標準**：本項測驗以成績達70分為合格。

～以上資訊僅供參考，詳細內容請參閱招考簡章～

金融人員
基礎學科測驗 (FIT)

▶ 辦理緣由

為減輕求職者多次準備銀行就業考試的壓力與負擔,參考類似入學考試的概念,針對銀行招考新進行員較常出現之考試科目作一整合,以建構銀行徵才具代表性之參考指標。

完整考試資訊

https://reurl.cc/ZO5r4g

▶ 報名資格

報名資格不限。凡有志進入銀行業從事金融相關業務,或對金融基礎學科相關領域有興趣之在校學生、社會人士皆得報考(可自行選擇考科報考)。

▶ 報名期間

依官方簡章公告。

▶ 報名費用

個別報名	每一考科之報名費用為新台幣500元整(或愛學習點數50點)。
團體報名	單一考科如同一機構達10人(含)以上,可採取團體方式報名,每一考科之報名費用優惠為新台幣400元整。

▶ 報名方式

個人報名	一律採個人網路報名方式辦理,恕不受理現場報名。請依規定報名程序確實填寫應考人本人個人資料,內容應力求詳實,以免影響應考權益。
團體報名	團體報名方式僅適用於「單一考科」同一機構10人(含)以上集體報名,團體報名機構先行統一建檔與繳款。

▶ 測驗日期及考區

測驗日期	依官方簡章公告。
考區	分為台北、台中、高雄等三個考區，請擇一報考。

▶ 測驗考科、時間及內容（此處僅列出考科IV，其餘考科請自行參閱簡章）

測驗科目、時間及題型

代碼	測驗考科	預備時間	測驗時間	試題題數	測驗題型及方式
441	考科 IV 邏輯推理+資訊科技+創新科技	13：20 或 15：30	13：30～15：00 或 15：40～17：10	80題	四選一單選題，採答案卡作答

測驗內容及範圍

考科 IV	邏輯推理	觀念題、數學計算
	資訊科技	1. 作業系統操作（一般概念） 2. 資料庫應用 3. 資訊系統（含系統開發、資料處理、專案管理、軟體工程、UX/UI） 4. 程式設計概念（含資料結構） 5. 網路管理（含TCP/IP） 6. 資訊安全
	創新科技	人工智慧、大數據、雲端運算、物聯網、區塊鏈、數位化經營、行動支付、行動商務、VR/AR、Fintech……

 千華數位文化股份有限公司

新北市中和區中山路三段136巷10弄17號

TEL: 02-22289070　FAX: 02-22289076

中華郵政從業人員筆試科目一覽表

依據中華郵政於109年6月9日
最新修正公告內容，節錄如下。

完整考試資訊

https://reurl.cc/arjkqG

一、營運職

甄選類科	專業科目		共同科目
金融外匯	1.會計學及貨幣銀行學	2.外匯業務及票據法	1.國文(含作文與公文寫作) 2.英文(含中翻英、英翻中及閱讀測驗) 3.郵政三法(含郵政法、郵政儲金匯兌法、簡易人壽保險法)及金融科技知識
金融保險	1.保險學及保險法規	2.民法及強制執行法	
投資管理	1.投資學及財務分析 2.經濟學及衍生性金融商品理論與實務		
系統分析	1.資訊系統開發設計(含系統分析、程式設計、開發程序、資料庫系統、網際網路服務及應用) 2.問題解析及處理(問題分析與解決、邏輯推理能力)		
機械工程	1.工程力學與材料力學	2.機械設計與機動學	
電機工程	1.電力系統與控制系統	2.電路學與電子學	
郵儲業務	甲	1.管理個案分析及行銷管理 2.民法及經濟學	
	乙	1.金融法規(含票據法、保險及公司法)及民事訴訟法與強制執行法 2.民法及行政法	
	丙	1.會計學及經濟學 2.民法及票據法	
	丁	1.資訊系統開發(含系統分析、程式設計、開發程序、程式語言) 2.資訊規劃與管理(含作業系統、資料庫系統、網際網路服務及應用、資訊安全)(資訊處)	

二、專業職(一)

甄選類科	專業科目	共同科目
電子商務 (網頁設計)	1.電子商務與網路行銷 2.多媒體概論與設計實務	1.國文(含短文寫作與閱讀測驗)及英文 2.郵政三法概要(含郵政法、郵政儲金匯兌法、簡易人壽保險法)及金融科技知識
電子商務 (企劃行銷)	1.電子商務 2.行銷學	
一般金融	1.會計學概要及貨幣銀行學概要 2.票據法概要	
儲壽法規	1.金融法規概要(含郵政儲金匯兌法、保險法)及洗錢防制法概要 2.民法概要及強制執行法概要	

甄選類科	專業科目	共同科目
壽險核保	1.人身保險概論　　2.人身保險核保理論與實務	1.國文（含短文寫作與閱讀測驗）及英文
金融投資	1.經濟學概要　　　2.投資學概要	
程式設計	1.邏輯推理 2.資訊系統開發與維護概要（含程式設計、開發程序、資料分析及資料庫設計）	2.郵政三法概要（含郵政法、郵政儲金匯兌法、簡易人壽保險法）及金融科技知識
電力工程	1.輸配電學概要　　2.基本電學	
營建工程	1.營建法規與施工估價概要 2.建築設計與圖學概要	
房地管理	1.民法概要 2.土地法規概要（包括土地法、土地稅法、土地登記規則）	

三、專業職(二)

甄選類科	專業科目	共同科目
內勤－櫃台業務	1.企業管理大意及洗錢防制法大意 2.郵政三法大意（含郵政法、郵政儲金匯兌法、簡易人壽保險法）及金融科技知識	國文（含短文寫作與閱讀測驗）及英文
內勤－外匯櫃台		
內勤－郵務處理		
外勤－郵遞業務	1.臺灣自然及人文地理 2.郵政法規大意(含郵政法及郵件處理規則)及交通安全常識（含道路交通安全規則第四章、道路交通管理處罰條例及道路交通事故處理辦法）	國文（單選題與閱讀測驗）及英文
外勤－運輸業務		

～以上資訊僅供參考，詳情請參閱甄試簡章～

千華數位文化股份有限公司
・新北市中和區中山路三段136巷10弄17號　・千華公職資訊網 http://www.chienhua.com.tw
・TEL：02-22289070、02-23923558　　　　・FAX：02-22289076

目次

金融科技的未來

隨著金融業在全球低利率環境下獲利的增速放緩，傳統金融業受到新技術的衝擊，所需人力越來越少，歐美各大行裁員縮編由科技取代的趨勢基本上不會改變。金融科技（英語：Financial technology，也稱為FinTech），是促進科技開發、成果轉化和高新技術產業發展的金融工具、金融制度、金融政策與金融服務的系統性規劃，企業運用科技手段使得金融服務變得更有效率，因而形成的一種經濟產業。金融發展趨勢非常快速，對金融業衝擊層面，已不僅止於支付，還包括理財、貸款、外匯等。「另類金融」正大幅衝擊金融業，包括銀行、證券、保險在內的金融從業人員逾30萬人，若含業務員等兼職，則超過80萬人，都將面臨影響。

金融科技依靠著雲端運算實現了使用載具的輕量化與輕便化，未來所有複雜的運算都由雲端完成。大數據分析應用利用資訊科技來蒐集分析，主要分為物聯網及互聯網，物聯網是一種建立在互聯網上的泛用網路，物聯網技術的重要基礎和核心仍舊是互聯網，互聯網連接了所有的人和資訊內容，提供標準化服務，這將成為未來趨勢，也為實際應用的領域打開無限可能。

數位金融（Digital Finance）不只為客戶提供傳統金融服務，甚至還有創新型的金融業務，同時銀行面對的不只是金融同業的競爭，還有網路新興金融服務業者的衝擊。隨著金融科技蓬勃發展，如何防範並降低科技所帶來的風險，提供既便利又安全的金融活動環境，是金融科技業者必須持續面對的資訊安全管理挑戰。

參考文獻

1. 洪國峻（2014）。TMS行動支付生態與應用。財金資訊季刊，NO.78，12-18。

2. 2015年世界經濟論壇－未來的金融服務：https://www.stockfeel.com.tw/2015年世界經濟論壇－未來的金融服務/

3. 編輯委員會（2017）。金融數位力。臺北市：台灣金融研訓院。

4. 數位時代：https://www.bnext.com.tw/

5. 資策會產業情報研究所：http://mic.iii.org.tw/

6. MBA智庫百科：http://wiki.mbalib.com

7. 萬物聯網（IoE）是什麼？與物聯網（IOT）有何差別？：https://read01.com/NmB8xg.html

8. 全國法規資料庫：https://law.moj. gov.tw/LawClass/LawAll.aspx?pcode =G0380237

9. 實現普惠金融，三大金融科技關鍵技術不可少：http://www.ithome.com.tw/ news/109714

10. LightBlue Essay：https://www.lightblue. asia/

11. 維基百科：https://zh.wikipedia.org/wiki

12. 中央銀行（2016）。2016年3月24日央行監理事會後記者會參考資料。臺北。

13. 孫一仕、施祖琪與蕭俊傑（譯）（2015）。Bank3.0：銀行轉型未來式。臺北市：台灣金融研訓院。

14. 2015 the future of bank risk Management：http://www.mckinsey.com/business-functions/risk/our-insights/the-future-of-bank-risk-management

15. 金融科技新趨勢如何面對行動支付安全風險：https://www.inside.com. tw/2016/01/06/mobile-payment-and-securety

16. http://law.fsc.gov.tw/law/LawContentDetails.aspx?id=GL000983&KeyWordHL

17. 台灣群眾集資年度報告：https://annual-report.crowdwatch.tw/2015

18. 全球金融科技的高速火箭已經發射，台灣準備好了嗎？：http://vikingbar. org/2016/02/全球金融科技的高速火箭已經發射，台灣準備好了嗎

19. 金融科技（Fintech）發展的國際趨勢與對我國的借鏡：https://portal.stpi.narl. org.tw/index/article/10254

20. 2016年Gartner十大策略性技術趨勢觀察：http://iknow.stpi.narl.org.tw/post/ Read.aspx?PostID=11665

21. 蕭俊傑（2015）。金融科技革命。期貨人季刊，No.56。

22. IBM（2015-2016）。分行轉型的「虛」與「實」簡報資料。

23. IBM（2015-2016）。數位金融創新簡報資料。

24. IBM（2015-2016）。智慧分行轉型簡報資料。

25. 管理大數據應用需求：https://kknews. cc/zh-tw/tech/krbmrpq.html

26. 2016年FinTech 100金融科技創新者報告：https://home.kpmg.com/tw/zh/home/ insights/2016/10/ventures-kpmg-fintech-fs.html

27. 曾銘宗（2016年1月）。金融業之挑戰與轉型。金總服務，20-25。

28. 金融業行為風險、行為監管與金融消費者保護：https://read01.com/zh-tw/PkoE Bz.html#.Wb_s4NQjFdg

圖片來源：Vecteezy.com、いらすとや（https://www.irasutoya.com/），P.122

Unit 1　金融科技的發展演進

數位金融（Digital Finance）是一個獨立的服務通路，不只為客戶提供傳統金融服務，甚至還有創新型的金融業務，同時銀行面對的不只是金融同業的競爭，還有網路新興金融服務業者的衝擊。除了透過了解使用者經驗的人才外，應用資料分析也能幫助金融業者更精準地了解顧客需求，在對的時間提供適合的產品服務，因此，積極培育資料分析人才成為銀行業壯大競爭力的重點工程。而為順應金融科技迅速發展的趨勢及推廣金融數位化知識，並配合政府計畫與政策，從2019年開始部分銀行考試將金融科技力（原金融數位力）作為其共同科目，測驗科目及內容包括十五大項目

1. 金融科技的發展演進。
2. 雲端運算。
3. 市場資訊供應－大數據與新興市場平台。
4. 人工智慧。
5. 區塊鏈。
6. 生物辨識。
7. 支付。
8. 保險科技。
9. 存貸。
10. 募資。
11. 金融科技下的投資管理。
12. 純網銀與開放銀行。
13. 監理科技。
14. 資訊安全與風險管理。
15. 金融機構的數位轉型。

焦點 1 　金融科技概述

隨著網際網路、行動通訊、社群媒體等科技發展，讓金融業務或交易的型態更加多元化，透過網路或行動裝置，消費者就可享受各種金融服務，像線上辦信用卡、線上投保等。透過網路的虛擬通路，消費者不必跑到銀行，不受限銀行營業時間，就可辦理金融相關業務，已讓實體通路面臨轉型壓力。

由於網路、行動通訊及行動支付普及數位金融儼然成為全球金融業的發展趨勢，這股趨勢不只巔覆金融業的服務/業務模式，也改變了對人才的需求，現在除了金融專業領域人才外，銀行更需要熟悉資訊、通訊及網路的跨領域人才。順應金融科技迅速發展的趨勢及推廣金融數位化知識，部分銀行考試將金融科技力作為其共同科目。經濟部著手打造數位化金融環境3.0，根據研訓院「金融科技力知識檢定」證照規劃，考題涵蓋6大領域：

(一) 發展趨勢。　　　　　　(二) 行動支付。

(三) 數據分析。　　　　　　(四) 社群行銷。

(五) 雲端運用。　　　　　　(六) 風險控管。

數位金融只有兩個定義，一是把銀行數位化，一個是把數位化工具變成數位銀行，存錢、理財、支付、繳費、貸款等，過去必須跑銀行、找理專、跑繳費單位的苦差事，未來只要在行動裝置上操作，不用透過銀行，就能完成大部分的金融業務，甚至衍生出群眾募資、P2P貸款等功能。為了迎戰金融新競合時代，金融業如何藉由雲端科技之力走向新競合境界？而面對多重資安風險的挑戰，金融業又該如何規劃部署才能將風險降到最低。

科技力小課堂

隨著數位科技導入，流程創新，帶來新的風險課題，如：資安、駭客入侵、洗錢等。希望各行員身處於金融數位化浪潮的第一線，能夠提升本身的數位金融領域知識，強化職場競爭力。

隨著科技的進步與發展，數位金融成為全球金融業的發展趨勢，這股趨勢不但顛覆傳統金融業的服務模式，也改變了對人才的需求，過去銀行需要的是財務及金融專業人才，像是理財專員、法金及個金等，現在除了金融專業領域人才外，銀行更需要熟悉資訊、通訊及網路領域的人才。物聯網是未來科技發展的重要趨勢，也是數位金融發展的關鍵所在，目前很多產業都已經運用物聯網技術推出新產品或服務，銀行業都在探索於物聯網下，原本傳統的金融業務模式會有什麼樣的改變，如何滿足使用者的需求，並找出與金融服務結合的方式。而數位金融的演進，銀行需要來自各領域的數位金融人才，包括網路社群經營、互聯網、大數據分析、資安及風險評估等，才能發展出符合客戶使用需求的創新金融服務。運用大數據資料分析能夠幫助金融業者更精準地了解顧客需求，能夠在對的時間提供適合的產品服務，因此，積極培育IT人才成為銀行業強化競爭力的重要目標。

在數位經濟時代，銀行的主要目標還是客戶，第一優先是客戶的體驗，金融實體通路從業人員的主要績效指標非只是操作電腦完成交易，而是必須以客戶的利益為優先進行顧問服務。（第6屆）

焦點 2 ┃ 金融科技發展沿革

2015年金管會已針對既有存款戶在現行網路銀行與行動銀行得辦理之金融業務外，參採銀行公會建議，新增12項業務可以線上申辦及修正3項自律規範與相關消費者保護措施予以配合等，說明如下：

一、新增線上申辦業務項目 （第1屆）

(一) **存款業務3項**：線上申請1.結清銷戶、2.約定轉入帳號及3.受理客戶傳真指示扣款無須再取得客戶扣款指示正本。

(二) **授信業務1項**：線上申辦貸款，係指無涉保證人之1.個人信貸、2.房貸、車貸於原抵押權擔保範圍內之增貸及客戶線上同意銀行查詢聯徵中心信用資料。

(三) **信用卡業務3項**：線上申辦1.信用卡、2.長期使用循環信用持卡人轉換機制中之「信用卡分期方案」及3.線上取得客戶同意信用卡分期產品約款。

(四) **財富管理業務4項**：線上申辦1.信託開戶、2.認識客戶作業（KYC）、3.客戶風險承受度測驗及4.客戶線上同意信託業務之推介或終止推介。

(五) **共同行銷業務1項**：於本會修正發布「金融控股公司子公司間共同行銷管理辦法」後，得由客戶線上同意共同行銷。

(六) 銀行公會所建議線上申辦投資結構型商品乙項，因涉及相關法規及自律規範之修正，金管會已函請銀行公會俟相關法規及自律規範修正後再行函報。

📝 科技力小課堂

1. 金融科技產業（FinTech）：包括銀行業、證券業、保險業可以100%轉投資與金融核心業務高度相關的大數據、物聯網等金融科技（FinTech）產業。
2. 電子支付業務：已於電子支付機構管理條例增訂彈性條款，審酌執行狀況與國外發展趨勢，適時增加電子支付機構經營相關支付業務。
3. 研究開放純網銀。
4. 大數據應用及金融資料開放。
5. 創新開發新服務。

WEF的金融服務業未來報告書，金融科技對傳統金融業在下列六個面向：支付（Payment）、保險（Insurance）、存放款（Deposit & Lending）、資本募集（Capital Raising）、投資管理（Investment Management）及市場資訊供應（Market Provisioning）。（第6、7、8屆）

功能	創新項目
支付 Payments	無現金世界Cashless World 新興支付Emerging Payment Rails
保險 Insurance	價值鏈裂解Insurance Disaggregation 保險串接裝置Connected Insurance
存貸 Deposit&Lending	替代管道Alternative Lending 通路偏好移轉Shifting Customer Preferences

功能	創新項目
籌資 Capital Raising	群眾募資Crowdfunding
投資管理 Investment Management	賦權投資者Empowered Investors 流程外部化Process Externalisation
市場資訊供應 Market Provisioning	機器革命Smarter, Faster Machines 新興平台New Market Platforms

資料來源：Fugle團隊整理

二、相關自律規範配合修正，主要修正內容如下

「銀行銷戶處理程序自律規範」：增訂網路辦理結清銷戶之條件：活期性存款帳戶（不含支票存款及儲值支付帳戶）餘額以不超過新台幣伍萬元（或等值外幣）。支票存款帳戶餘額應為零、剩餘空白票據劃線作廢且已無票據流通在外。「金融機構代客戶辦理存提款作業範本」：增訂受理客戶傳真指示扣款符合下列條件之一者，可免取得客戶扣款指示正本：以電話錄音或其他管理機制確認客戶授權指定之資訊，並留存相關紀錄。

依「金融機構辦理電子銀行業務安全控管作業基準」之憑證簽章或雙因素認證機制（註），並留存相關紀錄。「金融機構辦理電子銀行業務安全控管作業基準」：納入上開申請業務，安全設計除現行之憑證、晶片金融卡、一次性密碼、雙因素認證及固定密碼（即「帳號＋密碼」）外，新增視訊會議及知識詢問。

> **科技力小課堂**
>
> 雙因素認證係採用下列三項技術中任兩項：客戶與銀行所約定的資訊，且無第三人知悉（如設備密碼、登入密碼等）。客戶所持有的設備，金融機構應確認該設備為客戶與銀行所約定持有的實體設備（如密碼產生器、密碼卡、晶片卡、電腦、手機、憑證載具等）客戶所擁有的生物特徵（如指紋、臉部、虹膜、聲音、掌紋、靜脈、簽名等）。（第7、8屆）

三、配合電子化申辦及交易之相關消費者保護措施（第7屆）

以顯著之方式於網站網頁上揭露相關業務契約條款內容，供消費者審閱、點選「同意」及確認等功能。參考「個人網路銀行業務服務定型化契約應記載事項」訂定相關契約條款，包括：銀行與客戶間之權利義務關係、銀行與客戶同意以電子文件作為表示方法、電子文件之合法授權與責任暨紀錄保存、契約交付方式及消費爭議處理等。於線上申辦相關業務時，銀行應於網頁確認客戶是否為網銀客戶，如非既有網銀客戶，應逐次於網頁取得客戶同意網銀服務契約條款。線上設定約定轉入帳戶，預設值應為「未啟用」，客戶須臨櫃申請始可開啟此功能，以兼顧客戶權益及操作便利，並避免發生類似電信業者未經客戶同意即可利用手機進行小額付款之消費爭議。金管會並要求各銀行於開辦上開各項業務項目時，須於網站揭露，以利客戶知悉，同時為縮短銀行開辦前揭業務時程，簡化銀行申辦電子銀行業務程序如下：銀行辦理低風險交易之電子銀行業務，由其法遵部門、稽核部門及資訊部門確認相關作業方式符合安控基準、相關定型化契約等相關法令規定後即可開辦，無須函報金管會，但涉及外匯業務部分，仍需依中央銀行規定辦理。至於線上開立新戶部分，因涉及防制洗錢及詐騙等問題，金管會已請銀行公會蒐集國外線上開戶作業規範、指導原則、實務作法及執行情形，研議具體可

行方案。金管會將在兼顧金融機構健全經營、資訊安全及消費者權益保護下，持續推動數位化金融環境3.0計畫方案，以期提供民眾更便捷之金融服務。

📝 科技力小課堂

開戶模式改變下，業務關係的建立缺少了地緣性的判斷，且傳統的開戶資訊蒐集模式不再存在，非面對面的客戶身份識別，將提升匿名帳戶的使用風險。交易模式的改變使交易不受時間與地點限制，金融機構必須在短時間內分析異常行為、用戶的交易維度也較傳統金融複雜，金融機構不易定義用戶的交易模式是否正常。（第7屆）

金融科技發展從雲端、行動網路與大數據應用作為開端，支撐了數位金融服務的蓬勃發展，而接下來將由AI人工智慧、區塊鏈技術與生物辨識等三個新興技術取而代之，再度掀起另一波數位金融服務普及化的浪潮。在數位金融化的趨勢確立下，面對新進的競爭者，傳統銀行應該重新檢視其目標客戶的群體，檢視與客戶的互動模式並進行異業結盟或是跨業結盟。

📝 科技力小課堂

數位金融與傳統金融數位化，雖只是文字順序上的差異，但實質上卻有著截然不同的意涵。（第8屆）

1.傳統的金融數位化只是將金融業務e化、網路化，在定位上比較像是銀行為客戶提供的加值服務。

2.數位金融則是一個獨立的服務通路，不只為客戶提供傳統金融服務，甚至還有創新型的金融業務。

經典試題及解析

（　）　1. 數位科技對金融業的發展至為重要，數位時代金融業商業模式上的未來趨勢有哪些？

A.網路行銷變成主要行銷策略

B.數位能力是金融業的核心競爭能力

C.分行將更為普及

D.線上與客戶即時互動

E.電子商務侵蝕金融業務

(1)ABCD

(2)ACDE

(3)ABDE

(4)BCDE。（第6屆考題1）

（　）　2. 有關監理沙盒（regulatory sandbox），下列敘述何者錯誤？

(1)英國已實施監理沙盒

(2)在監理沙盒架構下，金融業者可以大範圍不受任何控管，實驗任何業務模式

(3)監理沙盒目的為在不影響創新的情況下，確保風險控管

(4)臺灣已經立法通過金融科技發展與創新實驗條例。

（第6屆考題40）

（　）　3. 銀行使用數位科技的發展歷史，請依照時間先後順序排列。

A.網路銀行

B.自動櫃員機（ATM）

C.電話銀行

D.直銷銀行

(1)ABCD

(2)CDBA

(3)BCAD

(4)ACBD。（第6屆考題41）

(　)　4. 在WEF金融科技創新項目中，下列哪一種創新項目是屬於支付功能？

(1)群眾募資

(2)無現金世界

(3)股權投資者

(4)通路偏好移轉。（第6屆考題54）

(　)　5. 下列敘述何者錯誤？

(1)數位金融之商業模式中多數的客戶進線與交易都須業者人工介入

(2)虛擬貨幣之高度流通的本質會導致在地監理的難度

(3)我國央行目前將虛擬貨幣視為不具法償效力

(4)為落實消費者保障，電子支付機構管理條例特別在客訴及紛爭解決、業務定型化以及使用者交易資料及其他相關資料之保密義務訂定了相關規範。（第6屆考題60）

(　)　6. 根據世界經濟論壇（WEF）「金融服務的未來」報告，金融業將在下列哪些領域面對新創公司的競爭？　A.外匯　B.轉帳 C.存貸　D.信用卡　E.籌資　F.投資管理

(1)ADEF

(2)BCD

(3)CDE

(4)CEF。（第3屆考題41、第7屆考題1）

（　） 7. 根據2015年6月世界經濟論壇（WEF）「金融服務的未來」報告，科技新產品與共享經濟使保險價值鏈發生什麼變化？
(1)市場新進者更難進入保險行銷市場
(2)傳統所有權人與保險對應關係發生調整
(3)小型保險公司風險定價模式與服務能力更形重要，大型保險公司較不受科技影響
(4)透過智慧感測器與資料傳輸，未來汽車公司更需要向保險公司索取駕駛人數據。（第7屆考題30）

（　） 8. 在數位經濟的時代，銀行的服務可以隨時隨地以任何設備取得，面對這樣的變化，銀行未來應特別重視的重點為何？
(1)國際化趨勢
(2)分行的普及
(3)客戶的體驗
(4)金融業的整併。（第3屆考題1）

（　） 9. 下列何者為駕馭企業風險的三個構面：
(1)資訊、流程與組織
(2)基礎分析、進階預測與規範分析
(3)大量、多樣與不斷傳輸資訊
(4)蒐集、運算、分析。（第3屆考題5）

（　） 10. 金融業必須有不同的轉型思維才能應對金融通路的轉型趨勢，有關轉型思維之敘述，下列何者錯誤？
(1)未來自動化通路的交易量會持續增加，實體通路交易量雖然相對會降低，但留下來的業務複雜性提高了，其帶來的高價值性也將增加
(2)未來人員和實體通路不會消失，但金融業應該藉由學習及科技提升人員的能力，做到人員和實體通路的轉型

(3)透過科技的力量，我們能夠比以前更精準地判斷哪些客戶需要關懷或適合怎樣的金融商品

(4)金融實體通路從業人員的主要績效指標將是快速操作電腦完成交易。（第3屆考題23）

( )　11. 有關純數位銀行兼具德國銀行執照的Fidor Bank，下列敘述何者錯誤？
(1)具有堅強的實體通路
(2)資源集中在社群金融為其特色
(3)Banking with Friends 為該銀行口號
(4)將儲蓄與信貸的年利率結合該銀行Facebook粉絲團按讚數連動以達社群行銷目的。（第3屆考題26）

( )　12. 新興數位金融服務下，競爭對手多元，金融業須積極跨業合作，以整合電子商務之下列哪幾部分？
(1)人才流、服務流、設計流
(2)金流、物流、資訊流
(3)人才流、服務流、金流
(4)設計流、物流、資訊流。（第3屆考題39）

( )　13. 請問法國巴黎銀行所成立之Hello Bank數位子銀行，不具有下列何種獨立項目？
(1)商品銷售與行銷
(2)服務通路
(3)營運中後台
(4)銀行執照。（第3屆考題50）

（　）14. 有關金融科技投資管理業務之類型及特性，下列敘述何者錯誤？

(1)Darwinex是成立於英國的社群投資平台（Social Trading）

(2)Wealthfront是成立於美國的機器人理財平台（Robo-advisors）

(3)Betterment是在美國專門從事演算法交易（Algorithmic Trading）的公司

(4)顧客不侷限於富裕階層，大眾市場顧客亦可輕易獲得低成本之財富管理服務。（第7屆考題33）

（　）15. 在由傳統金融邁向數位金融下，對於監理之轉變，不包含下列哪一項？

(1)交易方式由臨櫃轉變為非臨櫃，金融機構逐漸無法透過傳統的開戶機制執行KYC

(2)非臨櫃的客戶身份識別，更降低匿名帳戶的使用風險

(3)客戶由虛擬通路進線並進行線上交易

(4)客戶的交易維度較複雜，使客戶的交易模式更不易定義。（第3屆考題60）

（　）16. 金融數位化創新業務之跨產業商業模式，主要直接面對下列何者可能帶來的挑戰？

(1)跨業監理議題

(2)跨境監理議題

(3)洗錢監理議題

(4)傳統監理議題。（第7屆考題38）

( )　17. 金管會於2019年7月30日核准幾家純網路銀行業者之設立，透過其發揮鯰魚效應，帶動業界發展以消費者為中心的數位化、行動化之服務？
　　　　(1)一家
　　　　(2)二家
　　　　(3)三家
　　　　(4)四家。（第8屆考題1）

( )　18. 在2019世界經濟論壇的「全球風險報告」（WEF Global Risks Report）中，何項風險同時列居十大可能風險及十大衝擊風險中？
　　　　(1)身分被冒用
　　　　(2)網路攻擊
　　　　(3)關鍵基礎建設被毀
　　　　(4)個人資料被竊取。（第8屆考題36）

( )　19. 下列何者不屬於2015年金管會「打造數位金融環境3.0」計畫，新增12項線上業務之一？
　　　　(1)線上申請結清銷戶
　　　　(2)線上申辦信託開戶
　　　　(3)客戶線上同意銀行查詢聯徵中心信用資料
　　　　(4)線上申請轉出帳號約定。（第1屆考題1）

解答與解析

1.(3)

未來發展方向：

(1)金融科技產業（FinTech）：包括銀行業、證券業、保險業可以100%轉投資與金融核心業務高度相關的大數據、物聯網等金融科技（FinTech）產業。

(2)電子支付業務：已於電子支付機構管理條例增訂彈性條款，審酌執行狀況與國外發

展趨勢，適時增加電子支付
機構經營相關支付業務。

(3)研究開放純網路銀行。

(4)大數據應用及金融資料開
放。

(5)創新開發新服務。

2.(2)

監理沙盒目的為在不影響創新的
情況下，確保風險控管，非可以
不受管控進行業務模式實驗。

3.(3)

自動櫃員機（ATM）1967年，
電話銀行為網路銀行發行前所
研發之系統，網路銀行1995年
後，直銷銀行1997年後。

4.(2)

是指一群企業運用科技手段使得
金融服務變得更有效率支付則以
行動支付為主，因而形成的一種
經濟產業。這些金融科技公司通
常在新創立時的目標就是想要瓦
解眼前那些不夠科技化的大型金
融企業和體系。即使在世界上最
先進的數字經濟體之一的美國，
這種金融服務變化的演變仍處於
早期階段。

5.(1)

數位金融與傳統金融數位化，
雖然只是文字順序上的差異，
但在實質上卻有著截然不同的
意涵，傳統的金融數位化只是
將金融業務e化、網路化，使用
者多半是從分行通路來的既有
客戶，在定位上比較像是銀行
為客戶提供的加值服務，而數
位金融則是一個獨立的服務通
路，不只為客戶提供傳統金融
服務，甚至還有創新型的金融
業務，同時銀行面對的不只是
金融同業的競爭，還有網路新
興金融服務業者的衝擊。

6.(4)

根據世界經濟論壇（WEF）「金
融服務的未來」報告未來發展方
向：分別是支付（Payments）、保
險（Insurance）、存貸（Deposit &
Lending）、籌資（Capital
Raising）、投資管理（Investment
Management）和市場資訊供給
（Market Provisioning）。

7.(2)

(1)透過網路保險平台、聚合平台
銷售保險將更為盛行。

(2)保單將由產品導向
　　（Product-based），轉為客戶
　　導向（Customer-based）。

(3)平台化服務。

8.（3）

在數位經濟時代，銀行的主要目
標還是客戶，對於其他趨勢而
言，第一優先還是客戶的體驗。

9.（1）

企業構面以資訊、流程與組織
為主，是指一群企業運用科技手
段使得金融服務變得更有效率，
因而形成的一種經濟產業。

10.（4）

金融實體通路從業人員的主要
績效指標非只是操作電腦完成
交易，而是必須以客戶的利益
為優先進行顧問服務。

11.（1）

純數位銀行，實體通路則不是
其最重要之考量，而是如何提
供更加貼切客戶之服務。

12.（2）

任何一筆電子商務交易都必不
可少的包含這「三流」金流、
物流、資訊流，資訊技術的不

斷進步、物流系統效率的不斷
提高為這「三流」的一體化整
合創造了條件。

13.（4）

法巴銀行當前已經創建了一系
列科技產品、應用和數字平
台，如手機應用Hello bank!，以
及針對中國市場的Wa！該行在
2013年推出的應用Hello bank!在
法國、德國、義大利和澳洲市
場已經擁有250萬客戶。都以數
位為主不須銀行執照。

14.（3）

Betterment是成立於美國的機器
人理財平台系統透過演算法，
分析你的費用率、買賣價差、
總投資資產、增持、匯率避
險、資本收益等資料，來管理
資產。

15.（2）

開戶模式改變下，業務關係的
建立缺少了地緣性的判斷，且
傳統的開戶資訊蒐集模式不再
存在，非面對面的客戶身份識
別，將提升匿名帳戶的使用風
險。交易模式的改變使交易不
受時間與地點限制，金融機構
必須在短時間內分析異常行

為、用戶的交易維度也較傳統
金融複雜，金融機構不易定義
用戶的交易模式是否正常。

16.（**1**）

近年來銀行業積極部署國內外
通路，搶占通路商機，但因面
臨金融科技競爭，零售業務受
到衝擊，開始裁撤分行，影響
員工就業人數，所以跨業監理
議題亦帶來挑戰。

17.（**3**）

金管會開放設立純網路銀行
後，計有連線商業銀行籌備
處、將來商業銀行籌備處及樂
天國際商業銀行籌備處提出申
請（依遞件申請先後排序），經
成立審查會進行評選，金管會
於108年7月30日宣布，3家均獲
得設立許可。

18.（**2**）

網路攻擊（Cyberattack，也譯為
賽博攻擊）是指標對電腦資訊
系統、基礎設施、電腦網路或
個人電腦裝置的，任何類型的
進攻動作。

19.（**4**）

2015年金管會推動「打造數位
化金融環境3.0」計畫。新增12

項業務可線上申辦及修正3項自
律規範與相關消費者保護措
施，其中新增線上業務包括：

(1)存款業務3項：線上申請A.結
清銷戶、B.約定轉入帳號，
及C.受理客戶傳真指示扣款
無須再取得客戶扣款指示正
本。

(2)授信業務1項：線上申辦貸
款，係指無涉保證人之A.個
人信貸、B.房貸、車貸於原
抵押權擔保範圍內之增貸；
及客戶線上同意銀行查詢聯
徵中心信用資料。

(3)信用卡業務3項：線上申辦
A.信用卡、B.長期使用循環
信用持卡人轉換機制中之
「信用卡分期方案」及C.線
上取得客戶同意信用卡分期
產品約款。

(4)財富管理業務4項：線上申辦
A.信託開戶、B.認識客戶作
業（KYC）、C.客戶風險承
受度測驗及D.客戶線上同意
信託業務之推介或終止推
介。

(5)共同行銷業務1項：於本會修
正發布「金融控股公司子公
司間共同行銷管理辦法」
後，得由客戶線上同意共同
行銷。

Unit 2 雲端運算

雲端運算實現了使用載具的輕量化與輕便化，未來所有複雜的運算都由雲端完成。**大數據**由於在雲端完成資料蒐集與運算，讓更多企業與組織能夠獲得**大數據**所帶來的珍貴洞察。

數位金融的快速發展，除了跟網路有關外，也被資通訊科技的成熟度推著往前走，金融科技產業在「雲端運算、智慧分析、行動商務與社群媒體」等新興科技的商業化整合應用逐漸成熟後，有助於在現有網路平台基礎上，提高人才流、物流、資訊流與資金流的訊息匹配效率，這個背後意思就是各種不同的「流」運作成本變低了，也讓過去想不到或做不到的商業模式變可能！

也因為萬物皆可聯網，這將大幅度影響人們的經濟與生活型態，出現對**新興資通訊科技所主導的新形態商業與金融服務需求，包括更即時性、個性化、生活化的服務內容，更便捷、互動性更佳的服務通路，以及阻礙更低的服務門檻等。**

萬物聯網 The Internet of Everything; IOE　　名詞解釋

是人、流程、資訊、物匯集在一起，使網絡連結可以帶來更多的應用和服務價值，使資訊可以創造新的能力、豐富經驗和在商業、個人、國家的領域產生全新的經濟機會。（Cisco, 2013）

（參考資料原文網址：https://read01.com/NmB8xg.html）

焦點 **3** 雲端運算概述（第6、7、8屆）

雲端運算是繼1980年代大型電腦到客戶端－伺服器的大轉變之後的又一種巨變。用戶不再需要了解「雲端」中基礎設施的細節，不必具有相應的專業知識，也無需直接進行控制。雲端運算描述了一種基於網際網路的新的IT服務增加、使用和交付模式，通常涉及通過網際網路來提供動態易擴充而且經常是虛擬化的資源。而依照雲端服務所涉及的系統管理層面，美國國家標準局與技術研究院（National Institute of Standards and Technology，NIST）將雲端運算分為下列三種服務模式：（第6、7、8屆）

(一) 基礎架構即服務（IaaS）

基礎設施即服務是提供消費者處理、儲存、網路以及各種基礎運算資源，以部署與執行作業系統或應用程式等各種軟體。消費者使用應用程式，但並不掌控作業系統、硬體或運作的網路基礎架構。IaaS是雲服務的最底層，主要提供一些基礎資源。它與PaaS的區別是，用戶需要自己控制底層，實現基礎設施的使用邏輯。

(二) 平台即服務（PaaS）

平台即服務是一種雲端運算服務，提供運算平台與解決方案服務，消費者使用主機操作應用程式。在雲端運算的典型層級中，PaaS層介於軟體即服務與基礎設施即服務之間。PaaS提供使用者將雲端基礎設施部署與建立至用戶端，或者藉此獲得使用程式語言、程式庫與服務。使用者不需要管理與控制雲端基礎設施，但需要控制上層的應用程式部署與應用代管的環境。

(三) 軟體即服務（SaaS）

在「軟體即服務（SaaS）」的服務模式當中，使用者能夠存取服務軟體及資料，消費者使用「基礎運算資源」，如處理能力、儲存空間、網路元件或中介軟體。服務提供者則維護基礎設施及平

臺以維持服務正常運作。SaaS常被稱為「隨選軟體（On Demand Software）」，並且通常是基於使用時數來收費，有時也會有採用訂閱制的服務。

推廣者認為，SaaS使得企業能夠藉由外包硬體、軟體維護及支援服務給服務提供者來降低IT營運費用。另外，由於應用程式是集中供應的，更新可以即時的發布，無需使用者手動更新或是安裝新的軟體。SaaS的缺陷在於使用者的資料是存放在服務提供者的伺服器之上，使得服務提供者有能力對這些資料進行未經授權的存取。

使用者透過瀏覽器、桌面應用程式或是行動應用程式來存取雲端的服務。推廣者認為雲端運算使得企業能夠更迅速的部署應用程式，並降低管理的複雜度及維護成本，及允許IT資源的迅速重新分配以因應企業需求的快速改變。

雲端運算依賴資源的共享以達成規模經濟，類似基礎設施（如電力網）。服務提供者整合大量的資源供多個用戶使用，用戶可以輕易的請求（租借）更多資源，並隨時調整使用量，將不需要的資源釋放回整個架構，因此用戶不需要因為短暫尖峰的需求就購買大量的資源，僅需提升租借量，需求降低時便退租。服務提供者得以將目前無人租用的資源重新租給其他用戶，甚至依照整體的需求量調整租金。

在NIST的雲端運算定義中，雲端運算佈署可分為三種類型：

(一) **公用雲（Public Cloud）**：是第三方提供一般大眾或大型產業集體使用的雲端基礎設施，擁有它的組織出售雲端服務，系統服務提供者藉由租借方式提供客戶有能力部署及使用雲端服務。

(二) **私有雲（Private Cloud）**：是將雲基礎設施與軟硬體資源建立在防火牆內，以供機構或企業內各部門共享數據中心內的資源。私有雲完全為特定組織而運作的雲端基礎設施，管理者可能是組織本身，也可能是第三方；位置可能在組織內部，也可能在組織外部。

(三) **混合雲（Hybird Cloud）**：**混合雲**是一種雲端運算模型，它通過網路連接組合一個或多個公用雲和私有雲環境，允許**在不同的雲環境之間共享數據和應用程序**。

除了常見的公有雲、私有雲和混合雲之外，美國國家標準局與技術研究院（NIST）還定義了社群雲（Community Cloud）。社群雲是由擁有相近利益、關注相同議題、或是屬於相同產業的企業組織所組成的。（第7屆）

依據IDC的調查報告顯示，台灣企業約有29%未進行雲部署，公用雲最不受企業青睞只有10%，而有高達51%的企業未來將採混合雲模式，顯示出過半企業都認為混合雲為最適合的雲結構。（第7、8屆）

📝 科技力小課堂

響應式網頁設計（Responsive Web Design，簡稱RWD），又稱之為適應性網頁，這是一項開始於2011年由Ethan Marcotte發明的術語（RWD），2012年後被公認為是日後網頁設計開發技術的趨勢，網站使用CSS3，以百分比的方式以及彈性的畫面設計，在不同解析度下改變網頁頁面的佈局排版，讓不同的設備都可以正常瀏覽同一網站，提供最佳的視覺體驗。（第7屆）

經典試題及解析

( )　1. 對於雲端運算服務的安全敘述，下列何者錯誤？
　　　(1)企業採用雲端PaaS（Platform as a Service）時，應用系統的使用者權限、資料管理、存取稽核都應該由企業自己負責
　　　(2)雲端運算服務的內容繁多，做好雲端上下游供應鏈管理，也是雲端服務供應商安全的控管要項
　　　(3)企業採用雲端IaaS（Infrastructure as a Service）時，其作業系統與網路存取控制安全都應該由雲端服務提供商負責
　　　(4)雲端安全聯盟（CSA）所提出的雲端控管矩陣（CCM）是基於ISO27001資訊安全管理系統之要求發展而來。
　　　（第8屆考題3）

( )　2. 下列何種雲端運算的部署模型是由單一企業或組織專屬使用的雲端運算資源，可實體位於公司的資料中心？
　　　(1)公有雲
　　　(2)特有雲
　　　(3)私有雲
　　　(4)混合雲。（第8屆考題4）

( )　3. 下列何者並非雲端運算的特色？
　　　(1)資源虛擬化與共享
　　　(2)資源容易擴充與隨需應變
　　　(3)可以依需求量提供資源與計費
　　　(4)資源閒置。（第8屆考題42）

(　) 4. 企業在建置應用服務的時候，對比雲端運算的三大服務模式與傳統模式，下列敘述何者正確？
(1)企業不需要準備任何軟、硬體即可使用該項雲端服務稱為IaaS服務模式
(2)為符合企業商業邏輯、作業流程需求，該應用軟體由企業自行設計開發，所需硬體與程式執行環境由雲端服務提供商提供，稱之為PaaS服務模式
(3)企業自購或向雲端廠商租用設備，放至雲端資料中心代管，並提供企業使用，此模式稱之為IaaS服務模式
(4)傳統的應用服務系統建置模式，具有高度擴充彈性、較低的花費成本，這也是多數企業仍然使用的主要原因。
（第8屆考題43）

(　) 5. 有關大數據「具多樣性」的特徵，下列敘述何者錯誤？
(1)各式各樣大量的來源資料都可視為分析母體
(2)資料格式是多樣貌的，甚或是沒有格式的
(3)資料來源有結構化資料、亦有非結構化資料
(4)多媒體資料、社群媒體資料、感應器等資料均可進行分析。
（第3屆考題6）

(　) 6. 在雲端運算技術中，服務的租用者可以隨時建立、執行、終止自己的虛擬伺服器，提供這種服務的稱為：
(1)資料即服務
(2)軟體即服務
(3)平台即服務
(4)基礎架構即服務。（第3屆考題17）

( )　7. 下列何者不是雲端計算的特色之一？

(1)資源虛擬化及共享

(2)各種雲端服務可以免費使用

(3)資源容易擴充與隨需應變

(4)可以依需求量提供資源。（第3屆考題18）

( )　8. 雲端運算的部署模型，下列敘述何者錯誤？

(1)免費公用雲上的使用者資料不可供任何人隨意檢視

(2)公用雲適合處理一般性資料與機敏資料

(3)混合雲為結合公用雲及私有雲的模式

(4)私有雲對使用者與網路做了特殊限制管理，具有安全性與彈性。（第6屆考題21）

( )　9. 有關混合雲的敘述，下列何者錯誤？

(1)公用雲及私有雲各自運作，彼此隔絕，防止網路入侵

(2)公用雲一般處理非機敏資料應用

(3)私有雲一般處理客戶機敏資料相關的應用

(4)依IDC 2015年12月發表的調查報告「2016年台灣ICT市場十大趨勢預測」，過半企業均認為混合雲為最適雲架構。

（第3屆考題21）

( )　10. 雲端運算與服務的優點，不包含下列何者？

(1)運算與服務更加快速靈敏

(2)減少資本支出與營運成本

(3)使組織更為扁平化

(4)善用資訊資源提高生產力。（第6屆考題49）

（　）11. 雲端運算的隱私安全問題，不包括下列何者？
　　　　(1)在未經授權的情況下，他人以不正當的方式進行資料侵入，獲得使用者資料
　　　　(2)使用者擔心雲端資料遺失，自行於本端硬碟作資料備份
　　　　(3)政府部門或其他權利機構為達到目的，對雲端運算平台上的資訊進行檢查，取得相應的資料以達到監管和控制的目的
　　　　(4)雲端運算提供商為取得商業利益，對使用者資訊進行收集和處理。（第7屆考題18）

（　）12. 在雲端運算的各種服務模型中可以讓消費者使用處理能力、儲存空間、網路元件或中介軟體等的運算資源，該服務模型為何？
　　　　(1)基礎架構即服務
　　　　(2)平台即服務
　　　　(3)軟體即服務
　　　　(4)資料即服務。（第7屆考題19）

（　）13. 在企業界採用雲端運算平台時，業務擴充及移轉之彈性為企業採用雲端運算服務之重要考量因素，因此要求雲端服務之互通性及可移轉性，下列哪一項非屬建議採用的業界標準？
　　　　(1)虛擬化平台
　　　　(2)資料檔案格式
　　　　(3)虛擬機檔案格式
　　　　(4)收費模式。（第7屆考題21）

( )　14. 大部分的套裝應用（如存貨管理系統，客戶關係管理系統）移植到雲端後，會以下列哪種雲端服務方式提供？
(1)IaaS（Infrastructure-as-a-Service）
(2)PaaS（Platform-as-a-Service）
(3)SaaS（Software-as-a-Service）
(4)DaaS（Data-as-a-Service）。（第7屆考題48）

( )　15. 下列哪一項客戶體驗之技術，可依據螢幕大小不同、橫向或直向使用，由系統自行裁剪好為不同裝置提供最適合的瀏覽格式？
(1)雲端運算
(2)回應式設計
(3)服務導向架構（SOA）
(4)AI人工智慧。（第7屆考題51）

( )　16. 在平台即服務模式中，消費者掌控運作應用程式的環境，通常也就是掌控著下列哪種組合？
(1)應用程式的開發與執行、資料庫管理
(2)應用程式的開發與執行、網路連線管理、磁碟儲存空間管理
(3)應用程式的啟用與關閉、網路連線管理、作業系統種類
(4)應用程式的啟用與關閉、網路連線管理、磁碟儲存空間管理、作業系統種類。（第6屆考題49）

( )　17. 下列何者不屬於雲端運算技術的優點？
(1)高存取性
(2)高擴展性
(3)服務可計量
(4)高隱密性。（第2屆金融基測考題74）

( )　18. 在企業界採用雲端運算平台時，業務擴充及移轉之彈性為企業
採用雲端運算服務之重要考量因素，因此要求雲端服務之互通
性及可移轉性，下列哪一項非屬建議採用的業界標準？
(1)虛擬化平台
(2)資料檔案格式
(3)虛擬機檔案格式
(4)收費模式。（第7屆考題21）

( )　19. 下列何者不屬於雲端運算技術的優點？
(1)高存取性
(2)高擴展性
(3)服務可計量
(4)高隱密性。（第2屆金融基測考題74）

解答與解析

1.(3)

IaaS（Infrastructure as a Service）：是提供消費者處理、儲存、網路以及各種基礎運算資源，以部署與執行作業系統或應用程式等各種軟體。

2.(3)

私有雲是將雲基礎設施與軟硬體資源建立在防火牆內，以供機構或企業內各部門共享數據中心內的資源。私有雲完全為特定組織而運作的雲端基礎設施，管理者可能是組織本身，也可能是第三方；位置可能在組織內部，也可能在組織外部。

3.(4)

雲端運算的特色：資源虛擬化與共享、資源容易擴充與隨需應變、可以依需求提供資源與計費。

4.(**2**)

軟體即服務（SaaS）：消費者使用應用程式，但並不掌控作業系統、硬體或運作的網路基礎架構。

平台即服務（PaaS）：消費者使用主機操作應用程式。

基礎設施即服務（IaaS）：消費者使用「基礎運算資源」，如處理能力、儲存空間、網路元件或中介軟體。

5.(**1**)

現在的數據類型不僅是文字形式，更多的是圖片、影片、音檔、地理位置訊息等多類型的數據，個性化數據占絕對多數。

6.(**4**)

基礎設施即服務（Infrastructure as a Service，簡稱IaaS）是消費者使用處理、儲存、網路以及各種基礎運算資源，部署與執行作業系統或應用程式等各種軟體。客戶端無須購買伺服器、軟體等網路設備，即可任意部署和運行處理、存儲、網絡和其它基本的計算資源，不能控管或控制底層的基礎設施，但是可以控制作業系統、儲存裝置、已部署的應用程式，有時也可以有限度地控制特定的網路元件，像是主機端防火牆。

7.(**2**)

雲端運算特點：

(1)隨需應變自助服務。

(2)隨時隨地用任何網路裝置存取。

(3)多人共享資源池。

(4)快速重新部署靈活度。

(5)可被監控與量測的服務。

一般認為還有如下特徵：

(1)基於虛擬化技術快速部署資源或獲得服務。

(2)減少用戶終端的處理負擔。

(3)降低了用戶對於IT專業知識的依賴。

8.(**2**)

公用雲（Public cloud）是第三方提供一般公眾或大型產業集體使用的雲端基礎設施，擁有它的組織出售雲端服務，系統服務提供者藉由租借方式提供客戶有能力部署及使用雲端服務，故不適合處理機敏資料。

9.**(1)**

混合雲係結合公用雲及私有雲。

(1)使用者可將非企業關鍵資訊放在公用雲上處理，但亦可同時掌握關鍵資料在私有雲中，可支持不同的應用程式業務需求。

(2)依據IDC的調查報告顯示，台灣企業約有29%未進行雲佈署、公用雲最不受企業青睞只有10%，而有高達51%的企業未來將採混合雲模式，顯示出過半企業都認為混合雲為最適合的雲結構。

10.**(3)**

雲端運算：

(1)彈性：使用者可調整服務以符合他們的需要、自訂應用程式，以及透過網際網路連線從任何地方存取雲端服務。

(2)效率：企業使用者可加快應用程式上市速度，不用擔心基礎架構成本或維護。

(3)策略價值：雲端服務藉由最創新的技術為企業提供競爭優勢。

11.**(2)**

為了確保資料是安全的（不能被未授權的使用者存取，或單純地遺失），以及資料隱私是有被保護的，雲端服務提供商必須致力於以下事項：資料保護、身分管理、實體與個資安全、可用性、應用程式安全、隱私等。

12.**(1)**

基礎設施即服務（英語：Infrastructure as a Service，簡稱IaaS）是提供消費者處理、儲存、網路以及各種基礎運算資源，以部署與執行作業系統或應用程式等各種軟體。

13.**(4)**

雲端運算（英語：cloud computing），是一種基於網際網路的運算方式，通過這種方式，共享的軟硬體資源和資訊可以按需求提供給電腦各種終端和其他裝置，使用服務商提供的電腦基建作運算和資源。收費模式是依個案非屬於業界標準。

14.（**3**）

SaaS：軟體即服務，亦可稱為「按需即用軟體」，它是一種軟體交付模式。在這種交易模式中，軟體僅需透過網際網路，不須經過傳統的安裝步驟即可使用，軟體及其相關的資料集中代管於雲端服務。

15.（**2**）

回應式設計亦稱響應式設計：是一種網頁設計的技術做法，該設計可使網站在不同的裝置（從桌面電腦顯示器到行動電話或其他行動產品裝置）上瀏覽時對應不同解析度皆有適合的呈現，減少使用者進行縮放、平移和捲動等操作行為。

16.（**1**）

PaaS提供使用者將雲端基礎設施部署與建立至用戶端，或者藉此獲得使用程式語言、程式庫與服務。

17.（**4**）

(1)基於虛擬化技術快速部署資源或獲得服務。

(2)減少用戶終端的處理負擔。

(3)降低了用戶對於IT專業知識的依賴。

18.（**4**）

雲端運算（英語：cloud computing），是一種基於網際網路的運算方式，通過這種方式，共享的軟硬體資源和資訊可以按需求提供給電腦各種終端和其他裝置，使用服務商提供的電腦基建作運算和資源。收費模式是依個案非屬於業界標準。

19.（**4**）

(1)基於虛擬化技術快速部署資源或獲得服務。

(2)減少用戶終端的處理負擔。

(3)降低了用戶對於IT專業知識的依賴。

Unit 3 市場資訊供應— 大數據與新市場平台

數據分析應用利用資訊科技來蒐集分析,主要分為物聯網及互聯網,物聯網是一種建立在互聯網上的泛用網路,物聯網技術的重要基礎和核心仍舊是互聯網,互聯網連接了所有的人和資訊內容,提供標準化服務,再通過各種有線和無線網路與互聯網融合,將物體的訊息準確地傳遞出去,這將成為未來趨勢,也為實際應用的領域打開無限可能。

在進行社群行銷時,運用效益分析工具的目的包括可協助顧客獲取網站的各項關鍵績效指標(KPI)、探索訪客的偏好習性、了解網站營運及行銷活動的表現、對企業而言是相當重要的優化工具與持續改善的行銷利器,主要是評估顧客而非為評估員工績效表現。

關鍵績效指標,又稱主要績效指標、重要績效指標、績效評核指標等,是指衡量一個管理工作成效最重要的指標,是一項數據化管理的工具,必須是客觀、可衡量的績效指標。這個名詞往往用於財政、一般行政事務的衡量。是將公司、員工、事務在某時期表現量化與質化的一種指標。可協助將優化組織表現,並規劃願景。

焦點4 | 大數據分析(Big Data)

傳統的交易資料,大都屬於結構性的資料,然而之所以必須建立大數據分析系統,以分析更多來源資料,係因客戶所留下的交易資料僅能代表過去某一個時間點的事實資料,代表已經發生的事實,然而客戶當下的

狀況，卻不能具體作表現，所以希望透過蒐集客戶的行為資料，進行大數據分析，以進行更精準的分析。

大數據分析應用可分為客戶關係管理、績效管理和風險管理等三個面向，透過即時的進階分析技術來預測未來可能會發生的事，可以讓企業在進行決策的關鍵時刻搶得先機，並可透過大數據的行為分析來預測客戶的喜好與意圖，即可建立資料庫，推估客戶對於商品的需求，規劃出合乎客戶的產品。

📝 科技力小課堂

社群媒體分析：（第8屆）

1.從社群媒體擷取客戶資料，以瞭解態度、意見、趨勢並且管理線上聲譽。

2.預測客戶行為，然後藉由建議最佳的下一個行動來提高客戶滿意度。

3.建立能夠讓社群媒體參與者產生共鳴的客製化行銷活動與促銷。

4.識別特定社群網路管道中的主要影響力。

傳統上，我們所認知的大數據特徵有四點，分別是：　（第6屆）

大數據分析應用框架應包含四大主軸，包括資料收集、資料分析、即時互動行銷及全通路客戶互動等。其中金融業應用大數據在客戶關係管理上，最主要的目的是蒐集、整合、並全面瞭解客戶資料，以精準的資訊，支援建立完整的360度客戶視圖；在績效管理上，主要是將風險資訊、資產管理等相關訊息加以統合，以最精確的資訊，支持每一個業務決策；在風險管理上，則是風險管理部門運用其掌握的風險資訊，瞭解企業各項風險的嚴重性及發生的可能性，以利事先做好預防及準備。

焦點 5 ｜ 物聯網

Peter T. Lewis在1985提出這個概念。比爾·蓋茲在1995年出版的《未來之路》一書中提及物互聯。1998年麻省理工學院提出了當時被稱作EPC系統的物聯網（Internet of Things，簡稱IoT）構想。全球化的網路基礎建設，透過資料擷取以及通訊能力，連結實體物件與虛擬數據，進行各類控制、偵測、識別及服務，從此這詞廣泛流傳。

物聯網 The Internet of things　　　　　　　　　　名詞解釋

物聯網就是萬物相連的網路，把所有物品通過無線射頻辨識等資訊感測設備與互聯網連接起來，簡單來說就是我們所有使用的東西透過物聯網對我們的行為進行感知及預測，擁有「連接一切」的特點。例如：早上醒來，你的房間能夠透過你手上的智慧手環感知到你醒了，於是自動提升房間的溫度，還會貼心的為你煮上一杯咖啡。在不久的將來，當司機出現操作失誤時汽車會自動報警、公事包會提醒主人忘帶了什麼東西等等。

通過物聯網可以用中心電腦對機器、裝置、人員進行集中管理、控制，也可以對家庭裝置、汽車進行遙控，以及搜尋位置、防止物品被盜等，類似自動化操控系統，同時透過收集這些小事的資料，最後可以聚整合大資料，包含重新設計道路以減少車禍、都市更新、災害預測與犯罪防治、流行病控制等等社會的重大改變。

物聯網將現實世界數位化，應用範圍十分廣泛。物聯網不僅讓我們的生活更「方便」，也帶來更多的「安全」。例如英特爾在物聯網論壇曾展示輸油管檢測系統，漏油時感測器會發出訊號，可以避免高雄氣爆事件重演。

物聯網拉近分散的資訊，統整物與物的數位資訊，物聯網的應用領域主要包括以下方面：運輸和物流領域、健康醫療領域範圍、智慧型環境（家庭、辦公、工廠）領域、個人和社會領域等，具有十分廣闊的市場和應用前景。

◎物聯網架構

物聯網系統很可能是一個事件驅動的架構，由下而上進行構建，並囊括各種子系統。因此，模型驅動和功能驅動的方式將會共存，系統能夠較容易地加入新的節點，並能夠處理意外。

在物聯網中，一個事件資訊很可能不是一個預先被決定的，有確定句法結構的訊息，而是一種能夠自我表達的內容。相應地，資訊也不必要有著確定的協定來規範所有可能的內容，因為不可能存在一個「終極的規範」能夠預測所有的資訊內容。那種自上而下進行的標準化是靜態的，無法適應網路動態的演化，因而也是不切實際的。在物聯網上的資訊應該是能夠自我解釋的，順應一些標準，同時也能夠演化那種標準。

焦點 **6** | 互聯網

在1950年代，通信研究者認識到需要允許在不同電腦用戶和通信網路之間進行常規的通信。這促使了分散網路、排隊論和封包交換的研究。1960年美國國防部國防前沿研究項目署（ARPA）出於冷戰考慮建立的ARPA網引發了技術進步並使其成為互聯網發展的中心。1973年ARPA網擴展成互聯網，第一批接入的有英國和挪威電腦。

互聯網 Internet　　　　　　　　　　　　　　　　　　　名詞解釋

網路與網路之間所串連成的龐大網路，也可稱為網際網路，互聯網來幫我們解決了資訊間的共享、交互，也可以說幾乎在瞬間顛覆了很多傳統的商業模式，從賣產品變為賣內容和服務。

Internet的這樣結構形式，使其具有如下的眾多特點：

(一) 靈活多樣的上網方式。這是由於TCP/IP成功的解決了不同的硬體平台、網路產品、操作系統之間的兼容性問題。

(二) 採用了應用系統架構中最為流行的主從式架構，大大提高了網路訊息服務的靈活性。

(三) 將網路技術、多媒體技術融為一體，體現了現代多種資訊技術互相融合的發展趨勢。

(四) 方便易行。任何地方僅需通過網路線、普通電腦即可接入Internet。

(五) 向用戶提供極其豐富的信息資源，包括大量免費使用的資源。

(六) 具有完善的服務功能和友好的用戶界面，操作簡便，無須用戶掌握更多的專業電腦知識。

一、資訊交流特點

資訊交流特點

◉ 1. **開放性**

互聯網是以分組交換方式連接而成的資訊網路，因此它不存在範圍上的封閉界限。打破了時間的和地域的限制。

◉ 2. **實時性**

人們通過互聯網進行資訊交流活動能夠以極高的速度進行，時間不再是資訊交流的障礙。

◉ 3. **交互性**

通過用戶界面的計算機和其他機器使人們的資訊交流方式由傳統的線性交流，轉變為聯想式的多向交流，用戶同時成為網路資訊資源的消費者和生產者。

◉ 4. **無中介性**

互聯網沒有中間管理層次，它呈現出的是一種非中心的、離散式的管理結構。

◉ 5. **交流成本低廉**

互聯網的使用費用遠低於傳統電信工具。

◉ 6. **巨量資訊**

互聯網以資訊爆炸形式形成了資訊數據的洪流。

📝 科技力小課堂

響應式網頁設計（Responsive Web Design，簡稱RWD），又稱之為適應性網頁，這是一項開始於2011年由Ethan Marcotte發明的術語（RWD），2012年後被公認為是日後網頁設計開發技術的趨勢，網站使用CSS3，以百分比的方式以及彈性的畫面設計，在不同解析度下改變網頁頁面的佈局排版，讓不同的設備都可以正常瀏覽同一網站，提供最佳的視覺體驗。

二、互聯網的關鍵技術：TCP/IP技術

TCP/IP是Internet的核心，利用TCP/IP協議可以方便的實現多個網路的無縫連接。通常所謂某台主機在Internet上，Internet地址（即IP地址），並運行TCP/IP協議，可以向Internet上的所有其他主機發送IP分組。

TCP/IP的最低層為網路介面層，該層負責將IP分組封裝成適合在物理網路上傳輸的幀格式併發送出去，或將從物理網路接收到的裝並取IP分組遞交給高層。這一層與物理網路的具體實現有關，自身並無專用的協議。事實上，任何能傳輸IP分組的協議都可以運行。雖然該層一般不需要專門的TCP/IP協議，各物理網路可使用自己的數據鏈路層協議和物理層協議，但使用串列線路進行連接時仍需要運行SLIP或PPP協議。

7	應用層 application layer
6	表現層 presentation layer
5	會議層 session layer
4	傳輸層 transport layer
3	網路層 network layer
2	資料連結層 data link layer
1	實體層 physical layer

📝 **科技力小課堂**

「虛擬化」（Virtulization）「虛擬化」是個將電腦資源做邏輯組合的程序，讓電腦資源脫離硬體的約束，將一個實體機器切分成多個虛擬機器，每個虛擬機器皆有自己的處理器、記憶體、磁碟機，網路等必要的電腦資源，相互不會干擾，透過虛擬化，減少實體設備以進行伺服器的整合及效能的提升。虛擬化的運作方式，迅速成為資訊技術應用上的主流。（第3屆）

三、互聯網的應用

(一) 全球資訊網

全球資訊網（World Wide Web，簡稱WWW），是一個由許多互相連結的超文字組成的系統，通過網際網路存取。英國科學家提姆‧柏內茲-李於1989年發明了全球資訊網。1990年他在瑞士CERN的工作期間撰寫了第一個網頁瀏覽器。網頁瀏覽器於1991年在CERN對外發表，1991年1月最先發展到其他研究機構並且在1991年8月在網際網路上向公眾公布。全球資訊網並不等同網際網路，全球資訊網只是網際網路所能提供的服務其中之一，是靠著網際網路運行的一項服務。

(二) 電子郵件

E-mail是Internet上使用最廣泛的一種服務。用戶只要能與Internet連接，具有能收發電子郵件的程式及個人的E-mail地址，就可以與Internet上具有E-mail的所有用戶方便、快速、有效率的交換電子郵件。可以在兩個用戶間交換，也可以向多個用戶發送同一封郵件，或將收到的郵件轉發給其它用戶。電子郵件中除文字外，還可包含聲音、圖像、應用程式等各類電腦文件。

(三) 用戶網路

用戶網路（Usenet）是一個由眾多趣味相投的用戶共同組織起來的各種專題討論組的集合。通常也將之稱為全球性的電子公告板系統（BBS）。Usenet用於發佈公告、新聞、評論及各種文章供網上用戶使用和討論。討論內容按不同的專題分類組織，每一類為一個專題組，稱為新聞組，其內部還可以分出更多的子專題。

(四) 文件傳輸

文件傳輸（File Transfer Protocol，FTP）協議是Internet上文件傳輸的基礎，通常所說的FTP是基於該協議的一種服務。FTP文件傳輸服務允許Internet上的用戶將一臺電腦上的文件傳輸到另一臺上，幾乎所有類型的文件，包括文字文件、二進位可執行文件、聲音文件、圖像文件、數據壓縮文件等，都可以用FTP傳送。

(五) 遠程登陸

遠程登陸（Telnet）是Internet遠程登陸服務的一個協議，該協議定義了遠程登錄用戶與伺服器交互的方式。Telnet允許用戶在一臺連網的電腦上登錄到一個遠程分時系統中，然後像使用自己的電腦一樣使用該遠程系統。

焦點 7 │ 網路金融（第2屆）

網路金融是指藉助於互聯網技術、移動通訊技術實現資金融通、支付和資訊中介等業務的新興金融模式，既不同於商業銀行間接融資，也不同於資本市場直接融資的融資模式。網路金融包括三種基本的企業組織形式：網路小額貸款公司、第三方支付公司以及金融中介公司。當前商業銀行普遍推廣的電子銀行、網路銀行、手機銀行等也屬於此類範疇。

互聯網金融是傳統金融行業與互聯網精神相結合的新興領域。近期的熱門議題－所謂「網路＋」，簡而言之，就是「網路＋X行業」，「網路＋」金融也稱之為網路金融，而網路金融即基於互聯網技術的金融業務，互聯網技術不僅改善了金融業務發展的基礎環境，同時也衍生出了新的金融服務方式，引起金融生態和資源配置方式的變化，從而也帶來一系列風險與控制的新課題。從資產轉換活動的中介服務行為與角度看來，互聯網做為一種金融業務模式，其功能不外乎下列幾類：

(一) 線上交易支付類業務

　　包括銀行利用網路或行動網路建立便捷的支付清算管道。

(二) 網路集資中介類業務

　　包括互聯網的P2P借貸集資和集資平臺進行的股權融資，並在大數據分析（Big Data）背景下，也是網路集資平臺功能的重要方面。

(三) 網路理財媒介類業務

　　包括利用網路優勢，建立銷售窗口，為客戶提供理財服務；利用大數據管理優勢，指導交易決策，並發展高頻交易；利用大數據對客戶金融需求作出分析，實施精準營銷和有效客戶管理。

(四) 利用金融大數據進行風險預測並提出風險政策，即時發現異常交易行為

利用大數據進行交易分析，發掘最優質的交易模式；利用大數據進行企業和個人的資訊分析，及時把握不同對象的還款意願和還款能力等。網路金融做為新興的產業，首先表現為網路產業和金融產業的產業融合，在產業融合過程中，網路企業更重要的角色是充當了新產業環境下的金融中介，依托技術條件和網路平台開展了網路金融業務，對傳統金融機構構成了較大的衝擊，同時促進了金融深化。

網路金融

資料來源：李二亮（2015）

科技力小課堂

網路要注意基本的資訊安全三項要素，包括機密性（Confidentiality）、完整性（Integrity）、與可用性（Availability）。這三項要素被稱之為資訊安全三原則，簡稱CIA，倘若能夠遵守原則就能掌握資訊安全的要領。（第6屆）

台灣在網路金融的發展上，不成比例的遠遠落後。無論在支付、貸款、籌資、理財的金融業務發展上，幾乎是龜速前進，內容主要為「線上儲值」、「線下實質交易」、「無實體交易匯款」等項目為主，且僅著重在網購及遊戲平台。未來將以深入消費生活與整合O2O（online to offline）服務為重點策略，初期仍以遊戲點卡、跨境電子商務、數位影音內容等既有業務為基礎，提供廣大用戶支付體驗。同時，也積極扎根

線下支付據點，將借重超商、創投等合作夥伴，大幅拓展行動支付應用範圍，電子支付應用範疇，與消費者日常生活所需的支付服務更加結合。對於其他網路金融可能的發展如：貸款、募資、理財及匯款完全不在討論範圍之內。甚至金管會表示，第三方支付申購基金「不會開放」，這無異又是一次行政單位以不精確的個人主觀判斷擋住網路金融發展的例子。台灣金融業早已被低利率環境與政策壓的喘不過氣來，若無法打開海外市場，僅靠微薄手續費且面臨同業競爭，而網路金融之路又遙不可及，未來的網路金融發展令人著急。而台灣因應數位金融時代（Bank 3.0）來臨雖極力發展網路金融業務，卻未見中國大陸P2P發展之相關實務運作與風險、監管法律問題等之探討。

📝 科技力小課堂

在現今數位化盛行的社會中，利用客戶在線上消費後將客群引進實體店面享受服務，不但可以增加顧客回流率與對產品的附著度，也獲得產品及品牌再度曝光的機會。最終目的就是要將線上／線下各項客戶行為整合分析，才能充分預測客戶的意圖。（第7屆）

一、網路金融特點

網路金融是數據產生、數據挖掘、數據安全和搜索引擎技術，是網路金融的有力支撐。社交網路、電子商務、第三方支付、搜索引擎等形成了龐大的數據量。雲計算和行為分析理論使大數據挖掘成為可能。數據安全技術使隱私保護和交易支付順利進行。而搜索引擎使個體更加容易獲取資訊。這些技術的發展極大減小了金融交易的成本和風險，擴大了金融服務的邊界。其中技術實現所需的數據，幾乎成為了網路金融的代名詞。

網路金融與傳統金融的區別不僅僅在於金融業務所採用的媒介不同，更重要的在於金融參與者深諳網路「開放、平等、協作、分享」的精髓，通過網路、行動網路等工具，使得傳統金融業務具備透明度更強、參與度更高、協作性更好、中間成本更低、操作上更便捷等一系列特徵。

二、網路金融發展趨勢

目前在全球範圍內，網路金融已經出現了二個重要的發展趨勢：

(一) 第一個趨勢是行動支付替代傳統支付業務

隨著移動通訊設備的滲透率超過正規金融機構的營業據點或自助設備，以及移動通訊、互聯網和金融的結合，在肯亞，手機支付系統M-Pesa的匯款業務已超過其國內所有金融機構的總和，而且延伸到存貸款等基本金融服務，而且不是由商業銀行運營。

(二) 第二個趨勢是眾籌融資替代傳統證券業務

所謂集資，就是集中大家的資金、能力和管道，為小企業或個人進行某項活動等提供必要的資金援助，是最近2年國外最熱的創業方向之一。以Kickstarter為例，雖然它不是最早以集資概念出現的網站，但卻是最先做成的一家，曾被時代周刊評為最佳發明和最佳網站，進而成為「集資」模式的代名詞。

三、網路金融運行模式

網路金融模式有三個核心部分：支付方式、資訊處理和資源配置，分述如下。

支付方式	以移動支付為基礎，個人和機構都可在中央銀行的支付中心開帳戶（存款和證券登記），即不再完全是二級商業銀行帳戶體系；證券、現金等金融資產的支付和轉移通過行動網路進行；支付清算電子化，替代現金流通。
資訊處理	社交網路生成和傳播訊息，特別是對個人和機構沒有義務披露的信息；搜索引擎對訊息進行組織、排序和檢索，能緩解訊息超載問題，有針對性地滿足訊息需求；雲端運算保障海量訊息高速處理能力。在雲端運算的保障下，資金供需雙方訊息通過社交網路揭示和傳播，被搜索引擎組織和標準化，最終形成時間連續、動態變化的訊息序列。由此可以給出任何資金需求者（機構）的風險定價或動態違約概率，而且成本極低。正是這種訊息處理模式，使網路金融模式替代了現在商業銀行和證券公司的主要功能。
資源配置	資金供需訊息直接在網上發佈並匹配，供需雙方可以直接聯繫和交易。藉助於現代資訊科技，個體之間直接金融交易這一人類最早金融模式會突破傳統的安全邊界和商業可行性邊界，煥發出新的活力。在供需訊息幾乎完全對稱、交易成本極低的條件下，網路金融模式形成了「充分交易可能性集合」，諸如中小企業融資、民間借貸、個人投資管道等問題就容易解決。在這種資源配置方式下，雙方或多方交易可以同時進行，訊息充分透明，定價完全競爭（比如拍賣式），因此最有效率，社會福利最大化。各種金融產品均可如此交易。這也是一個最公平的市場，供需方均有透明、公平的機會。

總之，在網路金融模式下，支付便捷，市場訊息不對稱程度非常低，資金供需雙方直接交易，不需要經過銀行、券商和交易所等金融中介。

> **📝 科技力小課堂**
>
> 因為金融科技帶來的巨大衝擊，自動化與智慧化是銀行業者重要的目標，希望一方面藉此轉型迎戰金融科技業者，另一方面則減少人事開支。未來分行不再是金融交易中心，將轉型成「商店（Store）」概念……打造出為「人」設計，而不是為「錢」設計的分行，能以更深入的方式與客戶互動，創造出歸屬感的分行。（第8屆）

經典試題及解析

( )　1. 下列哪一個大數據分析的應用層次，係指根據期望的結果、特定場景、資源以及對過去和當前事件的瞭解給出運作建議？
(1)基礎分析
(2)進階預測
(3)規範分析
(4)樣本分析。（第7屆考題11）

( )　2. 有關大數據分析處理平台在金融業務上的應用，下列何者錯誤？
(1)作為客戶身份識別
(2)預測客戶回應行為，強化行銷成效
(3)透過客戶資料分析，發展通路管理
(4)進行企業流動性風險管理與個人信用風險。
（第7屆考題25）

( )　3. 有關大數據分析的應用層次，下列敘述何者正確？
(1)流通業常用的購物籃分析係屬於進階預測
(2)瞭解房貸利率調整對授信業務的影響屬於基礎分析
(3)規範分析能夠依據過去和當前事件的瞭解提供運作建議
(4)透過外部環境評估能夠推估未來會發生什麼事。
（第7屆考題44）

( )　4. 在統計學上常用的大數據分析工具是：
(1)常態分配
(2)迴歸分析
(3)T檢定
(4)變異數分析。（第7屆考題45）

( )　5. 下列哪一個大數據的特徵，係指大數據包含結構化與非結構化
資料？
(1)具大量性的
(2)具多樣性的
(3)具不斷傳輸性的
(4)真實性的。（第6屆考題9）

( )　6. 下列哪一個大數據分析的應用層次，係指根據期望的結果、特
定場景、資源以及對過去和當前事件的瞭解給出運作建議？
(1)基礎分析
(2)進階預測
(3)規範分析
(4)樣本分析。（第6屆考題11）

( )　7. 下列何者不屬於大數據分析的三個應用層次？
　　　(1)基礎分析
　　　(2)進階預測
　　　(3)規範分析
　　　(4)樣本分析。（第6屆考題43）

( )　8. 什麼樣的技術可以在同一台實體機器上作邏輯層的切割供多個
　　　應用系統使用，可以有效降低硬體的投資成本？
　　　(1)虛擬化技術
　　　(2)個別化技術
　　　(3)資源匯集技術
　　　(4)自動化技術。（第3屆考題19）

( )　9. 客戶透過包括手機、平板、電腦，甚至實體商店等不同的通路
　　　進行消費時，都能像是和同一位業務人員打交道，而這 位業務
　　　人員不但有過人記憶，也能直覺判斷客戶喜好稱之為何？
　　　(1)社群金融（Community Banking）
　　　(2)全通路銀行（Omni-Channel）
　　　(3)業務多通路（Multi-Channel）
　　　(4)原生行銷（Native Advertising）。（第3屆考題22）

( )　10. 實體分行如為使用全自助化設備的無人分行或以遠程視訊櫃員
　　　機和客服人員互動者，係屬下列何種分行型態？
　　　(1)旗艦分行
　　　(2)衛星分行
　　　(3)機場分行
　　　(4)高科技分行。（第3屆考題24）

( )　11. 有關情境式行銷的敘述，下列何者錯誤？

(1)可根據客戶的點擊與互動行為來建立客戶意圖資料庫

(2)應加強社群資料進行數位導流及社群行銷

(3)改以互動資訊作為分析依據，從而推薦適合的商品

(4)透過推薦資訊將客戶導流至交易頁面，行銷波動即行結束。

（第3屆考題44）

( )　12. 智慧分行轉型方案首應著手進行者為下列何項？

(1)數位內容設計

(2)分行整體設計原則

(3)確認主要業務情境

(4)數位科技解決方案。（第3屆考題51）

( )　13. WEF（2015）中有關「新市場平台（New Market Platform）」的功能不包括下列何者？

(1)增加流動性

(2)提高價格準確性

(3)增加交易機會

(4)降低透明度。（第8屆考題5）

( )　14. 有關「新市場平台（New Market Platform）」商業模式，下列何者正確？

(1)新進或小型金融機構可加入平台，透過資訊整合與潛在的交易者進行聯繫

(2)台灣尚未出現新市場平台商業模式

(3)Novus是一個著名的自動化股票期貨交易數據分析平台

(4)新市場平台難以擴展現有市場的運作架構。

（第8屆考題44）

（　）│15. 大數據分析資料時，使用錯誤的演算法，屬於下列哪種風險類型？
(1)行為風險
(2)模型風險
(3)法律風險
(4)蔓延性風險。（第3屆考題57）

（　）│16. 下列何者為大數據結合數位金融的應用？
(1)透過QR Code掃描，提供線上信用卡申辦服務
(2)以虹膜辨識身分，在ATM進行無卡提款
(3)透過簡訊傳遞帳號，提供手機支付功能
(4)透過社群行為分析，提供網路P2P借貸業務信用模型建立。
（第2屆考題41）

（　）│17. 客戶區隔主要依賴於客戶價值模型的建立，下列何者不是建立的內容？
(1)建立的過程包含資料蒐集與整合、組織與架構的瞭解、業務經營現況與風險觀察指標
(2)僅以過往歷史交易資料建立貢獻度模型、忠誠度模型、潛力模型
(3)客戶分群中每群的特徵，是由業務人員與分析人員共同討論而得出的結論
(4)分群的結果是要瞭解客群的特色與定義未來的經營策略。
（第3屆考題8）

（　）│18. 某銀行想運用社群媒體輔助業務進行，下列何者不屬於社群媒體分析？
(1)透過類神經網路處理文字辨識
(2)蒐集並處理多個社群網站的討論內容

(3)客戶體驗追蹤，並持續關注主要發言者的評價

(4)透過行動裝置與批次報表進行分析，查閱討論原文。

（第3屆考題9）

( )　19. 社群行銷最視化的意義是指下列何者？

(1)社群行銷應該提供瀏覽者最有意義的內容

(2)社群行銷應該提供色彩最搭配的畫面

(3)社群行銷應該提供最容易閱讀的圖文或影片資訊

(4)社群行銷應該解決因為螢幕大小不同所造成的瀏覽不便。

（第3屆考題42）

( )　20. 企業進行社群行銷規劃時，最根本態度是要能懂得換位思考，其主要原因為何？

(1)企業若只是在乎自己，可能會看不見自己的盲點，無法發揮行銷效果

(2)廣告預算與廣告效果是高度相關的，多一些廣告預算，就能達到廣告效果

(3)平面廣告預算較多，網路廣告預算有限，因此必須謹慎

(4)社群是很容易欺騙與操弄的，要努力思考如何控制社群。

（第5屆考題3）

( )　21. 在社群資料分析的四個面向中，哪一種是用來量化群眾認知、口碑與情感的分析？

(1)趨勢分析（Social Media Impact）

(2)客戶分群（Social Media Segmentation）

(3)衍生話題（Social Media Discovery）

(4)關聯分析（Social Media Relationships）。　（第5屆考題6）

(　)　22. 結合粉絲頁上的文章發佈與新產品的發表，讓有興趣的客群可以至企業能掌握的數位通路中，再透過情境式行銷手法，讓客戶表達其具體需求，這種做法稱之為：
(1)數位導流
(2)客戶分群
(3)客戶價值分析
(4)關聯分析。（第5屆考題8）

(　)　23. 在情境式行銷的建立中，大數據分析的能力，主要是強化分析一般消費者在數位通路間的互動資訊，其中不包含下列哪一項？
(1)網頁點擊資訊
(2)數位通路間的往來路徑
(3)其他企業的銷售狀況
(4)對互動式行銷推薦的回應及非結構化文字的分析。
（第5屆考題9）

(　)　24. 5W1H分析法也稱六何分析法，此思考方法有助於企業評估行銷事件內容的各個面向完整度外，對目標社群而言事件規劃的價值為何？
(1)行銷事件內容對社群本身是不是真正有意義
(2)行銷事件內容給予的折扣是不是最便宜
(3)行銷事件內容呈現的設計創意是不是有意願分享轉發
(4)行銷事件內容給予的誘因是不是最多。（第5屆考題42）

(　)　25. 下列何者指的是「一種透過了解搜尋引擎的運作規則來調整網站，以及提高目的網站在有關搜尋引擎內排名的方式」？
(1)SEO
(2)SER
(3)SRR
(4)SRO。（第7屆考題42）

( )｜26. 在大數據資料分析中，資料通常會有一些不確定性，需歸納且
整理出具真實性及具可預測性的資料性，此種是屬於大數據的
哪個特徵？
(1)Volume
(2)Variety
(3)Velocity
(4)Veracity。（第7屆考題8）

( )｜27. 下列何者為規範分析的特定應用場景？
(1)以過往的行業知識為依歸，按經驗給出分析的條件
(2)根據長時間累積的事實統計，推估未來可能發生什麼事
(3)針對資料表象上進行解讀，並作量化的數值呈現
(4)根據期望的結果，特定場景、資源以及對過去和當前事件的
瞭解給出運作建議。（第3屆考題4）

( )｜28. 社群行銷最視化的意義是指下列何者？
(1)社群行銷應該提供瀏覽者最有意義的內容
(2)社群行銷應該提供色彩最搭配的畫面
(3)社群行銷應該提供最容易閱讀的圖文或影片資訊
(4)社群行銷應該解決因為螢幕大小不同所造成的瀏覽不便。
（第7屆考題8）

( )｜29. 在數據分析應用架構下，客戶價值模型的建立，不包含下列何
項步驟？
(1)必須重新計算客戶風險評分
(2)導入客戶價值模型定義
(3)建構貢獻度模型
(4)建構潛力模型。（第7屆考題6）

( )　30. Google搜尋引擎和YouTube影音平台將使用者輸入的關鍵字儲存分析，以提供使用者可能有興趣的廣告，這樣的作法又稱為關鍵字行銷。下列何者並非關鍵字行銷的必要項目？
(1)建置有用的網路服務，吸引使用者創建帳戶
(2)對個別帳戶蒐集輸入的關鍵字歷程並進行分析
(3)建置自有雲端平台，以掌握服務的穩定度
(4)合理的收費機制，如當使用者點擊了廣告才向廣告主收費。
（第7屆考題20）

( )　31. 下列何者不是企業級SQL引擎的資料儲存方式？
(1)DFS
(2)HBase
(3)Hive
(4)Pig。（第7屆考題29）

( )　32. 下列何種不是我們常用的資料探勘手法？
(1)資料分群：將資料中相似的個體聚集在一起，並以人為判定的方法，將資料分為數個群體
(2)類神經網路：將資料的特徵透過電腦進行類似腦與神經的處理技術，再將結果作不同的呈現
(3)迴歸分析：瞭解兩個或多個變數間是否相關，相關的方向與強度為何？並建立數學模型以便觀察特定變數
(4)假設檢定：統計上對參數的假設，就是對一個或多個參數的論述。它通常反應了執行檢定的研究者對參數可能數值的另一種（對立的）看法。（第7屆考題43）

( )　33. 下列哪一種資料探勘的分析手法之目的在於瞭解兩個或多個變數間是否相關？
(1)資料分群
(2)類神經網路

(3)迴歸分析

(4)決策樹。（第6屆考題44）

( )　34. 下列何者不是應用資料倉儲系統進行的查詢分析方式？

(1)隨興查詢

(2)線上多維分析

(3)資料探勘

(4)語音辨識。（第6屆考題45）

( )　35. 金融行業擁有數量龐大的客戶群，無法一一直接詢問客戶的狀況。所以我們希望建立360度客戶視圖，以充分瞭解客戶狀態。過去以交易資料所建立的客戶視圖和現今以大數據資料所建立的客戶視圖，這兩者之間有什麼不一樣？

(1)既然都叫作客戶視圖，當然不會有什麼不一樣

(2)透過實體通路記錄客戶的狀態即可，無需建立客戶視圖

(3)客戶視圖只是一個概念，就是觀察金融機構和客戶間的交易記錄，所以過去以交易資料所建立的客戶視圖就已足夠，不需重新建立

(4)除了交易記錄之外，我們還想知道客戶的互動過程及行為資料，所以應用大數據分析的技術，可以知道更多的客戶狀態，更加完整的建立360度客戶視圖。（第6屆考題7）

( )　36. 對於許多企業而言，不斷增長的非結構化資料如電子郵件、社群媒體預示著尚未開發的商機，企業可以透過下列何種分析功能來提升洞察力並將之轉化為全方位視圖形式及時提供給用戶？

(1)同質運算

(2)超級電腦運算

(3)異質運算

(4)感知運算。（第6屆考題28）

( )　37. 下列何者不是大數據的特徵？

　　　(1)多樣（varitey）

　　　(2)成功（victory）

　　　(3)大量（volume）

　　　(4)真實（veracity）。（第1屆金融基測考題28）

( )　38. 政府為了打擊假新聞，預計針對《廣播電視法》、《災害防制法》、《糧食管理法》等九項法案進行修法，此種假新聞正是大數據四大特徵之一的何種？

　　　(1)Veracity

　　　(2)Volume

　　　(3)Variety

　　　(4)Velocity。（第8屆考題6）

( )　39. 下列何者是TCP協定無法支援的功能？

　　　(1)流量控制

　　　(2)安全機制

　　　(3)壅塞控制

　　　(4)可靠傳輸。（第2屆金融基測考題54）

解答與解析

1.（3）

　　規範分析是指根據一定的價值判斷為基礎，提出某些分析處理經濟問題的標準，樹立經濟理論的前提，作為制定經濟政策的依據，並研究如何才能符合這些標準。

2.（1）

　　金融業客戶關係管理的應用包括：

　　(1)瞭解客戶。

　　(2)客戶分群。

　　(3)應用目標（差異化行銷）。

　　大數據分析處理平台在金融業務非作為客戶身分識別使用。

3.**(3)**

大數據分析的應用層次：

(1)Foundational基礎分析：資料表上的解讀。

(2)Advanced, Predictive進階預測：預測未來可能發生。

(3)Prescriptive規範分析：情境分析／購買決策／風險管理。

4.**(2)**

迴歸分析：是一種統計學上分析數據的方法，目的在於了解兩個或多個變數間是否相關、相關方向與強度，並建立數學模型以便觀察特定變數來預測研究者感興趣的變數。

5.**(2)**

現在的數據類型不僅是文字形式，更多的是圖片、影片、音檔、地理位置訊息等多類型的數據，個性化數據占絕對多數。

6.**(3)**

規範分析是指根據一定的價值判斷為基礎，提出某些分析處理經濟問題的標準，樹立經濟理論的前提，作為制定經濟政策的依據，並研究如何才能符合這些標準。

7.**(4)**

應用層包括管理輿情、管理風控、管理洞察三大層：

(1)管理輿情：包括實時監測、熱點資訊、輿情分析和輿情應用等服務。

(2)管理風控：包括風險識別、風險預警、風險應對及風險評估等服務。

(3)管理洞察：包括管理對標、管理診斷、管理處方及亮點案例等服務。

8.**(1)**

「虛擬化」（Virtulization）技術應運而生。所謂「虛擬化」是個將電腦資源做邏輯組合的程序，讓電腦資源脫離硬體的約束，將一個實體機器切分成多個虛擬機器，每個虛擬機器皆有自己的處理器、記憶體、磁碟機，網路等必要的電腦資源，相互不會干擾，透過虛擬化，減少實體設備以進行伺服器的整合及效能的提升。虛擬化的運作方式，迅速成為資訊技術應用上的主流。

9.**(2)**

全通路銀行（Omni-Channel）

是在客戶進行交易時，將與客戶的互動記錄下來，加以處理與分析，獲取客戶的動機，而更了解客戶的需求，並從中發掘商機。例如：客戶使用行動銀行時的地理位置、臨櫃交易時與行員的對話、使用網銀的滑鼠指標點按順序和操作變化等，都是可以捕捉、分析與利用的資料。

10.（4）

高科技分行，金融科技帶來的巨大衝擊，自動化與智慧化是銀行業者重要的目標，希望一方面藉此轉型迎戰金融科技業者，另一方面則減少人事開支。未來分行不再是金融交易中心，將轉型成「商店（Store）」概念……打造出為「人」設計，而不是為「錢」設計的分行，能以更深入的方式與客戶互動，創造出歸屬感的分行。

11.（4）

行銷者精心安排了一連串的事件，而消費者一路上沿著地上的麵包屑找到了那間糖果屋，這就是一種情境式的銷售方法。情境行銷有個很重要的元素就是「時機」！最核心的精神就是在「對的時間」將「對的內容」用「對的方向」提供給你的消費者，所以這個消費者的族群更是需要明確的定義出來，令他們覺得是為了自己量身打造的產品，才會讓這個行銷活動達到它應有的效果。

12.（3）

分行整體設計原則，將是決定智慧分行的轉型標準，互動螢幕、預約服務、無卡提款，動態理財諮詢、省時數位服務幾乎也成了這些數位銀行的標準配備。

13.（4）

新市場平台（New Market Platform）是以提高透明度為主。

14.（1）

平台模式成為最重要的商業模式之一，平台模式是許多新創品牌採用的商業模式，也是近年來經濟成長的重要力量。不同於傳統線性生產的企業，平台模式能同時整合生產者與消

費者,有效地「媒合」了所有參與者,進而為平台所有參與者創造價值。新進或小型金融機構可加入平台,透過資訊整合與潛在的交易者進行聯繫。

15.(**2**)

大數據分析資料如果用錯誤的演算法則會產生錯誤的模型風險。

16.(**4**)

所謂P2P信貸,指有資金並且有理財投資想法的人,通過相關廠商網路平台的牽線,用信用貸款的方式將資金貸給其他有借款需求的人,透過大數據社群行為分析,提供網路P2P借貸業務信用模型建立。

17.(**2**)

(1)貢獻度模型:是指通過對客戶收入和客戶成本的嚴格定義和分類,以一套完整的核算體系計量出某客戶或客戶組群在某一期間為企業帶來的利潤。

(2)忠誠度模型:應當能夠反映品牌忠誠度的真實意義,並保證全面性。計量系統的建立是基於對忠誠度的理解,

並精選能反映忠誠度的各方面變數。由於忠誠度是一個較為抽象的概念,因此模型系統的主要目的是將這一抽象概念具體化、量化,以期對公司實踐具有指導意義。

(3)潛力模型:顧客在一定時期內能夠帶給銷售人員的產品或服務銷售量價值。當產品出現在市場上的時候,顧客會在購買和使用之前,首先基於這些產品的性能滿足自己目標的程度,對產品進行評價,形成預期價值。

18.(**1**)

類神經網路處理文字辨識不屬於社群媒體分析的應用。

社群媒體分析:

(1)從社群媒體擷取客戶資料,以瞭解態度、意見、趨勢並且管理線上聲譽。

(2)預測客戶行為,然後藉由建議最佳的下一個行動來提高客戶滿意度。

(3)建立能夠讓社群媒體參與者產生共鳴的客製化行銷活動與促銷。

(4)識別特定社群網路管道中的主要影響力。

19.（4）

社群行銷應該解決因為螢幕大小不同所造成的瀏覽不便來達到最佳的視覺效果，充分提高行銷的價值。

20.（1）

換位思考，是設身處地為他人著想，即想人所想，理解至上的一種處理人際關係的思考方式。人與人之間要互相理解，信任，並且要學會換位思考，這是人與人之間交往的基礎：互相寬容、理解，多去站在別人的角度上思考，此概念用在企業上可以透過此方式看到更多自己的盲點加以突破產生更大的行銷效果。

21.（1）

趨勢分析：企業的銷售量隨市場情況的變化而變化，不同行業中企業的銷售特點各不相同，分析人員要充分瞭解有關客戶所在行業的特點，才能做出正確的判斷。企業自身的銷售趨勢可以說明企業的經營狀況，通過企業之間銷售趨勢的比較，分析人員可以獲得更多的有用訊息。在銷售趨勢出現異常的情況下，要仔細判斷形成這種趨勢的原因。此外，銷售額的增加不一定與銷售數量直接相關，要考慮市場價格的影響。

22.（1）

數位導流：內容行銷提升粉絲好感，持續曝光進而導購，後續客服與忠誠度經營，最後進行分享散播。

23.（2）

情境行銷可分為以下：
(1)重新了解客戶行為。
(2)預測客戶意圖DIIS。
(3)適當的互動推廣廣告來提醒客戶。
(4)數位導流導引有興趣客戶到我們的數位通路。
(5)多波段的商機育成（Nursing）來影響金融商品購買（非消費性）。

24.（1）

5W1H分析法也稱六何分析法，是一種思考方法，也可以說是一種創造技法。是對選定的項目、工序或操作，都要從原因（WHY）、對象（WHAT）、

地點（ＷＨＥＲＥ）、時間（ＷＨＥＮ）、人員（ＷＨＯ）、方法（ＨＯＷ）等六個方面提出問題進行思考。這種看似很可笑、很天真的問話和思考辦法，可使思考的內容深化、科學化。用以探討行銷事件內容的意義。

25.（ 1 ）

SEO：是一種透過了解搜尋引擎的運作規則來調整網站，以及提高目的網站在有關搜尋引擎內排名的方式。

26.（ 4 ）

大數據特質（4V）：

(1)Volume大量。

(2)Variety多樣。

(3)Velocity不斷傳輸性、不停產生連續性。

(4)Veracity真實性、清除不確定性。

27.（ 4 ）

舉凡製造、醫療、交通、零售等應用場景，都可以看到物聯網技術及應用的蹤影，但這些應用場景，多半還是使用特定客製化的物聯網應用平台，再針對特定場景需求提出建議。

28.（ 4 ）

考量社群行銷都會在不同的行動裝置、螢幕使用，社群行銷應該解決因為螢幕大小不同所造成的瀏覽不便，提高使用效益。

29.（ 1 ）

客戶價值模型的建立有：

(1)導入客戶價值模型定義；(2)建構貢獻度模型；(3)建構潛力模型等。

30.（ 3 ）

關鍵字行銷泛指利用搜尋引擎進行品牌或產品曝光的行銷策略，其領域包含：

(1)SEO搜尋引擎優化：免費，利用網站結構與內容優化，爭取頁面在搜尋引擎結果頁（SERP）中的排名，達成免費曝光目的。

(2)關鍵字廣告（ＰＰＣ）：付費，在使用者搜尋相關關鍵字時，將會出現廣告主提供的廣告內容。利用競價的方式投放廣告。關鍵字廣告費用計算是使用者每點擊一次，則算一個點擊費用。

建立自有雲端平台，已掌握服務的穩定度非其重點。

31. (4)

(1) DFS：分散式檔案系統（DFS, Distributed File System）是用來集中管理分散於網路各處的共用資料夾，可以讓使用者覺得分散在多台伺服器上的檔案，就好像存放在網路上的同一個位置。

(2) HBase是一個開源的非關係型分散式資料庫（NoSQL），它參考了Google的BigTable建模，實現的程式語言為Java。

(3) Hive是基於hadoop的一個資料倉儲工具，可將結構化的資料檔案對映為一張資料庫表，並提供類SQL查詢功能。

32. (4)

(1) 資料探勘涉及六類常見的任務：異常檢測（異常／變化／偏差檢測）：辨識不尋常的資料記錄，錯誤資料需要進一步調查。

(2) 關聯規則學習（依賴建模）：搜尋變數之間的關係。例如，一個超市可能會收集顧客購買習慣的資料。運用關聯規則學習，超市可以確定哪些產品經常一起買，並利用這些資訊幫助行銷。這有時被稱為市場購物籃分析。

(3) 聚類：是在未知資料的結構下，發現資料的類別與結構。

(4) 分類：是對新的資料推廣已知的結構的任務。例如，一個電子郵件程式可能試圖將一個電子郵件分類為「合法的」或「垃圾郵件」。

(5) 回歸：試圖找到能夠以最小誤差對該資料建模的函式。

(6) 匯總：提供了一個更緊湊的資料集表示，包括生成視覺化和報表。

33. (3)

迴歸分析（Regression Analysis）是一種統計學上分析數據的方法，目的在於了解兩個或多個變數間是否相關、相關方向與強度，並建立數學模型以便觀察特定變數來預測研究者感興趣的變數。

34.（4）

資料庫儲存的資料與營運（Operation）相關，資料倉儲會在資料累積一段時間後，再整理、移轉至另一個資料系統中作資料分析。資料倉儲通常指的是儲存整合後資料的資料庫，資料倉儲系統則泛指整個決策輔助系統，包括系統的軟硬體、資料與報表。不包含語音辨識功能。

35.（4）

所有行銷人員都會面臨如何真正了解客戶的挑戰，客戶的需求、需求背後的原因及需求的方式。需要了解單個客戶如何跨通道與的品牌進行互動，結合外部的數據，打通全網，形成360度客戶視圖，將產生不可估量的價值。與找尋新的產品無關聯。

36.（4）

感知運算針對特定問題提出解決之道，而著眼於為客戶提供全方位的關聯性資訊視圖，可以協助金融人員和普通不了解理財或保險的人互動，提供財務規劃或資產配置。

37.（2）

大數據的特徵為多樣（varitey）、真實（v e r a c i t y）、大量（volume）、時效（Velocity）。

38.（1）

Veracity：大數據分析中應該加入這點做考慮，分析並過濾資料有偏差、偽造、異常的部分，防止這些「dirty data」損害到資料系統的完整跟正確性，進而影響決策。

39.（2）

是一種連接導向的、可靠的、基於位元組流的傳輸層通信協定，由IETF的RFC 793定義。在簡化的電腦網路OSI模型中，它完成第四層傳輸層所指定的功能。

Unit 4 人工智慧

金融服務而言特別重要的是個人化，金融要融入每個人的生活場景，讓每個人都感到貼心，金融服務就必須個人化。然而每個人所需要的金融服務都不一樣，風險系數也不一樣，如果要為全球75億人建立一個信用、貼心的金融服務體系，那麼智慧化則是必要途徑，才有辦法達到大規模的個人化。以目前機器學習、大數據及大規模運算技術的進展來看，這些技術正在逐步成熟，並且加速推動應用，人工智慧已慢慢成形，而未來大規模個人化的金融生活也將會實現。

以技術驅動的新金融藍圖

參考資料：http://www.ithome.com.tw/news/109714

焦點8 智慧化技術

一、金融智慧化特徵

智慧金融具有海量數據感知分析、智能化決策服務、全方位互聯互通、協作化社會分工等特徵。

(一) 巨量數據感知分析

Web時代，社交網路和行動網路技術蓬勃發展，催生了網路空間出現巨量數據。巨量數據的感知和分析是智慧金融決策的基礎。一方面，利用任何可以隨時隨地感知、測量、捕獲和傳遞資訊的設備、系統或流程，實現巨量數據感知；另一方面，分析巨量數據，尋求其規律性，可以掌握用戶的態度、需求、習慣行為和發展趨勢，從而能夠制定高效、有針對性的服務和行銷戰略。

(二) 智能化決策服務

在海量數據感知分析的基礎上，制訂精細、高效、可行的金融服務方案，包括市場定位、用戶劃分、產品規劃、價格策略、廣告策劃、促銷手段、合作伙伴等各個決策方面，使金融服務機構能夠在恰當的時機、以恰當的方式，為客戶提供及時、多樣性、便捷的服務，以增強競爭優勢、搶占市場先機。

(三) 全方位互聯互通

互聯互通是指在客戶、金融主體、第三方服務機構、環境等不同系統節點之間建立全方位的有效連接，實現資訊的暢通傳播和協調合作。全方位互聯互通有利於金融系統節點間的資訊共用，完善合作方式，增強協調和快速反應能力，形成行之有效的應對策略。

(四) 協作化社會分工

金融機構面對當今用戶地域分散，需求個性化、多樣化的社會環境，如果要保證對所有用戶的高質量服務，就必然要實現協作化社會分工。協作化社會分工採用資源共用和優勢互補的方法，能夠降低生產成本，分散投資風險，有利於產品和服務品質的提高。同時，協作化社會分工也能夠促進各金融機構根據不同用戶的個性化需求，發展特色化專長，促進競爭和創新，保證整個分工協作鏈條的利潤最大化。

二、機器人與智慧設備的金融科技

智慧設備導入主要應用在銀行實體分行，軟硬體的導入及使用者操作介面與數位內容呈現，更須整體分行作業流程及人員訓練的緊密配合。

(一) VTM提高自助化設備使用率

VTM（Virtual Teller Machine）：視訊櫃台、虛擬櫃台，介於電子銀行管道和人工櫃台服務之間的一種新興銀行電子管道服務，是能為客戶提供貼身銀行服務的銀行服務據點。VTM將改變傳統櫃面管道的業務處理模式，大幅降低部署營業據點的成本，還能使地域性商業銀行突破地區限制，輕鬆將自身網點鋪設到全國的各個角落。對於消費者，如開卡辦卡，變更帳戶信息，繳納水、電、燃氣費或現金存取等都可以通過VTM辦理，方便快捷還能免去排隊之苦。對於用戶比較關心的設備安全問題，VTM實際上是集合了遠端作業中心系統、終端設備、多媒體語音、視頻通訊平台等多個模組，集成了聯絡中心、高畫質影片通訊、金融自助終端設備等功能，是ATM機的升級版。

VTM（Virtual Teller Machine） 名詞解釋

藉由螢幕，客戶可用遠端方式跟銀行人員進行溝通，不受營業時間限制，可馬上開戶。

(二) 機器人智慧迎賓優化分行作業流程（第1屆）

在分行迎賓區設置智慧機器人，並搭配互動式多媒體資訊站，它的應用範圍非常廣，一台機台上可因不同的用途需求，配備不同的軟硬體，就會展現出不同的應用價值，可協助分行迎賓人員提供顧客基礎金融諮詢服務，也可整合叫號、預先處理相關服務，優化整體分行作業流程，減少顧客等待時間，提高整體顧客滿意度。

互動式多媒體資訊站 名詞解釋

通常採觸控式，在台灣，7-11的ibon、全家的FamiPort、萊爾富的Life-ET即為此。

(三) 半自助式櫃員機創造更多客戶互動

透過大部分臨櫃交易移轉由半自助式櫃員機來提供服務，初期顧客不熟悉操作時，行員能可從旁協助指導，待顧客熟悉後再由顧客自行操作，行員可利用空檔與顧客進行更多互動服務。

經典試題及解析

( )　1. 甲乙丙丁四位專家在一場論壇中各自分享人工智慧對金融業重要性的看法，請問下列敘述何者錯誤？
(1)甲：人工智慧可提昇反洗錢的偵防品質
(2)乙：流程自動化，主要在簡化重複工作與資源浪費
(3)丙：弱人工智慧與人類的互補關係目前並不存在
(4)丁：人工智慧技術將有利於強化對客戶的了解。
（第8屆考題8）

( )　2. 有關人工智慧在銀行業的應用，下列敘述何者正確？
(1)精準行銷主要靠結構化數據的掌握與分析
(2)客戶畫像就是精準辨識客戶照片與本人之相符性
(3)機器人理財主要應用在高資產頂端客戶
(4)人工智慧信用評分可應用在無聯徵資料或少與銀行往來客戶的評分。（第8屆考題9）

( )　3. 有關人工智慧在保險業方面的可能應用，下列何者錯誤？
(1)利用機器學習增加交叉銷售與追加銷售成功率
(2)利用地理圖像資料，主要應用在幫投資型保險客戶做差別定價
(3)利用掃描與文檔分析，加速核保及理賠流程
(4)自然語言技術，可減少保險客服中心人力負荷。
（第8屆考題45）

( )　4. 下列哪一項是金融業使用智慧型機器的特色？
(1)法人機構和個別投資人之間的差異將減少
(2)各種金融業作業將走向一致性

(3)即時事件將無法反應在市場價格上

(4)金融業的整體成本將增加。（第7屆考題56）

( )　5. 金融科技對整體金融業的挑戰與機會，下列何者錯誤？

(1)廣泛使用人工智慧

(2)廣泛使用大數據

(3)中介化

(4)使顧客與金融機構關係產生改變。（第6屆考題30）

( )　6. 有關深度學習的說明，下列何者錯誤？

(1)利用多層神經網路來分析數據

(2)優點是可忍受有雜訊的數據

(3)可分析影像、影片等多維度且複雜的數據

(4)重點是事先給定「特徵值」（Features）。

( )　7. 在2015年日本瑞穗銀行引進機器人所產生的效益，不含下列何者？

(1)結合感知運算以讓它聽懂更多自然語意

(2)能確實有效引導顧客

(3)節省成本與給予顧客更好的互動體驗

(4)降低銀行壞帳。（第1屆考題22）

( )　8. AI人工智慧的全名為何？

(1)Artificial Infrastructure

(2)Artificial Intelligence

(3)Artificial Informaiton

(4)Artificial Intellectual。（第1屆金融基測考題74）

解答與解析

1.(**3**)

人工智慧對於金融業的重要性主要就是與人類的互補關係，來補充人類的不足之處，以達到更好的服務品質。

2.(**4**)

通過統計使用者的人口特徵、信用記錄、行為記錄、交易記錄等大量歷史資料並進行系統分析，挖掘資料中隱含的行為模式和信用特徵，開發信用評估模型，對使用者的信用進行評估。

3.(**2**)

利用地理圖像資料，主要應用在幫投資型保險客戶做差別定價，不是主要人工智慧應用在保險業的模式。

4.(**2**)

金融業使用智慧型機器是為了將金融作業將走向一致性。

5.(**3**)

金融科技主要以人工智慧、大數據及更加貼近顧客喜好為主。

6.(**4**)

深度學習是機器學習中一種基於對資料進行表徵學習的演算法。深度學習的好處是用非監督式或半監督式的特徵學習和分層特徵提取高效演算法來替代手工取得特徵。

7.(**4**)

銀行壞帳應由透過良好的風險控管及信用條件的資訊等部分進行掌握。

8.(**2**)

Artificial Intelligence

區塊鏈

區塊鏈技術以比特幣的區塊鏈帳本為例。每個區塊基本由上一個區塊的雜湊值，若干條交易，一個調節數等元素構成，礦工通過工作量證明實現對交易整理為帳本區塊和區塊安全性的維持。一個礦工通過交易廣播管道收集交易專案並打包，協定約定了區塊速度生成速度而產生的難度目標值，通過不斷將調節數和打包的交易資料進行雜湊運算而算出對應雜湊值使其滿足當時相應的難度目標值，最先計算出調節數的礦工可以將之前獲得上一個區塊的雜湊值、交易資料、目前算出對應區塊的調節數整合為一個帳本區塊並廣播到帳本發布管道，其他礦工則可以知道新區塊已生成並知道該區塊的雜湊值（作為下一個區塊的「上一個區塊的雜湊值」），從而放棄目前待處理的區塊資料生成並投入到新一輪的區塊生成。

參考資料：http://www.ithome.com.tw/news/109714

焦點 9 區域連結技術

當AI成為未來金融生活的一部份時，如何確保數位世界流動的資料不會遭到竄改，且值得信任則又是另一項必須解決的問題。未來要結合AI也得要讓系統本身具有足夠可信度，這得要靠目前火熱的區塊鏈技術才

有辦法做到，透過利用區塊鏈採用的分散式協同架構，來做到共識演算法，以及提高加密與安全，來達到安全對等的交易及數據分享。

區塊鏈是一串使用密碼學方法關聯產生的資料區塊（block），每一個區塊包含一次數位貨幣網路交易的資訊。區塊鏈技術利用複雜的公鑰（Public key）及私鑰（Private key）運算機制，驗證交易資訊之有效性（防偽）及產生下一個區塊。區塊鏈可以將整個金融網路的所有交易資訊分發到每一個使用者端，並確保每個人只能修改自己的財產。區塊鏈技術可廣泛應用於各種金融與支付業務之金流交易活動。

在供應鏈和物流的場景應用上也開始與區塊鏈技術結合，來追蹤內部供應鏈金流，將從包括下訂單、零件製造、到送貨付款的整個供應鏈流程完整記錄。未來也計畫加入更多的區塊鏈應用實驗，如保險（如保單跟蹤、互助保險）、監管（如業務審計、透明監管）、投融資（如資產公證、抵押貸款）和數據共享等。

另外在身份認證的部份，比起傳統的密碼輸入方式，生物識別的身份認證方式，將會是所有金融服務未來能不能成功發展的一個重要基礎，除了目前已有越來越多的金融機構服務加人臉辨識應用外，未來也將結合更多的生物辨識技術，如虹膜、指紋、聲紋與掌紋等，能以更真實且自然地方式來識別、認證每一個人的身份。

區塊鏈　　　　　　　　　　　　　　　　　　　　　名詞解釋

中本聰首先提出的概念，2008年於《比特幣白皮書》中提到，2009年創造了比特幣網路。區塊鏈有五大特色：去中心化、匿名性、不可篡改、講求共識、加密。

區塊鏈技術整合數學、加密技術、演算法及經濟模型，目的是在不需第三方機構協助驗證與對帳的條件之下，維護一套由多個參與者所組成網路關係的資料庫，簡單來說，便是一個安全的分散式帳本。

目前區塊鏈的應用以規模來說分成三大類：

(一) **公開區塊鏈**（Public Blockchain）：所有人可以存取所有資料，所有人都可以發出交易，共識過程的參與者可以用密碼學等方式維護資料庫的安全，如比特幣。

(二) **協作區塊鏈**（Federated Blockchain）：參與的節點是預先選擇好的，區塊也不會隨意擴增，節點之間的網路甚至會預先定義好以保障安全性，網路上面的共識演算法可以自行定義，例如目前全球超過40家銀行加入的R3。

(三) **私有區塊鏈**（Private Blockchain）：參與的節點只有單一用戶，所有的資料使用皆有嚴格權限控管，如Nasdaq用的Linq。

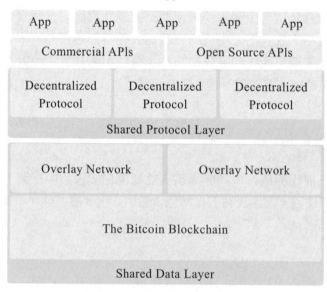

The Blockchain Application Stack

（Credit：Joel Monegro, Coindesk）

除了金融上面的革新以外，區塊鏈的兩大特色：去中心化（decentralized）、資料無法被片面竄改（indelible ledger），可以被拿來跟目前最熱門的「Internet of X」概念做結合。最內圈的M2M（Machine to Machine）是最底層的機制，利用各種通訊方式將機器串聯分享「資料」，其上的IoT（Internet of Things）則開始將串連起來的機器構建成網路並利用有價值的資料建構出「服務」，接下來發展到cisco主打提出的IoE（Internet of Everything）概念，它包含的元素包含資料（Data）、物（Things）、流程（Process）、乃至於人（People），與IoT不同，IoE概念著重於建立起「人的連結」，而他的方法包含各式各樣的穿戴設備、智慧家居、社群網路（Facebook、Instagram）等等，屆時個人就會藉由物理連結（無線傳輸）與精神連結（人際關係、網路社群）變成一個無法自外於IoE的網路節點。

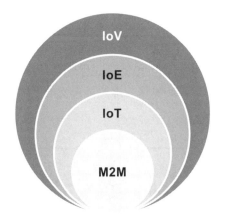

（Credit：lightblue.com）

科技力小課堂

比特幣所採用的區塊鏈技術（Blockchain），在國外已是金融業者搶進金融科技的一大關鍵核心技術，不僅42家知名銀行組成聯盟，美國NASDAQ也早已採用區塊鏈技術打造自家的新交易平台，美國證券交易

委員會（SEC）也在去年底准許Overstock用區塊鏈發行股票，目前全球投資區塊鏈新創的金額已破10億美金，不過，區塊鏈並不限於金融領域應用，也可應用於政府稅收、供應鏈協同供貨、智能合約、食品履歷、智慧財產權證明、群眾募資平臺等需要更高監管性與追蹤性的領域。（第7屆）

企業級區塊鏈的四個特徵　（第3屆）

從IBM的角度來講，我們認為企業級區塊鏈有四個特徵，這些特徵可以使其區別於以前類似於比特幣的這種區塊鏈的做法，更適合於企業。

1. 分散式共享帳簿交易鏈。

2. 智慧合約：智慧合約在共享帳簿的這個基礎上，在一定條件滿足的情況下，在端到端處理的方式下，是可以自動執行的。（第7、8屆）

3. 隱私安全：這是整個企業級區塊鏈必需的。在一些公有鏈的應用裡面可能隱私性不是特別重要，但是在企業級的區塊鏈，權限應該是通過共享帳簿的密碼學去保證的，隱私性其實也是通過密碼學，但是他們是通過不同的方式來實現，也就是說你作為什麼樣的用戶，你有什麼樣的權限來去做什麼樣的事情，這個都需要是可以定義的。

4. 共識演算法。

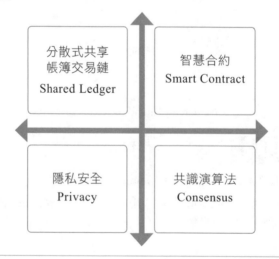

經典試題及解析

( )　1. 在區塊鏈中要做到不可否認的身分驗證，收款方用自己的私鑰加密於亂碼化（Hashing）後的交易內容產生數位簽章，付款方收到資料後，以下列哪一種方式就可驗證交易的正確性？
(1)付款方私鑰
(2)付款方公鑰
(3)收款方公鑰
(4)收款方私鑰。（第6屆考題26）

( )　2. 區塊鏈的技術是藉由下列哪一項與網路通訊科技共享帳簿資料處理的電腦技術，保護交易帳戶的安全與隱私達成共享帳簿的互聯網？
(1)密碼學
(2)智慧合約
(3)區塊
(4)共識演算法。（第6屆考題27）

( )　3. 有關區塊鏈去中心化作業匯款系統的特點，下列何者正確？
(1)透過中介機構保障安全
(2)交易成本較高
(3)可追蹤性較差
(4)能夠幾乎即時結算。（第6屆考題33）

( )　4. 下列哪一項不是區塊鏈資訊解決方案的組成元件？
(1)基礎建設層
(2)業務應用模組共用層
(3)業務應用層
(4)資訊通訊層。（第6屆考題52）

（　）　5. 區塊鏈使用公鑰及私鑰進行加密工作，此公鑰與私鑰的生成關係，下列敘述何者正確？
(1)「獨立」生成
(2)「成對」生成
(3)可「獨立」，亦可「成對」生成
(4)非「獨立」且非「成對」生成。（第8屆考題11）

（　）　6. 比特幣區塊鏈中所謂的「挖礦」係指下列何者？
(1)與其他節點競爭交易權
(2)與其他節點競爭軟體的下載權
(3)與其他節點競爭轉帳權
(4)與其他節點競爭記帳權。（第8屆考題12）

（　）　7. 下列何項並非區塊鏈所擁有的特點？
(1)以集體共識維護帳本
(2)不可篡改性
(3)必定存在智能合約
(4)不可否認性。（第8屆考題47）

（　）　8. 對於區塊鏈的數位簽章，下列敘述何者正確？
(1)使用公鑰上鎖，私鑰解鎖
(2)使用私鑰上鎖，公鑰解鎖
(3)使用公鑰及私鑰聯合上鎖
(4)使用公鑰及私鑰聯合解鎖。（第8屆考題48）

（　）　9. 區塊鏈技術所架構出共享的分類帳和資料庫可以提供政府和金融服務業許多顯著好處，下列何項不是其核心處理要素？
(1)分散式共享帳簿交易鏈
(2)智慧合約
(3)共識演算法
(4)隱私共享。（第3屆考題29）

( )　10. 有關區塊鏈的相關敘述，下列何者正確？

(1)區塊鏈技術是一種非分散式的資料庫存取

(2)區塊鏈技術是藉由先進的密碼學與網路通訊科技私有帳簿資料處理電腦技術，保護交易帳簿的安全與隱私

(3)區塊鏈一定是屬於私有性，只有獲得認可的組織和人員才可以加入的特許區塊鏈

(4)區塊鏈是一種分佈式多節點共識實現技術，通過區塊鏈可以完整、不可篡改地記錄價值轉移的全部過程。

（第3屆考題30）

( )　11. 比特幣使用區塊鏈的技術，下列何者不是其特性？

(1)一致性

(2)來源不可追溯

(3)不可更改

(4)決定性 。（第3屆考題52）

( )　12. 導入區塊鏈技術是將現在單中心與集中式的層級處理架構改變成下列何者？

(1)單中心的共享清算網路

(2)單中心的分散式清算網路

(3)雙中心的集中式清算網路

(4)多中心的清算網路。（第3屆考題53）

( )　13. 下列何者不是區塊鏈（Block Chain）技術？

(1)藉由總帳共享驗證，提升資料的完整性

(2)交易流程扁平化，降低交易的複雜性及成本

(3)區塊鏈技術不一定是去中央化的

(4)區塊鏈技術是用在金融業務的科技，無法用來認證大量的物聯網設備。（銀行考題）

（　）│ 14. 區塊鏈的技術是藉由下列哪一項與網路通訊科技共享帳簿資料處理的電腦技術，保護交易帳戶的安全與隱私達成共享帳簿的互聯網？
(1)密碼學
(2)智慧合約
(3)區塊
(4)共識演算法。（第7屆考題26）

（　）│ 15. 區塊鏈將合約中的交易條款或商業規則內嵌在區塊鏈系統，使其在交易的環節中適時地執行，以確保合約的各項條款都有被遵守，這種運作模式被稱為：
(1)信用狀
(2)智慧合約
(3)法院認證
(4)身份認證。（第7屆考題27）

（　）│ 16. 下列何者不是區塊鏈在數位金融應用上的重大影響及效益？
(1)降低信任風險
(2)交易過程多層次化
(3)驅動新型商業模式的誕生
(4)共同執行可信賴的流程，是實現共享金融的有利工具。
（第7屆考題52）

（　）│ 17. 比特幣網路各節點所共有的比特幣交易總帳本，針對此總帳本，下列敘述何者正確？
(1)各節點的帳本是總帳本的一部分且不會重複
(2)各節點的帳本是總帳本的一部分但有部分重複
(3)各節點的帳本可以是總帳本也可以是總帳本的一部分
(4)各節點的帳本都是相同的總帳本。（第8屆考題13）

( )｜18. 有關區塊鏈的相關敘述，下列何者正確？

(1)區塊鏈技術是一種非分散式的資料庫存取

(2)區塊鏈技術是藉由先進的密碼學與網路通訊科技私有帳簿資料處理電腦技術，保護交易帳簿的安全與隱私

(3)區塊鏈一定是屬於私有性，只有獲得認可的組織和人員才可以加入的特許區塊鏈

(4)區塊鏈是一種分佈式多節點共識實現技術，通過區塊鏈可以完整、不可篡改地記錄價值轉移的全部過程。

（第3屆考題30）

( )｜19. 比特幣使用區塊鏈的技術，下列何者不是其特性？

(1)一致性

(2)來源不可追溯

(3)不可更改

(4)決定性。（第3屆考題52）

( )｜20. 導入區塊鏈技術是將現在單中心與集中式的層級處理架構改變成下列何者？

(1)單中心的共享清算網路

(2)單中心的分散式清算網路

(3)雙中心的集中式清算網路

(4)多中心的清算網路。（第3屆考題53）

( )｜21. 下列何者不是區塊鏈（Block Chain）技術？

(1)藉由總帳共享驗證，提升資料的完整性

(2)交易流程扁平化，降低交易的複雜性及成本

(3)區塊鏈技術不一定是去中央化的

(4)區塊鏈技術是用在金融業務的科技，無法用來認證大量的物聯網設備。（銀行考題）

(　)　22. 下列哪一項虛擬通貨，具有中介發行機構？

(1)比特幣

(2)萊特幣

(3)瑞波幣

(4)亞馬遜幣。（第6屆考題31）

(　)　23. 根據不同的應用場景和參與者需求，區塊鏈技術可以劃分為何種類型？

(1)大企業鏈、中小企業鏈和小企業鏈

(2)公有鏈、私有鏈和聯盟鏈

(3)國內鏈和國外鏈

(4)有線網路鏈和無線網路鏈。（第6屆考題25）

(　)　24. 下列何者不屬於區塊鏈的特性？

(1)去中心化

(2)可回溯

(3)不可竄改

(4)無效能負載疑慮。（第1屆金融基測考題76）

(　)　25. 在區塊鏈中的交易記錄是記錄在下列何處？

(1)私密帳本

(2)公共帳本

(3)國有帳本

(4)傳輸帳本。（第2屆金融基測考題72）

(　)　26. 有關航班延誤險，產險公司以「智能合約」執行保險運作快速理賠，主要是採用下列何種金融科技的技術？

(1)支付

(2)區塊鏈

(3)人工智慧

(4)雲端運算。（第2屆金融基測考題77）

解答與解析

1.（3）

區塊鏈中訊息被公鑰加密，只有配對的私鑰才能解密讀到訊息。反之，如果你用你的私鑰加密訊息，只有配對的公鑰可以解密。所以當A想要轉帳B，他需要用他的私鑰將轉帳訊息加密後，送到網路裡，然後每個節點使用A的公鑰將訊息解開，以確認是由A發送的。

2.（1）

區塊鏈技術是一種不依賴第三方、通過自身分散式節點進行網路數據的存儲、驗證、傳遞和交流的一種技術方案。因此，有人從金融會計的角度，把區塊鏈技術看成是一種分散式開放性去中心化的大型網路記帳簿，任何人任何時間都可以採用相同的技術標準加入自己的信息，延伸區塊鏈，持續滿足各種需求帶來的數據錄入需要。為了能在區塊鏈網路裡進行交易，你需要一個比特幣地址，它讓你可以存放你的比特幣。比特幣地址是由一個私鑰之後產生公鑰再進行一些密碼學方法產出的一個比特幣地址。

3.（4）

去中心化是一種現象或結構，其只能出現在擁有眾多用戶或眾多節點的系統中，每個用戶都可連接並影響其他節點。簡單來說，就是每個人都是中心，每個人都可以連接並影響其他節點，這種扁平化、開源化、平等化的現象或結構，稱之為「去中心化」。透過跨境交易即時追蹤功能，協助企業掌握交易資訊的即時性與透明性，也可讓過去每筆跨境匯款資金從本來需要三～四天的時間大幅縮短到只要幾分鐘。

4.（4）

傳統區塊鏈傾向於把架構分為數據層、網絡層、共識層、激勵層、合約層、應用層。

5.(2)

技術採用一對匹配的密鑰進行加密、解密,具有兩個密鑰,一個是公鑰一個是私鑰,它們具有這種性質:每把密鑰執行一種對數據的單向處理,每把的功能恰恰與另一把相反,一把用於加密時,則另一把就用於解密。

（參考網址:https://kknews.cc/news/pk9jmg8.html）

6.(4)

挖礦是與其他節點競爭記帳權。

7.(3)

區塊鏈特色為以集體共識維護帳本,去中心化和不可竄改性,不可否認性等。

8.(2)

私鑰跟公鑰是非對稱加密（asymmetric cryptography）技術中最重要的部份,背後的數學原理在於用私鑰可以很容易算出一把公鑰來用,而公鑰很難去反推回私鑰。

9.(4)

區塊鏈的四個核心處理要素包括:

(1)分散式共享帳簿交易鏈（Shared Ledger）。

(2)智慧合約（Smart Contract）。

(3)隱私安全（Privacy）。

(4)共識演算法（Consensus）。

10.(4)

區塊鏈技術利用複雜的公鑰（Public key）及私鑰（Private key）運算機制,驗證交易資訊之有效性（防偽）及產生下一個區塊。區塊鏈可以將整個金融網路的所有交易資訊分發到每一個使用者端,並確保每個人只能修改自己的財產。區塊鏈技術可廣泛應用於各種金融與支付業務之金流交易活動。

11.(2)

區塊鏈技術基於去中心化的對等網路,用開源軟體把密碼學原理、時序資料和共識機制相結合,來保障分散式資料庫中各節點的連貫和持續,使資訊

能即時驗證、可追溯、但難以
篡改和無法遮蔽，從而創造了
一套隱私、高效、安全的共享
價值體系。

12.（ **4** ）

區塊鏈技術基於去中心化的對等
網路，為多中心的清算網路。

13.（ **4** ）

區塊鏈是用分散式資料庫識
別、傳播和記載資訊的智慧型
化對等網路，也稱為價值網際
網路。區塊鏈技術基於去中心
化的對等網路，用開源軟體把
密碼學原理、時序資料和共識
機制相結合，來保障分散式資
料庫中各節點的連貫和持續，
使資訊能即時驗證、可追溯、
但難以篡改和無法遮蔽，從而
創造了一套隱私、高效、安全
的共享價值體系。

14.（ **1** ）

區塊鏈是藉由密碼學串接並保
護內容的串連文字記錄。

15.（ **2** ）

智慧合約主力提供驗證及執行
合約內所訂立的條件。智慧合
約允許在沒有第三方的情況下
進行交易。這些交易可追蹤且
不可逆轉。

16.（ **2** ）

區塊鏈可以降低信任風險、去
動新型態商樣模式的誕生、及
共同執行可信賴的流程，是實
現共享金融的有利工具。

17.（ **4** ）

區塊鏈分散式帳本的系統中，
節點（node）是提供、維護
「共同總帳」的單位，不同的
節點之間以網狀的方式相互連
結，成為獨立自主的電腦網
路，這個概念我們也可以稱之
為「去中心化」。

18.（ **4** ）

區塊鏈技術利用複雜的公鑰
（Public key）及私鑰（Private
key）運算機制，驗證交易資訊
之有效性（防偽）及產生下一

個區塊。區塊鏈可以將整個金融網路的所有交易資訊分發到每一個使用者端，並確保每個人只能修改自己的財產。區塊鏈技術可廣泛應用於各種金融與支付業務之金流交易活動。

19.（2）

區塊鏈技術基於去中心化的對等網路，用開源軟體把密碼學原理、時序資料和共識機制相結合，來保障分散式資料庫中各節點的連貫和持續，使資訊能即時驗證、可追溯、但難以篡改和無法遮蔽，從而創造了一套隱私、高效、安全的共享價值體系。

20.（4）

區塊鏈技術基於去中心化的對等網路，為多中心的清算網路。

21.（4）

區塊鏈是用分散式資料庫識別、傳播和記載資訊的智慧型化對等網路，也稱為價值網際

網路。區塊鏈技術基於去中心化的對等網路，用開源軟體把密碼學原理、時序資料和共識機制相結合，來保障分散式資料庫中各節點的連貫和持續，使資訊能即時驗證、可追溯、但難以篡改和無法遮蔽，從而創造了一套隱私、高效、安全的共享價值體系。

22.（4）

2013年2月初，亞馬遜宣佈將為自己的安卓應用市場推出一種虛擬貨幣，稱為「亞馬遜幣」（Amazon Coins）。亞馬遜發行虛擬貨幣的主要目的是刺激使用者在其市場購買應用程式，進而激勵Android開發者為其編寫應用，完善平臺生態。亞馬遜在聲明中表示，從2013年5月開始，消費者將能夠使用亞馬遜貨幣購買應用和遊戲內虛擬商品。該公司一開始將向消費者免費發放價值「數千萬美元」的虛擬貨幣。一個亞馬遜幣等價於現實世界中的的一美分。

23.（2）

區塊鏈技術利用複雜的公鑰（Public key）及私鑰（Private key）運算機制，驗證交易資訊之有效性（防偽）及產生下一個區塊。區塊鏈可以將整個金融網路的所有交易資訊分發到每一個使用者端，並確保每個人只能修改自己的財產。區塊鏈技術可廣泛應用於各種金融與支付業務之金流交易活動。

24.（4）

區塊鏈的特性去中心化、可回溯、不可竄改。

25.（2）

整個區塊鏈就像是一個共享的分散式總帳，由多個參與的運算節點來共同維護，每個節點也各自擁有一份完整的帳本備份（完整的區塊鏈資料），而其中的每個區塊，就像是帳本的其中一頁，記錄好幾筆不同的交易資訊，這些紀錄都無法經由其中一個節點來竄改。

26.（4）

智能合約（smart contract）是區塊鏈中一種制訂合約時所使用的特殊協議，主要用於提供驗證及執行智能合約內所訂定的條件。

Unit 6 生物辨識

隨著金融科技蓬勃發展，如何防範並降低科技所帶來的風險，提供既便利又安全的金融活動環境，是金融科技業者必須持續面對的資訊安全管理挑戰。使用者身分識別是金融科技關鍵技術之一，生物特徵辨識技術（例如：指紋、臉部、虹膜、聲音、掌紋、靜脈等）則是新一代之身分識別發展趨勢，可經由行動裝置或穿戴式裝置進行身分識別。企業擷取生物特徵並掃描存檔，以供後續比對與應用時，應依據其風險承擔能力，調整生物特徵之錯誤可接受度，以有效識別使用者身分。對於生物特徵資料之儲存與使用等議題，亦須考量使用者之隱私權保護與安全管理。

生物辨識技術

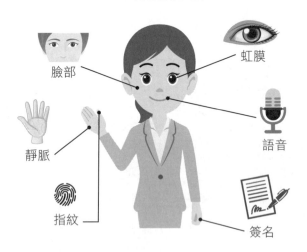

臉部　虹膜　靜脈　語音　指紋　簽名

（參考資料：http://newjust.masterlink.com.tw/HotProduct/HTML/Basic.xdjhtm?A=PA270-1.HTML）

焦點 10｜感知運算與生物識別技術

一、感知運算技術

智慧機器的時代將蓬勃發展，具備環境感知能力的智慧型個人助理、智慧型顧問及進階全球工業系統將大量出現，智慧機器的時代將成為IT史上最大的變革，新科技將取代人類部分工作。一般民眾將購買、掌控並使用自己的智慧機器來提升個人成就，而企業亦同樣將投資智慧機器。IBM長期發展認知運算技術超級電腦華生（Watson），能夠解讀非結構性資訊，並且藉由模擬人腦的感覺、認知與互動來運作。能應用在醫療、金融、法律和學術界等需要運用高度專業及複雜語言詞彙的產業。

Watson是IBM推出的認知計算平台，它利用自然語言處理和機器學習技術來挖掘大量非結構化數據內含的重要價值。Watson的技術核心在於其認知計算功能，它有如下三個特點：

(一) **對自然語言的識別**

　　Watson可以理解人說的語言而不只是關鍵字；對非結構化數據的處理。比如資料庫中的數據有一定的格式，屬於結構化數據。

(二) **機器學習**

　　Watson會隨著數據的積累和人的訓練越來越聰明。Watson的這些能力如今均已被轉變成數位服務或API，計算技術正在進入一個全新的時代，我們叫作感知的時代。數據呈現爆炸性增長的趨勢之下，這些數據所蘊含的尚未被挖掘價值，在認知時代這意味著無限商機。

(三) 區塊鏈（Blockchain）

是發展於比特幣的一個重要技術應用概念，其本質是分散式的電子資料庫管理。區塊鏈技術擁有比數字貨幣更豐富、更深刻的內涵。區塊鏈技術目前正處於發展的早期階段，應該抓住機會大力研究和探索，一方面要看到重大技術創新給經濟社會發展帶來的機遇，一方面也要看到由此產生的潛在風險。

二、生物識別技術 （第6、7屆）

生物識別技術是指利用人體固有的生理特徵或行為特徵，如人臉、指紋、虹膜、指靜脈、掌靜脈、聲音、步態、筆跡等來進行個人身份鑑定認證的技術。與傳統的身份鑑定手段相比，基於生物識別的身份鑑定技術具有如下優點：

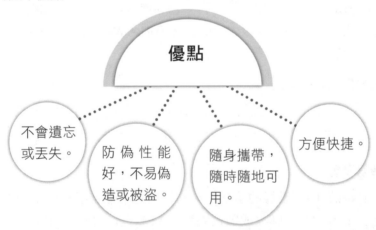

然而，每個生物識別技術都有它們與生俱來的優勢與劣勢。它是最便捷的生物識別技術，可以通過網際網路藉助一般攝影機對人體進行識別，快捷、便利，無需專用設備，但是受光線、背景等識別環境的影響較大。它是綜合性價比最高的生物識別技術，識別精度高、天然的活體識別，但是需要購買指靜脈識別設備進行識別。

目前常見的生物辨識技術如下，而在生物識別方面：人臉、指紋、虹膜是目前比較成熟的識別方式，也廣泛利用在金融領域：（第3、6屆）

聲紋辨識

藉由聆聽和聲譜分析，判斷二個比對的語音樣本是否出自同一人。

筆跡辨識

手寫或簽名辨識，不只分析手寫或簽名的外觀，還要分析寫字時的力度、習慣、瞬間筆劃移動方位、速度、加速度等。

臉部辨識

利用各種面部特徵之間的關係進行識別，將虹膜、鼻翼、嘴角等五官輪廓之大小、位置、距離、角度等對應關係轉換成數學公式，每次比對就是運算這些特徵點的數學關係是否相似，以判斷身分。

指紋辨識

利用指紋螺紋圖案之不同，抽取其中的特徵點進行比對，使用者將手指放在專用指紋讀取設備，讀取機拍下指紋圖像後，由系統轉化成點圖儲存，以供日後查詢比對。

虹膜辨識

膜是包裹在眼球上，圍繞瞳孔呈現絢麗環狀色彩的薄膜，每一個虹膜都包含獨一無二的水晶體、細絲、斑點、結構、凹點、射線、皺紋和條紋等特徵，雖然虹膜的顏色取決於遺傳，但許多虹膜上的圖樣似乎是在胚胎發生期間，受外在事件影響而隨機產生。

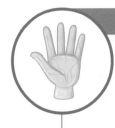

掌形辨識

將手掌放在平台上，以光學感應機器掃描檢驗特徵。由於每個人的手掌脈紋、立體手型、手指長寬、手指彎曲偏差量、手指之間的角度不盡相同，因此可藉以辨識身分。

經典試題及解析

( )　1. 有關生物辨識的敘述，下列何者錯誤？

　　(1)指紋辨識（Finger print）技術已相當成熟，目前安全性最高

　　(2)虹膜辨識（Iris）的優點是錯誤率低、不易造假；缺點是危險性較高、比較不為人們所接受

　　(3)靜脈辨識（Vein）的優點是受環境影響較小、穩定性高、且具獨特性

　　(4)聲紋辨識（Voice）也有不錯的辨識率，缺點是容易受到外部環境影響。（第6屆考題16）

（　）　2. 有關生物辨識技術的敘述，下列何者錯誤？

(1)虹膜辨識是透過紅外線攝影機，根據眼球瞳孔與眼白中間的虹膜紋路特徵，作為辨識依據。優點是錯誤率低，缺點是虹膜紋路特徵易隨年齡增長而變化

(2)聲紋辨識是使用客戶發音特徵和模式進行聲紋分析紀錄，優點是可進行遠距離身分辨識，缺點是容易受到外在環境影響

(3)臉部辨識是偵測五官的位置並記錄其相對位置，優點是危險較低，大眾接受度較高，缺點是容易受到距離、角度、光線等影響

(4)指紋辨識是自指紋圖像中取得特徵點組成指紋模組來進行辨識。優點是技術成熟，缺點是指紋易隨年紀增長而難以辨識。（第3屆考題16）

（　）　3. 下列何者為金融機構的多因子生物辨識（Multi-Factors Biometrics）技術？

(1)指紋辨識結合密碼

(2)聲音辨識結合密碼

(3)指靜脈辨識結合密碼

(4)指靜脈辨識結合臉型辨識。（第3屆考題28）

（　）　4. 多因子生物辨識是金融機構同時提供一種以上的生物辨識給使用者，下列哪一種是屬於非接觸式多因子生物辨識？

(1)臉型辨識結合密碼

(2)指紋辨識結合指靜脈辨識

(3)虹膜辨識結合指紋辨識

(4)臉型辨識結合聲音辨識。（第6屆考題29）

(　)　5. 下列何者目前不被臺灣金融主管機關認可作為ATM存提款輔助身份認證用途？
(1)晶片金融卡
(2)以生物辨識技術（如指靜脈等）
(3)智慧型手機（以行動銀行、OTP、NFC及Apple Pay等方式）
(4)聲波。（第7屆考題41）

(　)　6. 可以在實體服務場域中協助辨識特定VIP客戶，並將相關該客戶重要資訊推播至服務人員行動裝置或即時推播專屬客群化的行銷廣告到數位看板播放系統，下列哪一種生物辨識方式會比較適合？
(1)指紋辨識
(2)臉部辨識
(3)虹膜辨識
(4)簽名辨識。（第6屆考題53）

(　)　7. 銀行利用臉部辨識來觀察客戶對數位看板互動數位內容的反應，預測客戶的喜好，從而提供更好的行銷廣告服務。這種系統是利用下列何種技術來完成的？
(1)結合電玩和眼控
(2)結合電玩和聲控
(3)結合大數據及密碼的應用
(4)結合大數據及生物辨識的應用。（第8屆考題16）

(　)　8. 指紋辨識是屬於接觸式辨識，它透過指紋的獨特性進行辨識，其資料庫系統建立較早也較完整但易受到下列何種影響而影響辨識結果？
(1)指紋磨損
(2)指紋增生

(3)指紋岔點太多

(4)指紋斷點太多。（第8屆考題14）

( )　9. 一套兼具安全性與便利性的生物辨識系統必須具備何種特性？

(1)低「冒用被接受率（false acceptance rate）」、高「本人被誤拒率（false rejection rate）」

(2)高「冒用被接受率」、高「本人被誤拒率」

(3)低「冒用被接受率」、低「本人被誤拒率」

(4)高「冒用被接受率」、低「本人被誤拒率」。

（第8屆考題15）

( )　10. 信用卡公司Mastercard於2017年陸續推展「生物辨識卡」，以加強刷卡者的身分辨識，它的作法是把卡片擁有者的生物特徵存入信用卡的晶片以作為刷卡時的比對，下列何種生物特徵資料是Mastercard用來存入信用卡？

(1)人臉

(2)指靜脈

(3)聲紋

(4)指紋。（第8屆考題49）

( )　11. 下列何者常被用來評估生物辨識系統的安全性？

(1)冒用被拒絕率

(2)本人被拒絕率

(3)冒用被接受率

(4)本人被接受率。（第2屆金融基測考題71）

解答與解析

1.(1)

「指紋辨識」技術較成熟，市占率最高，其次則為成長速度最快的「臉部辨識」技術。「虹膜辨識」的準確度最高，但由於使用上需以紅外線掃描眼球，在價格及安全性的考慮下，並不易發展成為大眾化產品，相對的市占率也就無法迅速拓展，其餘生物辨識科技則仍受一般消費者的使用習慣、可接受度以及經濟價格因素影響，成長較緩慢。

2.(1)

虹膜就是人類眼球中有色的部分，因為每個人的虹膜皆不同，且虹膜特徵不易改變，而且準確性較高，辨識方法及為快速，只要眼睛對著儀器瞬間，就完成了辨識，方便又簡單，但依然可以偽造。

3.(4)

指靜脈辨識結合臉型辨識為新型態的生物辨識，其餘皆用傳統之辨識方式。

4.(4)

臉型辨識結合聲音辨識都不需要接觸硬體設施即可完成辨識，指紋及密碼都需要再由硬體接觸或輸入才可辨識。

5.(4)

ATM存提款輔助身份認證用：臉部辨識提款、手機無卡提款、指靜脈服務。

6.(2)

臉部辨識的優勢在於其自然性和不被被測個體察覺的特點，而所謂自然性，是指該辨識方式同人類（甚至其他生物）進行個體辨識時所利用的生物特徵相同。例如臉部辨識，人類也是通過觀察比較臉部區分和確認身分的，另外具有自然性的辨識還有語音辨識、體型辨識等，而指紋辨識、虹膜辨識等都不具有自然性，因為人類或者其他生物並不通過此類生物特徵區別個體。

7. (4)

銀行利用臉部辨識來觀察客戶對數位看板互動數位內容的反應，預測客戶的喜好，從而提供更好的行銷廣告服務是利用大數據及生物辨識的應用，來觀察客戶，並收集預測客戶的喜好。

8. (1)

指紋磨損最容易影響指紋辨識的準確性。

9. (3)

如果要兼具安全性與便利性的生物辨識系統需具有低冒用被接受率及低本人被誤拒率。

10. (4)

萬事達卡宣布推出新一代生物辨識支付卡，以現行的行動支付規格為基礎，將指紋辨識功能整合至晶片當中，因此新一代生物辨識卡可直接通用於全球任何符合EMV標準的收單裝置，使持卡人以更安全便利的方式在實體店面消費。

11. (3)

生物辨識技術之準確度以錯誤排斥率（false rejection rate, FRR）以及錯誤接受率（false acceptance rate, FAR）為評估標準，所謂「錯誤排斥率」是指獲得授權之使用者被誤認為不具資格者之機率，而「錯誤接受率」是指誤將盜用身分者辨識為獲得授權者之機率。

行動支付是指使用行動裝置進行付款的服務。在不需使用現金、支票或信用卡的情況下，消費者可使用行動裝置支付各項服務或數位及實體商品的費用。雖然使用非實體貨幣系統的概念已存在許久，但支援此系統的科技直到近期才開始普及。

行動支付在世界各地以不同的形式應用。在開發中國家，行動支付解決方案被用在延伸金融服務至銀行不普及的區域。這些支付網路經常被運用在微收費上。開發中國家的行動支付市場吸引了許多公開和私有的資金組織投入，包括比爾與美琳達·蓋茲基金會、美國國際開發署和Mercy Corps。

焦點 11 行動支付技術

所謂行動支付係指使用行動裝置進行付款服務，在不需使用現金、支票或信用卡的其他實體金融貨幣的情況下，消費者可使用行動電話支付各項服務或數位及實體商品的費用，行動支付之所以會蓬勃發展其關鍵的成功因素包括：（第6、7屆）

主要的行動支付方式共有四種類型：簡訊為基礎的轉帳支付、行動帳單付款、行動裝置網路支付（WAP）和非接觸型支付（NFC）。此外，在海地等國家也開始出現電信服務營運商與銀行合作的支付方式。

許多公司提供了行動支付的解決方案，包括金融機構和信用卡公司、網路服務公司（例如Google）、行動通訊服務營運商、主要的通訊網路基礎建設商（例如Orange的w-HA）以及生產行動裝置的跨國公司（例如Ericsson、BlackBerry和蘋果公司）。

📝 科技力小課堂

TSM（Trusted Service Manager）

電信業者（提供網路服務）和銀行業者（提供現金流）以外的公正第三方平台。之所以需要TSM的存在，是因為電信業者和銀行業者都分別有自己的安全元件需要管理，而兩邊的安全元件會一起存在Micro SD卡或SIM卡的晶片上，透過公正的第三方控管元件，整合中間的資料或是資訊交流會較為安全。

NFC（Near-field Communication）

「近距離無線通訊」技術，讓兩個電子裝置在非常短的距離進行資料傳輸，和藍芽有點相似，雖然傳輸速度及距離都遜於藍芽，但如此一來可以降低不必要的干擾，讓裝置專注於傳輸資料，只要手機有這項技術，就可以和感應式讀卡機進行交易。

HCE（Near-field Communication）

主機板模擬，它能透過主機在雲端模擬晶片所做的事，手機裡不用再加入安全元件（也就不需要安全元件商），電信商也不需要介入換發SIM卡，因此HCE能讓行動產業和支付產業間的合作更為簡化。

SMS（Short Message Service）

簡訊為基礎的行動支付方式中，消費者透過SMS簡訊或USSD發送支付請求至一個電話號碼或簡碼，支付的款項由電信帳單或電子錢包中扣除。支付的對象在收到支付成功的確認訊息後提供商品或服務。由於在過程中通常不會提供消費者的實體位址，因此大多數接受簡訊支付的服務為數位商品，接受支付的商家透過多媒體簡訊（MMS）服務傳送消費者購買的音樂、手機鈴聲、壁紙圖片等。

焦點 12　第三方支付技術（第3屆）

第三方支付是具備一定實力和信譽保障的獨立機構，採用與各大銀行簽約的方式，提供與銀行支付結算系統介面的交易支持平臺的網路支付模式，為線上購物者提供資金劃撥的通路及服務的網路支付模式，但第三方支付並不等於行動支付、且不一定要是銀行機構。（第6、7屆）

在「第三方支付」模式中，買方選購商品後，使用第三方平臺提供的帳戶進行貨款支付，並由第三方通知賣家貨款到帳、要求發貨；買方收到貨物，並檢驗商品進行確認後，就可以通知第三方付款給賣家，第三方再將款項轉至賣家帳戶上。第三方支付作為目前主要的網路交易手段和信用中介商，最重要的是起到了在網上商家和銀行之間建立起連接，實現第三方監管和技術保障的作用。以PayPal為例，消費者亦能在實體零售商店透過PayPal推出之智慧型手機app進行付款。

📝 科技力小課堂

PayPal，是一個總部位於美國加州聖荷西市的網際網路第三方支付服務商，允許在使用電子郵件來標識身分的用戶之間轉移資金，避免了傳統的郵寄支票或者匯款的方法。它所提供的服務內容包括：（第3屆）

1. 以Email取代難以記憶的銀行帳號，就可轉帳及收款。

2. 提供mPOS機制（PayPal Here）供個人或微型企業可接受信用卡付款。

3. One Touch行動支付機制，是PayPal為了簡化行動支付體驗所推出之服務機制。

4. 消費者亦能在實體零售商店透過PayPal推出之智慧型手機app進行付款。

第三方支付平臺的出現，從理論上講，徹底杜絕了電子交易中的欺詐行為，這也是由它的以下特點決定的：

(一) 支付手段多樣且靈活，用戶可以使用網路支付，電話支付，手機簡訊支付等多種方式進行支付。

(二) 不僅具有資金傳遞功能而且可以對交易雙方進行約束和監督。例如：支付寶不僅可以將買家的錢劃入賣家帳戶，而且如果出現交易糾紛，比如賣家收到買家訂單後不發貨或者買家收到貨物後找理由拒絕付款的情況，支付寶會對交易進行調查，並且對違規方進行處理，基本能監督和約束交易雙方。

(三) 是一個為網路交易提供保障的獨立機構。例如：淘寶的支付寶，它就相當於一個獨立的金融機構，當買家購買商品的時候，錢不是直接打到賣家的銀行帳戶上而是先打到支付寶的銀行帳戶上，當買家確認收到貨並且沒問題的話就會通知支付寶把錢打入賣家的帳戶裡面，支付寶在交易過程中保障了交易的順利進行。

經典試題及解析

(　)　1. 有關傳統支付模式的挑戰或轉型敘述，下列何者錯誤？
　　　　(1)現金鑄印成本高，容易成為洗錢媒介
　　　　(2)紙本票據具被轉讓性質，難轉往電子化發展
　　　　(3)信用卡將逐漸轉以數位代碼化進行交易
　　　　(4)小額轉帳將流向電子支付機構執行。（第8屆考題17）

( ) 2. 有關行動支付中的TSM（Trusted service manager）與HCE
（host card emulation）的比較，下列何者錯誤？
(1)HCE機制中服務供應商可以自主開發或整合APP加值功能，
創造額外的營收
(2)HCE機制可免除在行動支付的過程中，來自營運商的OTA平
台介接費用，因而降低建置與營運成本
(3)TSM機制將安全元件（SE）放到手機SIM卡中，NFC讀卡機
直接和手機中的安全元件（SE）交換資料
(4)TSM機制中手機SIM卡會受到開啟手機電源與連網等限制，
無法完成離線（offline）的近端支付交易。
（第8屆考題18）

( ) 3. 下列哪個項目不屬於遠端支付？
(1)提供繳費、轉帳的網路銀行App模式
(2)第三方支付的行動購物模式
(3)醫療費用行動支付平台綁定信用卡或金融卡，以繳付醫療費
用的App模式
(4)Apply Pay、Google Pay、Samsung pay。（第8屆考題50）

( ) 4. 有關QR Code行動支付敘述，下列何者錯誤？
(1)無轉換新卡、限定機種問題
(2)因不涉及特殊規格，因此目前使用便利性相當普及
(3)消費者需要下載APP並完成註冊
(4)在實體商家或網路商場均可進行購物。（第3屆考題13）

( ) 5. 有關第三方支付平台的敘述，下列何者錯誤？
(1)其提供的行動支付主要是以近端支付服務為主
(2)為行動電信營運商、金融機構及客戶三者提供連接
(3)負責對客戶的銀行帳戶與商店帳戶進行結算
(4)因金融機構被邊緣化，第三方支付安全性受質疑。
（第3屆考題14）

（　　）6. 應用行動支付服務將傳統銀行「從一處場所變成一種行為」稱
為：
(1)虛實整合　　　　　　(2)場景金融
(3)便民服務　　　　　　(4)經濟生態系統。（第3屆考題15）

（　　）7. 近端支付技術中的資料標記技術（EMVCo Tokenization），下
列何者為其最大優點？
(1)解決網路速度過慢問題
(2)解決個資外洩疑慮
(3)協助Apple Pay進入行動支付市場
(4)強化NFC通訊功能。（第3屆考題46）

（　　）8. 有關PayPal的運作方式，下列何者錯誤？
(1)PayPal以e-mail來辨識對方，以打破傳統金融機構轉帳匯款
的不便利
(2)PayPal有帳戶餘額，且具備「資金移轉」功能
(3)經由PayPal賣方可以清楚知道買方銀行帳戶資訊，以利於進
行支付服務
(4)PayPal的功能包含付款閘道（Payment Gateway）及電子錢
包（e-wallet）。（第3屆考題47）

（　　）9. 對於第三方支付之敘述，下列何者正確？
(1)第三方支付等於行動支付
(2)提供買賣雙方交易保障服務
(3)第三方支付業者指的就是銀行機構
(4)第三方支付不含電子票證。（第7屆考題13）

( )　10. 有關行動支付的營運與發展，下列敘述何者錯誤？
　　　　(1)行動支付需第三方支付業者才能提供服務
　　　　(2)行動支付從技術上，可分為遠端支付與近端支付兩種形式
　　　　(3)行動支付可透過手機進行連線／離線的支付服務
　　　　(4)許多新科技被應用於行動支付，包括穿戴式裝置與生物辨識技術。（第7屆考題14）

( )　11. 下列何者不是行動支付成功發展的首要因素？
　　　　(1)重視使用者需求
　　　　(2)經濟生態體系（ecosystem）的建立
　　　　(3)完善的法律架構
　　　　(4)大量的資本支出。（第7屆考題16）

( )　12. 讓行動裝置只要透過行動網路或Wi-Fi即可完成信用卡、金融卡等相關交易資料接收的工作，是下列哪一種技術？
　　　　(1)SIM
　　　　(2)TSM
　　　　(3)OTA
　　　　(4)NFC。（第7屆考題17）

( )　13. 穿戴式裝置的行動支付技術，所帶來的新浪潮，主要原因在於：
　　　　(1)可搭配每天的服裝穿著
　　　　(2)因隨身使用，比較不會被別人所濫用
　　　　(3)由知名手錶業者提供，安全技術比較可靠
　　　　(4)因符合行動支付的傳輸標準，可與消費者帳戶連結，便於支付。（第7屆考題47）

( )｜14. 信任服務管理平台（Trusted Service Manager, TSM）是很多行動支付的重要環節之一。關於其描述，下列何者錯誤？
(1)TSM是支付業者和行動通信業者之間的橋樑
(2)在近場通訊付款時，金融機構會透過TSM利用空中傳輸技術（Over The Air, OTA）將使用者資料下載到手機
(3)TSM是行動支付成功運作的核心關鍵
(4)TSM由金融機構和通信業者共同組成，不能稱為公正的第三方。（銀行考題）

( )｜15. 有關第三方支付平台所主導的行動支付營運模式，下列何者不包括在內？
(1)以電子商務平台為基礎
(2)以社群媒體平台為基礎
(3)以產業供應鏈信用支付平台為基礎
(4)以電信平台為基礎。（第6屆考題14）

( )｜16. 下列何者屬於遠端支付類型？
(1)Apple Pay
(2)NFC行動支付
(3)台灣高鐵的訂票App
(4)Samsung Pay。（第6屆考題15）

( )｜17. 有關台灣行動支付公司與台灣Pay的敘述，下列何者錯誤？
(1)是由財金資訊公司、聯合信用卡處理中心、台灣票據交換業務發展基金會、國內32家金融機構與悠遊卡公司於2014年共同發起成立
(2)台灣Pay主要支付方式為信用卡或金融卡
(3)台灣Pay目前只支援「掃碼付款」，而不支援NFC「感應付款」
(4)T Wallet+ 行動支付可用以購物、轉帳、繳稅及提款等多項服務。（第6屆考題17）

（　）18. 我國金融管理機構對於電子支付業務採用何種制度進行資格審查？
(1)許可制
(2)報備制
(3)註冊制
(4)申報制。（第6屆考題39）

（　）19. 比較NFC及QR Code近端支付，下列敘述何者錯誤？
(1)NFC支付通常靠三個主要組成元素：手機的NFC天線（或晶片）、手機內建的防干擾安全元件、商店收銀台的非接觸式NFC讀卡機
(2)QR Code因不涉及特殊規格（NFC）手機的普及與否問題，成本也相對不高
(3)NFC可「嗶」一聲快速完成付款，但QR Code行動支付的程序比較多
(4)目前Line Pay只結合NFC感應支付，不採用QR Code。
（第6屆考題47）

（　）20. 下列何者非屬NFC應用的安全元件形式？
(1)SWP-SIM
(2)Embedded SE（Secure Element）
(3)Micro SD卡
(4)PAN（Primary Account Number）。（第7屆考題12）

（　）21. 最早應用電子郵件（e-mail address）做為使用帳號，並用以辨識用戶間身分，打破傳統金融機構轉帳匯率的不便利，是下列哪一個行動支付平台？
(1)歐付寶
(2)PayPal
(3)支付連
(4)支付寶。（第6屆考題13）

（　） 22. 有關肯亞行動支付M-PESA的發展及說明，下列何者錯誤？
(1)M即為Mobile，PESA是當地語言「錢」
(2)M-PESA意即行動貨幣
(3)M-PESA僅能用於支付，不能匯款
(4)M-PESA不受行動電話功能或網路類型限制。
（第6屆考題46）

（　） 23. 在WEF金融科技創新項目中，下列哪一種創新項目是屬於支付功能？
(1)群眾募資
(2)無現金世界
(3)股權投資者
(4)通路偏好移轉。（第6屆考題54）

（　） 24. 下列何者為Apple Pay行動支付使用的技術？
(1)TSM（Trusted Service Manager）
(2)HCE（Host Card Emulation）
(3)RFID （Radio Frequency IDentification）
(4)Tokenization。（第1屆金融基測考題80）

（　） 25. 下列何者不是近端支付的技術？
(1)手機SMS（Short Message Service）
(2)NFC（Near-Field Communication）
(3)信用卡行動收單裝置（mPOS）
(4)QR Code。（第2屆金融基測考題80）

（　） 26. 下列何者為行動支付的近端交易？
(1)線上轉帳
(2)藍牙交易
(3)行動條碼
(4)紅外線。（第1屆金融基測考題69）

解答與解析

1.(2)

紙本票據具被轉讓性質，並不會影響轉往電子化發展。

2.(4)

TSM機制：

(1)端到端安全。

(2)啟動和停用服務。

(3)遠端連線應用程序。

(4)行動網路運營商和服務提供商互聯。

(5)應用程序生命週期管理。

(6)管理可信任執行環境的密鑰。

這些功能可以由行動網路運營商，服務提供商或第三方執行，或者一部分可以由一方委託給另一方。

3.(4)

Apply Pay、Google Pay、Samsung pay是以近端感應支付方式進行交易，其餘選項都為遠端支付模式，不須直接於商家進行感應支付。

4.(2)

QR Code行動支付因尚無統一規格制訂，故普及性不高。

5.(1)

行動支付除了近端支付亦還有遠端支付，且以遠端支付為大宗。

6.(2)

場景金融目前比較被公認的解釋是：人們在某一活動場景中的金融需求體驗。

7.(2)

支付資料標記技術是由國際晶元卡標準化組織EMVCo於2014年正式發佈的一項最新技術，原理在於通過支付資料標記（token）代替銀行卡號進行交易驗證，從而避免卡號信息泄露帶來的風險。支付資料標記是使用一個唯一的數值來替代傳統的銀行卡主賬號的過程，同時確保該值的應用被限定在一個特定的商戶、渠道或設備。支付資料標記可以運用在銀行卡交易的各個環節，與現有基於銀行卡號的交易一樣，可以在產業中跨行使用，具有通用性。

8.（**3**）

(1)用戶間透過email即可轉帳交易，讓支付和收受更加方便。

(2)其帳戶餘額功能讓使用者免除頻繁的提領、匯款等交易程序。

(3)提供安全的交易環境，讓付款方的個人資料不會外洩。

9.（**2**）

方便、快速，提供個人化帳務管理；提供交易擔保（確認收到賣方的商品後，再請第三方支付業者付款），可防堵詐騙及減少消費紛爭；減少個人資料外洩風險。

10.（**1**）

行動支付方式共有五種類型：簡訊為基礎的轉帳支付、行動帳單付款、行動裝置網路支付（WAP）、應用程式支付（APP）和非接觸型支付（NFC）。

11.（**4**）

行動支付是指使用行動裝置進行付款的服務。在不需使用現金、支票或信用卡的情況下，消費者可使用行動裝置支付各項服務或數位及實體商品的費用。

12.（**3**）

手機信用卡：利用遠端傳輸（Over the Air，簡稱OTA）技術或其他方式，將信用卡資料下載或儲存至手機或配件，取代實體卡片，以便持卡人在特約商店，利用手機NFC功能，進行感應式刷卡交易。（https://www.fsc.gov.tw/ch/home.jsp?id=2&parentpath=0&mcustomize=news_view.jsp&dataserno=201411250002&aplistdn=ou=news,ou=multisite,ou=chinese,ou=ap_root,o=fsc,c=tw&toolsflag=Y&dtable=News）

13.（**4**）

容易攜帶，且行動支付的傳輸標準，可與消費者帳戶連結，便於支付。

14.（**4**）

TSM的全名為 Trusted Service Manager（信託服務管理），是電信業者（提供網路服務）和銀行業者（提供現金流）以外的公正第三方平台。之所以需

要TSM的存在，是因為電信業者和銀行業者都分別有自己的安全元件需要管理，而兩邊的安全元件會一起存在Micro SD卡或SIM卡的晶片上，透過公正的第三方控管元件，整合中間的資料或是資訊交流會較為安全。

15. (4)

第三方支付是具備一定實力和信譽保障的獨立機構，採用與各大銀行簽約的方式，提供與銀行支付結算系統介面的交易支持平臺的網路支付模式。在「第三方支付」模式中，買方選購商品後，使用第三方平臺提供的帳戶進行貨款支付，並由第三方通知賣家貨款到帳、要求發貨；買方收到貨物，並檢驗商品進行確認後，就可以通知第三方付款給賣家，第三方再將款項轉至賣家帳戶上。第三方支付作為目前主要的網路交易手段和信用中介，最重要的是起到了在網上商家和銀行之間建立起連接，實現第三方監管和技術保障的作用。

16. (3)

NFC支付屬近端支付，如Google的Google Pay、Apple的Apple Pay、Samsung的Samsung Pay。結帳時使用虛擬卡號支付，減少實體卡號暴露盜用的危險，是一種高安全的支付技術。

17. (3)

台灣pay：(1)NFC感應付款、(2)金融卡繳費、(3)行動轉帳、(4)行動提款、(5)QR Code掃碼。

18. (1)

我國的電子支付業務為許可制，許可制並非原先禁止而事後許可，而是經過允許才可以去做，等於要事先申請，核准了才能去做。

19. (4)

NFC：英文Near-field Communication的縮寫，中文為「近距離無線通訊」技術，讓兩個電子裝置在非常短的距離進行資料傳輸，和藍芽有點相似，雖然傳輸速度及距離都遜於藍芽，但如此一來可以降低

不必要的干擾，讓裝置專注於傳輸資料，只要手機有這項技術，就可以和感應式讀卡機進行交易。

QR Code：來自英文Quick Response的縮寫，即快速反應，因為發明者希望QR碼可以快速解碼其內容。QR碼使用四種標準化編碼模式（數字、字母數字、位元組（二進制）和漢字）來儲存資料。QR碼常見於日本，為目前日本最通用的二維空間條碼，在世界各國廣泛運用於手機讀碼操作。QR碼比普通一維條碼具有快速讀取和更大的儲存資料容量，也無需要像一維條碼般在掃描時需要直線對準掃描器。因此其應用範圍已經擴展到包括產品跟蹤，物品識別，文件管理，庫存營銷等方面。

20. (4)

PAN：通常是指提款卡卡號前6位、用來表示發卡銀行或機構的一套提款卡卡號編碼。根據ISO/IEC 7812標準的規定，9字頭BIN號由一國國內的標準組織分配，不適用於全球通用。

21. (2)

PayPal，是一個總部位於美國加利福尼亞州聖荷西市的網際網路第三方支付服務商，允許在使用電子郵件來標識身分的用戶之間轉移資金，避免傳統的郵寄支票或者匯款的方法。

22. (3)

M-PESA對於各個金融服務有相關規定，諸如提款、匯款或貸款的上下限與手續費之外，存款並不需要手續費，但相對銀行來說手續費仍相當低廉，帳戶也沒有規定最小餘額，讓使用者可以立即使用M-PESA。此外在消費者使用這些金融服務的同時，給予額外的點數（bonga point），可以用來兌換折抵通話時間、網路流量及簡訊費用等。

23. (2)

是指一群企業運用科技手段使得金融服務變得更有效率，支付以行動支付為主，因而形成的一種經濟產業。這些金融科技公司通常在新創立時的目標就是想要瓦解眼前那些不夠科技化的大型金

融企業和體系。即使在世界上最先進的數字經濟體之一的美國，這種金融服務變化的演變仍處於早期階段。

24.（4）

提供Apple Pay服務的為Token Service。

25.（1）

手機SMS（Short Message Service）：也稱為訊息、簡訊、文字訊息，此服務亦有許多英語的俗稱如SMSes、text messages、messages或甚至於texts和txts）是行動電話服務的一種。

26.（3）

行動條碼須於臨櫃才可使用屬於近端交易。

Unit 8 保險科技

不論金融科技如何轉變，企業追求成長，應清楚了解經營活動的潛在風險為何，除了認知風險並評估衝擊之外，合理的降低市場、財務和經營風險，避免風險導致災害或損失。有效的風險管理流程可協助企業平衡風險與報酬目標，也能降低策略布局的風險。

如同金融科技（Fintech）一樣，保險科技意指保險業運用新創科技來設計新的產品與解決方案、改善流程及營運效率，並提升客戶體驗和滿意度。穿戴式裝置、連網裝置、人工智慧、區塊鏈及數據分析即是保險科技運用的數個實例。

焦點 13　數位技術風險

對於風險管理者而言，數位化金融環境因科技及數據的快速發展與成長，越來越難以舊的管理方式來降低風險，金融科技以照顧顧客為最主要的訴求，從顧客需求端出發，來找到新的商業模式與創新服務及產品，衝擊到舊有的金融業者營收與客戶，而創新的力量驅動法規調整。

數位轉型過程中，企業切莫忘了要持續保持創新動能外，不能因為已經成功轉身，就忽略創新的重要性，一個不斷創新的企業，才能維持既有

的市場競爭力，而創新不單只是商業模式，更包含風險管理，畢竟資安風險也是不斷在轉變，唯有落實風險管理才能創造垂直整合雙贏。

根據麥肯錫發表的銀行未來風險管理白皮書，塑造未來風險功能的六大趨勢：

金融科技（Financial Technology，FinTech）之蓬勃發展，使保險業面臨前所未有之衝擊。其顛覆性創新之特質，直接改變了未來保險業市場之樣貌與生態，同時也對監理環境和效率性造成極大影響。世界各國為因應此一變局已相繼投入許多研究和產學合作量能，而金融監督管理委員會與民間業者也持續關注，並鼓勵金融科技之發展。

焦點 14 ｜保險科技

2020年在FinTech的施政重點，將聚焦在強化監理即將開業的3家純網銀，推動開放銀行、保險科技、監理科技與電支電票條例整合，此外，金融作業雲端委外與放寬數位存款帳戶規定，也有更新的進展揭露。

「保險科技」（Insurtech），是一個正席捲西方國家的新興名詞，差異化、個人化服務以及用戶參與皆是未來趨勢。

📝 科技力小課堂

保險科技發展趨勢（第8屆）

1.新型態保險通路。

2.保險事後補償提升為事前風險預防。

3.大數據與人工智慧輔助保險智能決策。

4.物聯網（IoT）提供加值服務。

5.區塊練精簡保單作業流程。

6.新興保險商品崛起（無人車、資安保險、智慧財產保險、UBI外溢保單等）。

7.保險生態系模式興起。

以下是五個未來東南亞國家在保險科技領域發展的重點。

一、降低保費

Usage-Based Insurance（UBI保單），是根據使用率來計算保險費，更能反映實際風險。舉汽車保險為例，里程數、行駛時段，以及駕駛行為，

都可做為UBI保單計算費率的因子。保險品牌在動態調整保費方面不斷提出改善方案，如在新加坡設立的CXA Group，提供企業保險方案，能夠依據員工的健康狀況或是參與健康活動的頻率來調整保費。

二、善用行動裝置

九成的保險品牌希望五年內客戶能以行動裝置或App來聯繫業務員。這能使業務員更便利接觸新客戶，也能透過整合保單銷售、繳費、客戶理賠服務於一個平台。對於經濟高速發展的東南亞國家，結合行動裝置是最省時省成本的解決方案。

三、提供更完整保單資訊

提供「一站式」的服務，讓消費者不必瀏覽數十幾個網頁就能進行比較。然而東南亞國家目前缺乏這類網站，新加坡的ComparFirst.sg、以及新創公司Sureify致力於優化網頁及使用者體驗，以期能縮短與歐美國家的差距。

四、促進傳統保險公司和新創公司合作

美國第一大人壽保險公司MetLife（大都會人壽保險公司）推出名為Collab的創新專案，吸引新創公司提供技術解決公司內部問題。透過合作，能夠讓傳統保險業注入新活力。

五、運用大數據

相較於傳統的保險精算，現今保險公司能運用即時數據及動態定價提供個人化服務，例如新創公司Digital Fineprint從社群媒體平台抓取用戶資訊做分析，提供保險公司更了解保險用戶，也提供用戶客製化的保險方案建議。

經典試題及解析

( )　1. 收集顧客使用與行為資料，以作為調整保險費率的基礎，改變了下列何種「保險價值鏈」的環節？
(1)保單設計　　　　　　(2)通路
(3)核保　　　　　　　　(4)理賠。（第6屆考題55）

( )　2. 科技新產品與共享經濟使保險價值鏈發生什麼變化？
(1)市場新進者更難進入保險行銷市場
(2)傳統所有權人與保險對應關係發生調整
(3)小型保險公司風險定價模式與服務能力更形重要，大型保險公司較不受科技影響
(4)透過智慧感測器與資料傳輸，未來汽車公司更需要向保險公司索取駕駛人數據。（第3屆考題31）

( )　3. 保險商品結合物聯網技術，最早在何類險種被實踐？
(1)車險
(2)火險
(3)健康險
(4)海上保險。（第8屆考題20）

( ) 4. 有關保險科技的敘述，下列何者錯誤？
(1)保險科技可以降低人力成本
(2)保險科技可以降低保戶資料被竄改的風險
(3)保險科技可以提供客製化的服務
(4)保險科技無法減輕資訊不對稱的問題。（第8屆考題21）

( ) 5. 有關保險科技之敘述，下列何者錯誤？
(1)隨著保險科技的發展，保險公司將來可以提升經營效率
(2)消費者與保險公司均可由保險科技創新中受益
(3)在政策上，主管機關應該多多鼓勵保險公司發展以提升保戶
的權益為中心的保險科技
(4)保險科技不會影響未來保險通路的發展。（第8屆考題22）

( ) 6. 下列何項技術最有助於識別客戶的發病風險，推進更加精準高
效的產品定價與核保？
(1)雲端計算
(2)基因檢測
(3)區塊鏈
(4)智能合約。（第8屆考題52）

解答與解析

1.（1）
收集顧客使用與行為會針對特
定顧客做量身訂做，在保單設
計上會更為貼切需求。

2.（2）
共享經濟、自駕車、物聯網

（IoT）…等，這些會使得顧
客面臨的風險改變，而評估風
險的方式也須隨之演化，這些
創新將使保險業的價值鏈發生
裂解（disaggregation），由
多種創新產業共同提供鏈上的
價值。

3.(1)

物聯網結合保險的創新商業模式，在國外逐漸興起。全球第一家推出物聯網車險概念的美國進步保險公司（Progressive），首開UBI（Usage Based Insurance）先例，根據駕駛人的行車習慣，例如緊急剎車、超速，或駕駛時間、里程長短等因素，來決定車險保費。駕駛習慣愈好，就能獲得愈多保費優惠。

4.(4)

保險科技可以降低人力成本，保險科技可以降低保戶資料被竄改的風險，保險科技可以提供客製化的服務等。

5.(4)

保險科技發展趨勢：
(1)新型態保險通路。

(2)保險事後補償提升為事前風險預防。

(3)大數據與人工智慧輔助保險智能決策。

(4)物聯網（IoT）提供加值服務。

(5)區塊鏈精簡保單作業流程。

(6)新興保險商品崛起（無人車、資安保險、智慧財產保險、UBI外溢保單等）。

(7)保險生態系模式興起。

參考資料：https://www.ithome.com.tw/news/133795

6.(2)

基因檢測：保險客戶可依保單內容，享有不同程度的精準醫療檢測優惠或折扣。友邦香港表示，透過行動基因提供的基因檢測服務，可按各客戶個人化癌症基因資料，獲得合適的治療方案。

存貸

銀行是經營貨幣資本業務、充當貨幣資本借貸關係仲介和貨幣支付仲介的企業。充當債權人和債務人的仲介,是銀行最一般的職能——將閒置的貨幣集中,以貸款方式提供給需要的企業和生產者。

而因金融科技Fintech快速發展,P2P個人網路借貸平台作為一種新的融資方式開始興起,其能為個人提供比傳統金融機構更加簡單、快速的貸款服務。

焦點 15 | P2P交易平台 (第5屆)

借貸中介機構具有卓越的審核能力,一旦放貸模型出現違約案例,違約資訊將立即回饋模型,導致更廣泛的審核項目與信用風險定價指標被納入,P2P網路借貸(Peer-to-Peer Lending)是金融科技(Fintech)浪潮中的一個趨勢,意即在網路平台上,個體對個體的直接借貸行為,這裡的個體包括自然人以及法人。和傳統借貸不同,銀行等傳統金融機構並未參與P2P借貸,而是由一個網路平台作為中介業務。這個平台會提供借貸雙方彼此的信用評估資料、並讓雙方能在平台上自由媒合。換句話說,P2P借貸模式中,只有借貸雙方會牽涉到金流,平台只會提供媒合服務。

P2P借貸在歐美各地已行之有年，P2P網路借貸平臺是指p2p借貸與網路借貸相結合的金融服務網站。p2p借貸是peer to peer lending的縮寫，peer是個人的意思，所以它是一種個人對個人的c2c信貸模式，中文翻譯為「人人貸」。網路借貸指的是借貸過程中，資料與資金、合同、手續等全部通過網路實現，這也是未來金融服務的發展趨勢。2005年Zopa.com在英國倫敦成立，是世界上第一個P2P借貸平台。Zopa意即「Zone of Possible Agreement」，透過這個平台，借貸雙方能一對一溝通，讓放貸金額、利率、還款時限都保有很大的彈性空間。對於小公司而言，借款額小、信用資料不足、自身風險高，商業銀行多半不願放款，過去只能透過民間私人放貸（如標會、地下錢莊、當鋪）尋求資金挹注。因此，P2P網路借貸平台的設立，借款人解決了募資的難題，而貸款人也能更靈活地運用閒置資金。

P2P就是一個無形的網路平台,當現在有個需要資金的借款人提出借貸申請後,平台就會運用區塊鏈的技術,開始尋找可以媒合的投資人進行配對、媒合,再用更簡單的話來講,P2P就像是一個中間媒介,為借貸雙方進行金錢的流動處理,因此我們可以是借款人也可以是提供資金的投資人。因為去除了銀行金融仲介的費用,不僅借款利率低,從投資人角度看也是有利的,可大幅拉高投資報酬,不用一定要把錢借給銀行。(第8屆)

運作流程

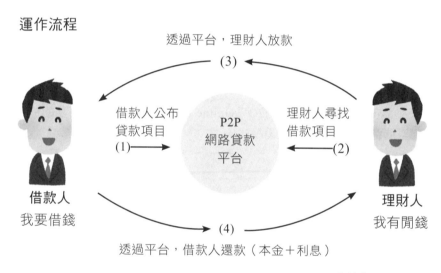

資料來源:生金所

為市場提供小額貸款的模式除了P2P網貸,小貸公司和民間借貸占據了重要的地位。相比較而言,一方面,網貸運營的成本遠低於小貸公司,另一方面,其為無法提供擔保、抵押的群體提供了便捷的融資渠道,最重要的是P2P網貸由於藉助網路突破了時空的限制,在規模上的發展空間遠大於以自有資本放貸的小貸公司。而相對於傳統的民間借貸,P2P網貸消除了向親朋好友借款時欲說還休的尷尬,並且高度分散化的投資使得即便發生信用風險也不至於對貸款人構成太大影響。正因為這些比較優勢,P2P網貸在小額貸款這一細分市場中有著生長、發育乃至壯大的基因。

P2P網路借貸　　　　　　　　　　　　　　名詞解釋

個人對個人的c2c借貸模式，可去除銀行在其中所抽走的大幅利差。在台灣有「鄉民貸」、「LnB信用市集」等。由於為網路營運，提供此類業務的公司可以較低費用提供服務。

📝 科技力小課堂

由P2P的概念已經衍生出了很多模式，一般有以下四類：（第3屆）

1. 擔保機構擔保交易模式。

2. P2P平臺下的債權合同轉讓模式的宜信模式。

3. 大型金融集團推出的互聯網服務平臺。

4. 以交易參數為基點，結合O2O（Online to Offline，將線下商務的機會與互聯網結合）的綜合交易模式。

整體金融業在金融科技時代面臨的趨勢：

(一) 去中介化。

(二) 智慧機器人使用。

(三) 顧客與金融機構關係改變。

焦點 16　虛擬貨幣

美國財政部金融犯罪執法網絡（FinCEN）定義其為：「虛擬貨幣為在某些環境下像實體貨幣一樣運轉的交換媒介，惟不具備實體貨幣的所有屬性。」也不具有法定貨幣的地位。歐洲銀行業管理局定義其為「並非由

央行或政府部門發行的，也不必要與法定貨幣相關聯的一種數碼形式的價值，但是它作為一種支付途徑被自然人和法人所接受，並可以電子轉帳，儲存和交易。

虛擬貨幣是指運行在網路上的貨幣，台灣有許多加密貨幣（或稱虛擬貨幣）交易所開設，有中心化、去中心化還有交易挖礦的交易所，代表著在台灣這塊寶島越來越多人認識加密貨幣和區塊鏈技術。隨著各大交易所的設立，每個交易所都有各自不同的特色。

虛擬貨幣大致上可以分成3類：

1　與實體貨幣無關，只可以在封閉的虛擬環境中使用，通常是網路遊戲，如魔獸世界。

2　單向兌換，通常只可以在虛擬環境中使用，有時候也可以購買實體商品和服務，如飛行常客獎勵計劃、微軟積分、任天堂點數、Facebook Credits、Amazon Coin。

3　雙向兌換，有買入價和賣出價，跟「真」貨幣相同，包括由發行機構發行的，如第二人生的林登幣、可雙向兌換的遊戲幣……等等，以及去中心化的加密貨幣，如比特幣、萊特幣、以太坊屬於此類。

經典試題及解析

( )｜1. 日本主要銀行依據其總務省統計局2014年家計調查年報，開始
重視下列何種新藍海市場？
(1)孩童金融
(2)少年金融
(3)青年金融
(4)銀髮金融。（第3屆考題25）

( )｜2. P2P貸款平台有何特性？
(1)不直接承擔借款違約風險
(2)業務會多集中於低風險借款人
(3)僅限金融機構業者才能建構此平台，並收取仲介服務費用
(4)平台上，貸方可獲取較傳統金融更高收益，且不必承擔呆帳
　　風險。（第3屆考題32）

( )｜3. 有關傳統金融存貸與P2P（peer-to-peer）借貸優缺點分析，下
列何者正確？
(1)皆有存款保險保障
(2)傳統金融的存戶較易蒙受個別違約風險，而P2P借貸能有效
　　降低該風險
(3)傳統金融貸款人無法選擇風險與報酬，而P2P借貸可滿足不
　　同放款人風險偏好
(4)因為具第三方角色，因此不論是傳統金融機構或P2P借貸平
　　台都會直接涉入借貸契約。（第3屆考題33）

（　）| 4. 醫護社工師定期攜帶科技診具到被關懷者府上看護或服務，平
日則以線上平台、穿戴式裝置追蹤他們身心狀況，其意義接近
金融科技哪些觀念或應用？　A.去中介化　B.智慧感測　C.遠
端資料傳輸　D.客製化服務　E.流程外部化
(1)ABC
(2)CDE
(3)BCD
(4)ACE。（第3屆考題34）

（　）| 5. 有關P2P借貸的敘述，下列何者正確？
(1)貸款人沒有機會選擇風險與報酬
(2)主要集中於低風險貸款，排除中高風險的借款人
(3)對資金供給者保障有限
(4)可有效降低個別違約風險。（第6屆考題32）

（　）| 6. 有關P2P借貸的敘述，下列何者錯誤？
(1)P2P借貸是透過線上借貸平台提供金融服務
(2)中國大陸是目前P2P借貸規模較大的國家
(3)P2P借貸屬於信用中介，故應可吸收公眾存款
(4)有助於促進普惠金融，增進資金使用效率。
（第6屆考題37）

（　）| 7. 一般而言，P2P借貸平台的本質是下列何者？
(1)信息中介而非信用中介
(2)信息與信用中介
(3)信用中介而非信息中介
(4)非信息與非信用中介。（第7屆考題32）

( )　8.有關P2P匯兌，可能存在一些不易察覺的實質缺陷，下列敘述何者錯誤？

(1)估計費率與實際費率的差異：P2P網站都會公布現在可用匯率，但當預訂和支付時可能需3到5天，匯率可能已大幅上漲

(2)P2P匯兌業者規模大都屬大型機構，其買家及賣家的匯兌金額，通常都能確保在任何時間擁有相同數量的匯兌金額，不曾發生失衡

(3)若客戶預定購買的貨幣發生價格快速上漲，為保護買家P2P的自動匯兌機制可能自動暫停轉帳，導致必須額外等待時間處理匯款

(4)P2P匯兌屬於跨境交易，客戶大都來自網路線上，平台若未像電支機構或網銀進行客戶身分驗證，若客戶發生洗錢或資恐，平台可能遭高額罰款。（第8屆考題51）

( )　9.P2P借貸為何會有流動性風險？

(1)資金規模小

(2)債權憑證多缺乏次級市場，不易轉售換取現金

(3)無投資人保護機制

(4)有網路攻擊風險。（第8屆考題53）

( )　10.有關P2P借貸平台之敘述，下列何者錯誤？

(1)提供借方信用評等分數，協助核貸與後續程序

(2)資金供給者可以自行挑選符合其風險偏好的放貸對象

(3)投資人無法獲得更高利率的報酬

(4)借款人較易取得貸款。（第8屆考題23）

( )　11.P2P借貸分類模式中，下列平台哪一個屬於公證模式？

(1)Zopa

(2)Lending Club

(3)陸金服

(4)SoFi。（第8屆考題24）

( )　12. 下列何者非屬中央銀行（2018）對P2P借貸創造社會價值的敘述？

(1)提高傳統金融的競爭力

(2)增進資金使用效率

(3)發展新的商業信用模式

(4)促進普惠金融。（第8屆考題25）

( )　13. 根據世界經濟論壇（WEF）「金融服務的未來」報告，金融業將在下列哪些領域面對新創公司的競爭？　A.外匯　B.轉帳　C.存貸　D.信用卡　E.籌資　F.投資管理

(1)ADEF

(2)BCD

(3)CDE

(4)CEF。（第7屆考題1）

( )　14. 利用網路平台快速散播計畫內容或創意作品訊息，獲得眾多支持者的資金，最後得以實踐計畫或完成作品。此屬下列何種業務？

(1)共享經濟

(2)P2P匯兌

(3)群眾募資

(4)網路微貸。（第7屆考題31）

( )　15. 由特定社群開發與控制，在獨立的虛擬環境中單獨操作，限定於虛擬社群成員使用，是下列何者數位通貨？

(1)開放式虛擬通貨

(2)以網路形式的電子貨幣

(3)封閉式虛擬通貨

(4)以法定貨幣為計價單位的電子貨幣。（第7屆考題32）

(　)｜16. 一般而言，P2P借貸平臺的本質是下列何者？
　　　　(1)信息中介而非信用中介
　　　　(2)信息與信用中介
　　　　(3)信用中介而非信息中介
　　　　(4)非信息與非信用中介。（第5屆考題36）

解答與解析

1.(**4**)

老年化社會來臨，銀髮金融會更加重要。

2.(**1**)

由P2P的概念已經衍生出了很多模式，一般有以下四類：

(1)擔保機構擔保交易模式。

(2)P2P平臺下的債權合同轉讓模式的宜信模式。

(3)大型金融集團推出的互聯網服務平臺。

(4)以交易參數為基點，結合O2O（Online to Offline，將線下商務的機會與互聯網結合）的綜合交易模式。

3.(**3**)

擔保機構擔保交易模式——這也是最安全的P2P模式。此類平臺作為中介，平臺不吸儲蓄，不放貸款，只提供金融訊息服務，由合作的小貸公司和擔保機構提供雙重擔保。此類平臺的交易模式多為「1對多」，即一筆借款需求由多個投資人投資。此種模式的優勢是可以保證投資人的資金安全，由國內大型擔保機構聯合擔保，如果遇到壞帳，擔保機構會在拖延還款的第二日把本金和利息及時打到投資人帳戶。

4.(**3**)

b、c、d，遠距照護主要以智慧感測，遠短資料傳輸及客製化服務來做為追蹤了解。

5.(**3**)

P2P網路借貸的從業機構被稱為網路借貸資訊中介機構，是指

依法設立，專門從事網路借貸資訊中介業務活動的金融資訊中介企業。該類機構以網際網路為主要管道，為借款人與出借人（即貸款人）實現直接借貸提供資訊搜集、資訊公布、資信評估、資訊互動、借貸撮合等服務。

6.(3)

P2P網路借貸的從業機構被稱為網路借貸資訊中介機構，是指依法設立，專門從事網路借貸資訊中介業務活動的金融資訊中介企業。該類機構以網際網路為主要管道，為借款人與出借人（即貸款人）實現直接借貸提供資訊搜集、資訊公布、資信評估、資訊互動、借貸撮合等服務。

7.(1)

P2P借貸平台：是指個體和個體之間通過網際網路平台實現的直接借貸。

8.(2)

跨國轉帳服務TransferWise運用點對點（Peer-to-peer）轉帳技術，讓人們跳過銀行這個中介者，直接將錢轉入對方的戶頭，過程方便、快速，只會收取少量手續費。

9.(2)

平台出現提現困難、逾期提現或限制提現等問題，而這些問題平台的背後正是平台在運營的過程中，資金流動性問題不斷累積，從而導致提現困難，進而引發了擠兌等流動性風險，最終導致平台的倒閉。

（原文網址：https://kknews.cc/finance/4mn9lp2.html）

10.(3)

P2P就是一個無形的網路平台，當現在有個需要資金的借款人提出借貸申請後，平台就會運用區塊鏈的技術，開始尋找可以媒合的投資人進行配對、媒合，再用更簡單的話來講，P2P就像是一個中間媒介，為借貸雙方進行金錢的流動處理，因此我們可以是借款人也可以是提供資金的投資人。因為去除了銀行金融仲介的費用，不僅借款利率低，從

投資人角度看也是有利的,可大幅拉高投資報酬,不用一定要把錢借給銀行。

11.（**2**）

Lending Club為一提供同儕借貸服務之金融公司,總部位於美國加州舊金山市。其為第一間將借貸業務商品向美國證券交易委員會登記為證券之網絡借貸公司,並且推行借貸內容之「債券」（Note）可於次級市場上交易。

12（**1**）

P2P借貸創造社會價值,主要以增進資金使用效率,發展新的商業信用模式及促進普惠金融等。

13.（**4**）

根據世界經濟論壇（WEF）「金融服務的未來」報告未來發展方向:分別是支付（Payments）、保險（Insurance）、存貸（Deposit & Lending）、籌資（Capital Raising）、投資管理（Investment Management）和市場資訊供給（Market Provisioning）。

14.（**3**）

是指個人或小企業通過網際網路向大群眾募資集資金的一種集資方式。

15.（**3**）

封閉式虛擬通貨:係屬不可轉換的虛擬通貨,在一個獨立的虛擬環境中單獨操作,對法償貨幣（或其他虛擬通貨）或虛擬領域以外之商品與服務間的兌換有顯著限制,例如遊戲幣。

16.（**1**）

可以透過一個網路平台,將錢借給有需要的人,並從中賺取利息跟拿回本金,就是P2P信貸,是以信息傳遞作為中介,跟銀行的信用中介不同。

Unit 10 募資

募資主要透過網際網路展示宣傳計劃內容、原生設計與創意作品，並與大眾解釋通過募集資金讓此作品量產或實現的計劃。支持、參與的群眾，則可藉由「購買」或「贊助」的方式，投入該計畫以實現計劃、設計或夢想。在一定的時限內，達到事先設定募資的金額目標後即為募資成功，開始使用募得的金錢進行計劃。群眾募資提供個別投資人發現並直接投資的機會，也提供企業或專案籌資管道的選擇。許多具有創意、細節完善且可執行性高的專案發布後，很容易得到支持者認可而完成資金募集。

焦點 17 群眾募資平台

過去幾年堪稱一股潮流，除了群募的知名鼻祖Indiegogo和Kickstarter以外，群募平台在台灣也開始延燒起來。如今，群眾募資在美國已經發展成更多「周邊商品」，如AngelList已經開放以眾籌的方式來投資新創公司、RealtyShares透過眾籌來買賣房地產賺價差，而Lending Club則是透過眾籌來進行小額貸款。整個群眾募資現象對資本市場已開始有不可輕忽的影響。

有別於傳統向親友、銀行、投資顧問公司借貸，網路實現了社會大眾發揮群體集結力量，透過小額資金贊助來扶植更多元的微型創業。群眾募資的優勢有：

(一) **低的創業門檻**：提供創業資金讓募款者免費享有啟動專案機會，易於維持創意與營運的獨立性。

(二) **預知市場需求**：透過預售驗證可行性與市場接受度，進而調整庫存，降低生產成本及營運風險。

(三) **增加行銷曝光**：能夠與潛在客群進行直接互動，經由集資過程收到行銷專案與廣告推廣的效果。

依募資者與出資者之間的權責關係，群眾募資平台可分成「債權基礎」、「股權基礎」、「捐贈及回饋基礎」，其中，以「捐贈及回饋基礎」型的平台數最多，諸如美國的Kickstarter、臺灣的FlyingV等皆是。（第8屆）

KICKSTARTER成功率低並非因為募資件數多

	KICKSTARTER	flyingV	
平台營運開始	2009 / 4	2012 / 4	
總募資金額	$ 2,879,523,290	$ 13,787,686	* 2017/2/23 美金匯率30.425
總募資件數	340,114	1,965	* 包括正在募資中案件
成功募資件數 (有達募資門檻)	119,819	962	
募資成功率	35.71 %	**50 %**	

資料來源：Kickstarter官網、Flying V官網
http://expandedramblings.com/index.php/kickstarter-statistics/
http://qibo.me/upload/news/news_20160616009.pdf

 製圖：大數聚 Big Data Group
http://group.dailyview.tw

（參考資料https://vocus.cc/bleak-solitude/5ab21c7afd897800011a158e）

曾有新創公司曾在美國群募平台上為智慧型玩具募得27萬5千元美金（相當於917萬台幣），另也有使用AngelList與Lending Club。希望能透過群眾募資市場對於群眾募資的看法，藉此拋磚引玉來吸引投資者。

經典試題及解析

( )　1. 2015年世界經濟論壇（WEF）所提出之金融科技創新項目中「群眾募資」的功能為何？
(1)存貸
(2)支付
(3)籌資
(4)市場資訊供應。（第五屆考題32）

( )　2. 數位通路行為蒐集經營的目的是強化兩大主題，下列何者完全正確？
(1)理解訪客特質、建構風險管理
(2)理解訪客特質、管理網站內容與功能分析
(3)建構風險管理、自然語言處理分析
(4)自然語言分析、管理網站內容與功能分析。
（第五屆考題43）

( )　3. 下列何種股權型群眾募資模式也稱為「領投＋跟投」的模式？
(1)聯合投資模式
(2)自發合投模式
(3)基金模式
(4)銀行模式。（第8屆考題26）

( )　4. 群眾募資具有協助新創業者募資之功能，但亦存在許多風險。下列何者非為群眾募資之可能風險？
(1)較少的法律保障
(2)較低的投資損失
(3)稀釋風險
(4)資訊不對稱。（第8屆考題27）

( )　5. 群眾募資類型中較類似於「團購＋預購」模式的，為下列何種類型？
(1)捐贈
(2)回饋
(3)股權
(4)債權。（第8屆考題54）

( )　6. QCA（定性信用評估）與議事規則（Discussion rules）等方法最主要的目的為下列何者？
(1)消除偏見
(2)節省時間
(3)大數據分析
(4)應用於區塊鏈。（第7屆考題37）

解答與解析

1.（3）
是指個人或小企業通過網際網路向群眾募資集資金的一種集資方式。

2.（2）
數位通路（企業網站、行動應用等）已經成為企業的主流通路之一，許多企業已利用數位

通路來實現及強化其核心業務的佈署與推展，希望從中挖掘出許多不同以往的客戶偏好與行為等豐富資訊，以協助企業將能更佳的了解客戶當下及潛在的可能需求。協助收集數位通路的客戶行為，找出更全面的客戶洞察。

3. (1)

股權型：類似借貸關係，由出資者透過網路借貸平台借款予提案者，提案者再依約定條件返還本金及利息予出資者，是為聯合投資模式。

4. (2)

群眾募資之可能風險為較少的法律保障、稀釋風險及資訊不對稱等都為群眾募資的風險。

5. (2)

回饋型群眾募資：是目前最常見的募資方式，發起人需要集資製造物品時，以預售的方式跟其他人索取金錢，而出資者則可以用較便宜的價格預購物品，或是得到某些限量紀念性商品。

6. (1)

根據研究調查結果顯示，過去因主觀意識所做的偏見決策相當多，而未來希望透過QCA（定性信用評估）、議事規則（Discussion Rules）及去偏見訓練（De-biasing training）等方法，以消除偏見產生更好的決策。

Unit 11 金融科技下的投資管理

金融科技（英文：Financial technology，通常簡稱為FinTech）是指一群企業運用科技手段使得金融服務變得更有效率，因而形成的一種經濟產業。這些金融科技公司通常在新創立時的目標就是想要瓦解眼前那些不夠科技化的大型金融企業和體系。即使在世界上最先進的數字經濟體之一的美國，這種金融服務變化的演變仍處於早期階段。

隨著金融業在全球低利率環境下獲利的增速放緩，傳統金融業受到新技術的挑戰，所需人力越來越少，歐美各大銀行裁員縮編由科技取代的趨勢基本上不會改變。

焦點 18 | 金融科技投資管理

金融科技未來的發展分為六大功能，分別是支付（Payments）、保險（Insurance）、存貸（Deposit & Lending）、籌資（Capital Raising）、投資管理（Investment Management）和市場資訊供給（Market Provisioning）。六大功能可看出，創新變化雖快，但人們的金融核心需求古往今來相當一致。（第7屆）

接著可以看到每個功能內的橢圓色塊，正是回答這個問題：哪些創新對既有金融服務產業的衝擊最大？共選出11個創新項目做為解答，每個功能的創新項目如下表：（第1屆）

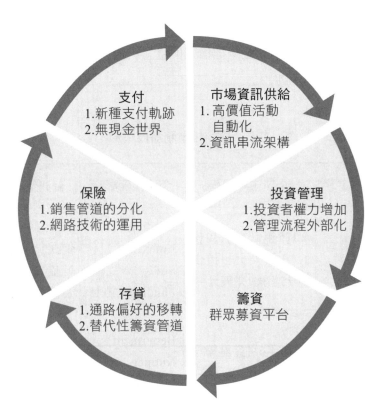

資料來源：本研究整理自：World Economic Forum,2015,The Future of Financial Serv
　　　　　ices How disruptive innovations are reshaping the way financial services are
　　　　　structured,provisioned and consumed。

以金融科技創新與發展趨勢來看，全球百大金融科技公司中貸款與支付
業務是發展重點，分別為32家及21家。破壞式創新者占主導地位，估計
有73家專注於傳統商業模式的革新。

觀察全球發展趨勢，可以發現各國均致力於金融科技創新，其中以美國
最為活躍，但台灣也不遑多讓，例如喬睿科技（TapPay），以優化數位
支付得到Apple Pay青睞，成為合作廠商。

其實，全球金融機構正加速與金融科技公司合作，資誠（PwC）調查報告顯示，2017年有45%的金融機構正與金融科技公司合作，相較於2016的32%，已有顯著增加。

主要金融科技業務發展情形

金融科技業務	全球市場規模	全球代表業者	台灣代表業者
P2P借貸	2015年借貸總規模640億美元，預估2025年達1兆美元。	Lending Club Lufax SoFi Funding Circle	LnB信用市集 鄉民貸 哇借貸 台灣資金交易所
機器人理財	2018年6月資產管理規模4019億美元，客戶數2578萬人。	Betterment Nutmeg WealthFront Acorns	王道銀行 復華投信 大姆哥投顧 商智投顧 鉅亨網投顧
虛擬通貨交易	2018年6月底交易總市值約2478億美元；2018年1至6月ICO計645件，募資金額達169億美元。	BitMex OKEX Coinbase Binance Huobi	MaiCoin BitoEX Cobinhood Joyso
純網路銀行	2016年交易金額達73億美元，預估2023年來到300億美元。	Ally Bank Atom Bank WeBank	－

資料來源：Statisa網站, CoinMarketCap, CoinSchedule網站, Allied Market Rescarch

全球金融及金融科技業者主要布局大數據分析、行動科技，其中，大型金融科技公司則對區塊鏈等新興技術投資更為青睞。除了合作，全球金融機構亦積極以併購方式吸納金融科技公司。

在金融科技監理趨勢下，虛擬貨幣交易／ICO的監理議題更顯重要。由於各國監理機關多認定虛擬貨幣為高投機商品，並發布風險警示，多數國家雖未禁止虛擬貨幣交易平台營運，但部分國家開始採登記制納管。舉例來說，日本金融廳（FSA）要求平台業者須經登記核准才能營運。多國監理機關要求平台業者遵循洗錢與資恐防制規範，通報可疑交易，如美國、日本、南韓、新加坡及澳洲等，南韓則是採實名制控管。

至於ICO監理，各國主要監理原則，ICO發行的代幣如屬有價證券，則應遵循證券交易相關法令；若非屬有價證券，仍應遵循洗錢與資恐防制規範。

其實，目前台灣在金融科技發展策略上有八大策略，如下圖：

所謂金融科技創新實驗機制，就是台版「金融監理沙盒」。政府在鼓勵金融科技創新的同時，也考量到業者可能面對現行法規的阻礙或困難。為了提供金融科技研發試作之安全環境，讓業者可以在低度監理空間，測試其創新商品、服務或商業模式，不會立即受到現行法規的制約，並能在風險可控情形下，驗證該科技在金融服務上的可行性及成效。

參考資料：https://news.cnyes.com/news/id/4189548

有生活需求，就有金融服務，就有機會發展出FinTech

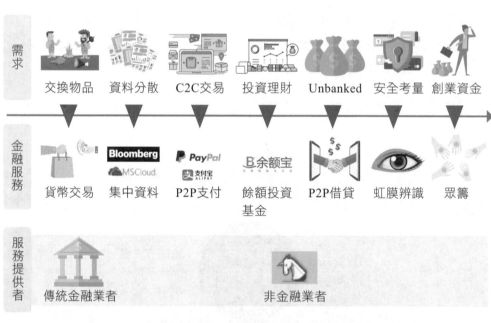

資料來源：LINE 北亞金融董事總經理劉奕成

焦點 **19** | 金融與科技之融合

金融科技作為傳統金融的有益補充，在服務實體經濟發展方面發揮這日益重要的作用，而且隨著傳統金融機構對於網際網路需求的不斷提升，和金融科技的融合和合作必然成為大勢所趨。

未來數位能力低落的金融業者，越不能被消費者所接受；也由於人們愈來愈習慣手機與網路，實體分行、分公司雖然不會那麼快被取代，但重要性的確會降低。這就是金融遇上科技的背景，這也是金融科技的基礎。

金融科技造成四大變動，首先是智慧型手機具有信用卡或金融卡的功能，帶動行動支付的風潮；其次，行動銀行帳戶普及，使得金融服務、生活需求，可透過手機的應用程式完成，改變金融服務的提供方式。再者，行動支付與金融服務的普及，形成消費者巨量資料庫，造就大數據分析與精準行銷的興起。如何有效率、又安全進行交易，區塊鏈技術扮演重要的角色。最後，金融人才必須瞭解人們生活方式的改變，因而以消費者為中心，融合科技應用，提供消費者更有效率、更低費用的金融服務；因此金融人才的定義與專長也隨之改變。

📝 科技力小課堂

根據Gartner的定義，策略性技術趨勢（Strategic Technology Trends）指的是可能對企業或組織帶來重大影響的技術趨勢。2016年十大策略性技術趨勢分析（Top 10 Strategic Technology Trends for 2016），共計三類十項策略性技術，如圖表所示，2016年十大策略性技術趨勢分析共分為三類，包括數位網格（Digital Mesh）、智能設備（Smart Machines）與新IT環境（New IT Reality），十項策略性技術進一步說明如下：

Digital Mesh（數位網格）	(1) Device Mesh（裝置網格）
	(2) Ambient User Experience（環境使用體驗）
	(3) 3D Printing Materials（3D列印材料）
Smart Machines（智能設備）	(4) Information of Everything（萬物聯網資訊）
	(5) Machine Learning（先進機器學習）
	(6) Autonomous Agents & Things（自動代理與智慧物件）
New IT Reality（新IT環境）	(7) Adaptive Security Architecture（適應性資安架構）
	(8) AdvancedSystems Architecture（進階系統架構）
	(9) Mesh App & Service Architecture（網路應用程式與服務架構）
	(10) IoT Architecture & Platform（物聯網架構與平台）

資料來源：科技政策研究與資訊中心－科技產業資訊室整理，2015/10

經典試題及解析

( )　1. 下列哪一項不是FinTech興起對傳統金融業的衝擊？
　　　(1)強化了客戶關係，提升客戶忠誠度
　　　(2)使用智慧型理財系統
　　　(3)去中介化
　　　(4)服務多樣化。（銀行考題）

( )　2. 銀行業之數位行銷的相關敘述，下列何者錯誤？
　　　(1)根據統計，沒有銀行業者利用雲端數位行銷而成長擴增消金
　　　　業務量
　　　(2)數位行銷是針對使用個人電腦、智慧型手機、平板電腦等電
　　　　子裝置的使用者所操作的行銷
　　　(3)數位行銷讓我們設計及提供給顧客量身訂做的體驗式行銷變
　　　　得可行
　　　(4)數位行銷之所以深受銀行業重視，是因為它比實體通路更容
　　　　易追蹤與分析顧客的活動軌跡。（第6屆考題19）

( )　3. 日本MIZUHO銀行於2015年引進的Pepper機器人，初期的功能
　　　不包含下列哪一項？
　　　(1)雙向的智慧可自行學習成長
　　　(2)集客效果
　　　(3)與客戶互動
　　　(4)業務的導引與Q&A。（第6屆考題23）

( )　4. 有關監理沙盒（regulatory sandbox），下列敘述何者錯誤？
　　　(1)英國已實施監理沙盒
　　　(2)在監理沙盒架構下，金融業者可以大範圍不受任何控管，實
　　　　驗任何業務模式

(3)監理沙盒目的為在不影響創新的情況下，確保風險控管

(4)臺灣已經立法通過金融科技發展與創新實驗條例。

（第6屆考題40）

( )　5. 下列何者不是金融科技資訊安全整體性解決框架的重要內涵？

(1)人身健康與責任安全的保障

(2)身份識別與生物辨識安全

(3)隱私安全管理

(4)區塊鏈技術安全應用。（第7屆考題57）

( )　6. 根據2015年6月世界經濟論壇（WEF）「金融服務的未來」報告，有關金融業在金融科技時代將面臨的趨勢，下列敘述何者錯誤？

(1)金融機構與非金融機構差異縮小，金融機構面臨競爭

(2)金融機構實體分行優勢仍在，可透過「一站購足」交叉銷售方式，提高整體營收或利潤

(3)傳統金融機構需調整原本的業務模式，透過自行發展或併購的方式提供金融科技服務

(4)金融機構部分業務流程將委託外部專業企業專責處理（流程外部化，Process Externalisation）。（第7屆考題55）

( )　7. 有關金融科技投資管理業務之類型及特性，下列敘述何者錯誤？

(1)Darwinex是成立於英國的社群投資平台（Social Trading）

(2)Wealthfront是成立於美國的機器人理財平台（Robo-advisors）

(3)Betterment是在美國專門從事演算法交易（Algorithmic Trading）的公司

(4)顧客不侷限於富裕階層，大眾市場顧客亦可輕易獲得低成本之財富管理服務。（第7屆考題33）

（　）| 8. 隨著下列何項金融科技的發展，人工智慧預期將會讓監理機關以及受監理機構節省大量合規成本？
(1)RegTech
(2)InsurTech
(3)Blockchain
(4)Cloud Computing。（第8屆考題38）

（　）| 9. 金管會於2019年7月30日核准幾家純網路銀行業者之設立，透過其發揮鯰魚效應，帶動業界發展以消費者為中心的數位化、行動化之服務？
(1)一家
(2)二家
(3)三家
(4)四家。（第8屆考題1）

（　）| 10. 在2019世界經濟論壇的「全球風險報告」（WEF Global Risks Report）中，何項風險同時列居十大可能風險及十大衝擊風險中？
(1)身分被冒用
(2)網路攻擊
(3)關鍵基礎建設被毀
(4)個人資料被竊取。（第8屆考題36）

（　）| 11. 根據2015年6月世界經濟論壇（WEF）「金融服務的未來」報告，隨著科技新產品與共享經濟的商業模式出現，現行保險價值鏈面臨重組的情況，下列何者不是其對保險業的影響？
(1)超大型保險業者併購市場
(2)客戶導向轉變為產品導向
(3)焦點轉移到利基市場與商業保險
(4)顧客忠誠度下降。（第7屆考題54）

（　）12. 歐盟PSD2（Revised Directive on Payment Services）指令於
2018年1月13日生效後，要求銀行必須開放其客戶資料給非銀
行的第三方（Third Party Providers, TPPs）使用，稱為下列何
者？
(1)網路銀行
(2)純網路銀行
(3)普惠金融
(4)開放銀行。（第8屆考題41）

（　）13. 將偽造資料引入模型用以扭曲AI演算法，稱為何種攻擊？
(1)洪水
(2)山洪
(3)颱風
(4)對抗。（第8屆考題46）

（　）14. 2018年，道瓊指數暴跌千點，以及同年台股選擇權大跌542
點，被認為是程式交易的何種風險所造成？
(1)事件／流動性風險
(2)資安風險
(3)作業風險
(4)道德風險。（第8屆考題55）

（　）15. 下列何者的資料屬於「公開數據」？　A.銀行ATM據點　B.銀
行存款牌告利率　C.銀行牌告匯率　D.客戶聯絡電話　E.客戶
交易明細
(1)僅AD
(2)僅ABD
(3)僅AE
(4)僅ABC。（第8屆考題56）

（　）│16. 依2015年6月世界經濟論壇（WEF）所提出之6項金融服務功能及11項金融科技創新項目，下列敘述何者錯誤？

(1)無現金世界（Cashless World）創新項目屬於「支付」功能

(2)機器革命（Smarter, Faster Machines）創新項目屬於「籌資」功能

(3)流程外部化（Process Externalisation）創新項目屬於「投資管理」功能

(4)通路偏好移轉（Shifting Customer Preferences）創新項目屬於「存貸」功能。（第1屆考題34）

（　）│17. 根據世界經濟論壇（WEF）「金融服務的未來」報告，金融業將在下列哪些領域面對新創公司的競爭？　A.外匯　B.轉帳　C.存貸　D.信用卡　E.籌資　F.投資管理

(1)ADEF

(2)BCD

(3)CDE

(4)CEF。（第7屆考題1）

解答與解析

1.(1)

金融科技主要以行動互聯網、物聯網（IoT）與大數據（Big Data）提供更加貼近顧客之智慧型服務，結合區塊鏈（Blockchain）技術利用網路即時運算，形成「去中心化」和「公開帳本」精神，能使未來金融交易不用透過中介銀行或清算機構即可完成，提供更加多樣性服務功能。

2.(1)

精準的預測分析、即時的分析、創新的路徑分析，將為數位銀行帶來更佳的決策。更佳的決策將會提高作業的效率、節省成本及降低風險。

Google、Apple、亞馬遜把資料的多樣分析視為關鍵資源。未來銀行如何善用分析，更進一步了解客戶，創造競爭優勢。

3.(**1**)

工作內容包括迎賓、介紹相關活動與業務、與客戶玩遊戲消磨等待時間等，最後會引導客戶到真人客服，但尚未有雙向的智慧可自行學習成長。

4.(**2**)

監理沙盒目的為在不影響創新的情況下，確保風險控管，非可以不受管控進行業務模式實驗。

5.(**1**)

金融科技資訊安全：身分識別與生物辨識安全，隱私安全管理與區塊鏈技術安全應用都為資訊安全的重要內涵。

6.(**2**)

金融機構實體分行優勢仍在，加強監控網路銀行的流動性，尤其在銀行非營業時間的變化，以適時採取因應措施。放寬「跨行專戶」日終餘額抵充存款準備金上限，由4%提高至

8%，充裕金融機構清算資金，以因應網路全日交易的跨行支付需求。

7.(**3**)

Betterment是成立於美國的機器人理財平台系統透過演算法，分析費用率、買賣價差、總投資資產、增持、匯率避險、資本收益等資料，來管理資產。

8.(**1**)

RegTech是一種利用信息技術來增強監管流程的新技術。通過將其主要應用於金融部門，它正在擴展到對消費品行業具有特殊吸引力的任何受監管業務。它特別強調監管監督，報告和合適性，從而使金融業受益。

9.(**3**)

金管會開放設立純網路銀行後，計有連線商業銀行籌備處、將來商業銀行籌備處及樂天國際商業銀行籌備處提出申請（依遞件申請先後排序），經成立審查會進行評選，金管會於108年7月30日宣布，3家均獲得設立許可。

10.（**2**）

網路攻擊（Cyberattack，也譯為賽博攻擊）是指標對電腦資訊系統、基礎設施、電腦網路或個人電腦裝置的，任何類型的進攻動作。

11.（**2**）

保險業大多來自其他科技領域的跨界。例如共享經濟、自駕車、物聯網（IoT）…等，這些會使得顧客面臨的風險改變，而評估風險的方式也須隨之演化，這些創新將使保險業的價值鏈發生裂解（disaggregation），由多種創新產業共同提供鏈上的價值。

12.（**4**）

開放銀行是金融技術中的金融服務術語，指的是：開放API的使用使第三方開發人員能夠圍繞金融機構構建應用程序和服務。從公開數據到私有數據，為帳戶持有者提供了更高的財務透明度選項。使用開源技術來實現上述目的。作為一個概念，開放銀行可以被視為亨利·切斯布魯（Henry Chesbrough）提倡的開放式創新概念的子類別。

13.（**1**）

洪水攻擊：是一種針對DNS的阻斷服務攻擊，目的是令該網路的資源耗盡，導致業務暫時中斷或停止。攻擊者發出的大量請求到該資源或伺服器，使其正常用戶無法存取。在DNS洪水攻擊中，由於超負荷的流量，受影響的主機連接到該DNS時連線會中斷。

14.（**1**）

流動資金風險是由於不確定的流動資金而產生的財務風險。如果某個機構的信用等級下降，突然出現意外的現金流出或其他原因導致交易對手避免與該機構進行交易或放貸，則該機構可能會失去流動性。如果公司所依賴的市場遭受流動性損失，那麼該公司也將面臨流動性風險。

15.（**4**）

客戶連絡電話與客戶交易明細為個人隱私資料，不可隨意公開非為公開數據。

16.(**2**)

機器革命（Smarter, Faster Machines）創新項目屬於「市場資訊供應」並非屬於「籌資」。

17.(**4**)

根據世界經濟論壇（WEF）「金融服務的未來」報告未來發展方向：分別是支付（Payments）、保險（Insurance）、存貸（Deposit & Lending）、籌資（Capital Raising）、投資管理（Investment Management）和市場資訊供給（Market Provisioning）。

Unit 12 純網銀與開放銀行

開放銀行是金融技術中的金融服務術語，指的是：開放API的使用使第三方開發人員能夠圍繞金融機構構建應用程序和服務。從公開數據到私有數據，為帳戶持有者提供了更高的財務透明度選項。

雖然現有分行有轉型之需，取而代之的是行動銀行、數位銀行等新型態，但是業者也必須體認實體分行據點不會完全被取代或消失，而是轉變提供不同功能的情形。舉例來說，銀行未來仍應對於網路弱勢族群的客戶，提供相關金融服務，因為數位金融雖讓消費者增加金融交易的選擇管道，惟亦須注意考量傳統實體交易習慣的民眾需求，在滿足消費者需求與降低經營成本之間必須及衡平，以免滋生民怨。

隨著通路型態的轉變，未來可透過開設在開咖啡店或是書店的分行，或是將咖啡店和書店引進分行，讓善於交際互動的行員、理專，能夠在輕鬆舒適的環境，與客戶自然的互動，可以增加客戶的信賴感與忠誠度。

焦點 20 ｜ 全通路銀行Omni-Channel（第6、7、8屆）

全通路銀行是一種跨渠道商業模式，公司用於改善客戶體驗。該方法在醫療保健，政府，金融服務，零售和電信行業有應用，並且包括物理位置，常見問題網頁，社交媒體，現場網絡聊天，移動應用和電話通信等渠道。使用全方位的公司認為，客戶重視通過多個途徑同時與公司保持聯繫的能力。（第7屆）

客戶透過包括像手機、平板、電腦，甚至實體商店等不同通路進行消費時，都能像是跟同一位業務人員打交道，而這位業務人員不但有過人技藝，也能直覺判斷客戶喜好。在消費意識抬頭的今天，消費者要求服務應符合個人喜好，不受限於時間，地點及互動方式，根據顧客的消費習慣建議相關產品。

一、IBM針對銀行業提供下列定義

全通路以多通路策略為建立基礎，因此讓客戶可隨時隨地使用任何裝置存取，在通路之間享有一致的經驗。全通路亦促成多個客戶接觸點間的互動，進而瞭解客戶意向、洞察客戶需求，並針對客戶個人特性展開最合適的對話。透過全通路，銀行不僅能滿足客戶明確的需求，還能預測客戶的需要與喜好。

二、IBM從多通路進化到全通路的六大變革

全通路並非取代多通路，而是強化多通路。多通路仍是全通路經驗的重要基礎。

多通路	➡	全方位通路
1	以銀行為中心觀點	以客戶為核心
2	允許客戶透過多種通路與銀行交易	強調服務更甚於實體分行
3	透過分析瞭解客戶需求	以客戶參與系統取代交易紀錄系統
4	以客戶紀錄系統為基礎	掌握需求更要了解潛在喜好
5	依據SOA：整合應用程式與通訊服務	重視互動體驗更甚於交易
6	運用巨量資料實現以上目標	運用巨量資料實現以上目標

以客戶為中心 vs. 以銀行為中心

銀行一直以來專注於以值得信賴的方式管理客戶金錢，並準確處理客戶交易。完整深入地瞭解客戶通常只是事後想法。設計客戶經驗時，銀行必須捨棄以銀行為中心的觀點，改採以客戶為中心的觀點。

互動 vs. 交易

在多通路經驗中，客戶會使用各種媒體與金融機構進行交易。從多通路進化到全方位通路意味著將注意力轉移到與客戶的互動上。

預測需要與喜好 vs. 滿足需求

很少有客戶會因為成功存入支票及準時繳付帳單而感到欣喜，這只不過是預期中的事。但如果能超出預期，就能給客戶帶來美好的經驗。銀行必須從滿足需求提升到預測需要與喜好，並努力超越客戶的期望。

> ### 建立在參與系統 vs. 記錄系統上
>
> 客戶互動如此重要，但有時會不可靠、缺乏結構，甚至是不準確，因此需要另一種系統：參與系統。記錄系統應 100% 完整與準確，但參與系統相反，系統中的資料可以是模糊的，並可挖掘出重要的見解。

> ### 依賴大量資料 vs. 服務導向架構
>
> 銀行已採用服務導向架構(SOA) 建立多通路環境。SOA 可確保組成要素以標準方式彼此互動，因此能夠更輕鬆的整合並重複使用。另一方面，全方位通路是建立在海量資料的基礎上，此技術能夠管理與分析各式各樣的資料。

三、IBM全通路部署三階層

(一) **獲取**：銀行必須運用不同的通路分析技術，來獲取跨通路互動背後的意向（依規定須經客戶同意）。

(二) **管理**：跨通路獲得的意向有各種形式，未結構化資料的準確度通常低於100%，具備模糊的性質；其必須在參與系統中儲存與管理。

(三) **分析**：以成熟的海量資料技術，讓銀行提供智慧性與區隔性兼具的服務，以及更多的目標行銷方案。

全通路 Omni-Channel　　　　　　　　　　　　　　　　名詞解釋

結合線上與線下的通路接觸點，使客戶能夠擁有不間斷的體驗。不論在線上或線下，體驗皆為一致，成功整合O2O，可透過各種行動裝置瀏覽消費，或和店家互動。

四、純網銀監理

由於純網銀高度依賴資訊科技與無實體通路，將強化對純網銀的監理，包括加強流動性風險管理、重視信用風險管理、提升資訊安全要求與作業風險管理、保護消費者權益與維持金融市場秩序，強化信譽風險管理及落實公司治理。

金管會研擬了「純網銀監理規劃與建置方案」，要對純網銀業者的重要性指標與流動性風險進行即時監控，規劃利用API技術，開發建置純網銀即時監理系統，導入監理科技等相關技術，透過系統自動產出與申辦監理報表，以因應新型態純網銀經營模式。此舉有助提升金融監理效率、降低監理成本，而該系統也預計配合純網銀開業日正式上線。

📝 科技力小課堂

金管會開放設立純網路銀行後，計有連線商業銀行籌備處、將來商業銀行籌備處及樂天國際商業銀行籌備處提出申請（依遞件申請先後排序），經成立審查會進行評選，金管會於108年7月30日宣布，3家均獲得設立許可。

五、開放API

而為了要因應金融科技的快速發展，也得與時俱進，建置數位監理環境來強化金融監理科技，減輕金融機構申報作業負擔。現行單一申報系統自2020年1月1日起，正式導入API自動排程申報方式，鼓勵本國銀行採行API申報方式，以強化線上申報監理資訊的自動化與安全性，使金融機構申報作業更具效率與時效性，以達自動化智慧法報的功能。

經典試題及解析

( )　1. 客戶透過包括手機、平板、電腦，甚至實體商店等不同的通路進行消費時，都能像是和同一位業務人員打交道，而這位業務人員不但有過人記憶，也能直覺判斷客戶喜好稱之為何？
(1)社群金融（Community Banking）
(2)全通路銀行（Omni-Channel）
(3)業務多通路（Multi-Channel）
(4)原生行銷（Native Advertising）。（第3屆考題22）

( )　2. 下列何者不應該是推動分行轉型的驅動力？
(1)銀行內部的成本壓力
(2)為技術而導入技術
(3)科技對生產力的提升
(4)客戶臨櫃交易需求的降低。（第6屆考題22）

( )　3. 有關多通路與全通路的異同之敘述，下列何者錯誤？
(1)以銀行為中心vs.以客戶為中心
(2)交易vs.互動
(3)滿足需求vs.預測需要與喜好
(4)產品導向架構vs.服務導向架構。（第6屆考題24）

( )　4. 有關全通路銀行業務之敘述，下列何者錯誤？
(1)以多通路策略為建立基礎
(2)在通路之間享有一致的經驗
(3)著重在交易的執行，處理的是客戶的顯性需求
(4)著重在互動，處理的是交易背後的動機和背景，找出客戶的潛在喜好。（第6屆考題50）

（　）5. 有關通路轉型的敘述，下列何者錯誤？
　　(1)台灣準備在2019年發放的兩張純網銀執照就屬於數位銀行類型中的「純數位銀行」
　　(2)多通路是建立在海量資料基礎上，此技術能夠管理與分析各式各樣的資料
　　(3)日本將舉辦2020年的奧運會，BTMU三菱東京日聯銀行引進機器人，希望透過機器人來處理海外觀光客業務
　　(4)從多通路進化到全方位通路意味著將注意力轉移到與客戶的互動上。（第6屆考題51）

（　）6. 下列敘述何者錯誤？
　　(1)數位金融之商業模式中多數的客戶進線與交易都須業者人工介入
　　(2)虛擬貨幣之高度流通的本質會導致在地監理的難度
　　(3)我國央行目前將虛擬貨幣視為不具法償效力
　　(4)為落實消費者保障，電子支付機構管理條例特別在客訴及紛爭解決、業務定型化以及使用者交易資料及其他相關資料之保密義務訂定了相關規範。（第6屆考題60）

（　）7. 下列哪一種實體分行型態是為特定的客戶族群或特定的區域提供完整的金融服務？
　　(1)旗艦分行
　　(2)衛星分行
　　(3)自助化服務中心
　　(4)僅有傳統提款機的無人分行。（第7屆考題50）

（　）8. 下列何者不應該是推動分行轉型的驅動力？
　　(1)銀行內部的成本壓力
　　(2)為技術而導入技術

(3)科技對生產力的提升

(4)客戶臨櫃交易需求的降低。（第7屆考題22）

( )　9. 有關銀行全通路之敘述，下列何者錯誤？

(1)全通路以客戶為中心

(2)多通路為全通路的重要基礎

(3)全通路著重客戶的互動與超越期待

(4)全通路所建立的互動系統，應求資料100%完整準確。

（第7屆考題23）

( )　10. 下列何者非屬智慧分行轉型方案？

(1)使用者行為研究

(2)擴增交易櫃檯

(3)數位內容及使用者介面設計

(4)確認主要業務情境。（第7屆考題24）

( )　11. 有關數位通路資料（網站互動記錄）的敘述，下列何者錯誤？

(1)數位通路行為蒐集的二大主要目的為「理解訪客特質」與「管理網站內容與功能分析」

(2)數位通路資料分析只能針對有登錄過帳號後的客戶進行分析

(3)數位通路資料分析可讓通路的管理人員以科學化的技術及工具，強化商機的育成

(4)數位行為可與結構化資料進行整合，以建立各強大的分析內容。（第7屆考題10）

( )　12. 建置「數位分行」需要事先考慮許多要素，下列何者非必要之要素？

(1)掌握所在地理位置之客戶群體的特性

(2)了解當地客戶使用數位科技的意願及熟悉度

(3)分析數位分行功能與其他數位通路功能的互補性

(4)持續複製與移植具各國特色之先進數位分行進行展示。

（第8屆考題59）

( )　13. 有關開放銀行的敘述，下列何者正確？

(1)只要是對消費者有利，不須消費者同意，銀行就可以開放共享

(2)帳戶者資訊是銀行資產，由銀行決定是否開放分享

(3)帳戶資訊主控權是消費者的，由消費者決定是否開放分享

(4)公開數據的開放分享，需要取得消費者的同意。

（第8屆考題31）

( )　14. 金融業必須有不同的轉型思維才能應對金融通路的轉型趨勢，有關轉型思維之敘述，下列何者錯誤？

(1)未來自動化通路的交易量會持續增加，實體通路交易量雖然相對會降低，但留下來的業務複雜性提高了，其帶來的高價值性也將增加

(2)未來人員和實體通路不會消失，但金融業應該藉由學習及科技提升人員的能力，做到人員和實體通路的轉型

(3)透過科技的力量，我們能夠比以前更精準地判斷哪些客戶需要關懷或適合怎樣的金融商品

(4)金融實體通路從業人員的主要績效指標將是快速操作電腦完成交易。（第3屆考題23）

( )　15. 實體分行如為使用全自助化設備的無人分行或以遠程視訊櫃員機和客服人員互動者，係屬下列何種分行型態？

(1)旗艦分行

(2)衛星分行

(3)機場分行

(4)高科技分行。（第3屆考題24）

（　）16. 面對金融科技的衝擊，傳統銀行業者應採取之應變措施，下列
何者錯誤？
(1)銀行分行轉變為以服務為中心的單位
(2)全方位了解客戶資金流向，以提供即時且適當的服務
(3)由於數位支付的發展，必須注意特定族群的違約風險
(4)增加全功能之實體營業據點。（銀行考題）

（　）17. 有關數位通路資料的分析，下列敘述何者正確？
(1)高流量網站才能夠帶來高收入
(2)透過可識別碼，能夠追蹤客戶在網路的行為
(3)數位通路行為分析能夠取代傳統數據或資料倉儲分析
(4)數位通路行為搜集器能有效蒐集使用者情感、語意等資訊。
（第7屆考題5）

（　）18. 金融機構一直希望擁有全通路的客戶360度視圖的主要關鍵原因
中，不包含下列何者？
(1)獲得新客戶
(2)找尋新的產品
(3)和現有業務來往的客戶保持共同成長的關係
(4)保留高利潤高價值的客戶。（第7屆考題7）

（　）19. 跨通路提供個人化的行銷應用，其主要的框架為：
(1)常在公眾媒體曝光，如電視廣告、公車車體廣告，即可達到
效果
(2)運用新聞置入報導本公司的品牌，即可達到效果
(3)建立與客戶的對話機會，強化客戶關係與客戶忠誠度及建立
客戶終身價值
(4)產品設計的好，客戶就會上門，應強化商品的研發與分支機
構的門面，就會有足夠的行銷效果。（第7屆考題9）

解答與解析

1.（2）

全通路銀行（Omni-Channel）是在客戶進行交易時，將與客戶的互動記錄下來，加以處理與分析，獲取客戶的動機，而更了解客戶的需求，並從中發掘商機。例如：客戶使用行動銀行時的地理位置、臨櫃交易時與行員的對話、使用網銀的滑鼠指標點按順序和操作變化等，都是可以捕捉、分析與利用的資料。

2.（2）

金融科技，將傳統臨櫃交易導引至自動化或數位化完成交易，增強業務諮詢服務與銷售功能，並強化運用在地化服務，建立與客戶情感連結，提供更高價值的服務，而不是為了技術而導入這項技術。

3.（4）

全通路意義是「客戶透過手機、平板、電腦、甚至實體商店等不同的通路做消費時，都能像是和同一個銷售打交道，而這位銷售有著過人的記憶，也能直覺地判斷客戶的喜好」。根據經濟學人的說法，全通路並非取代多通路，而是強化多通路，讓客戶可以無縫的跨通路使用，且都能享有一致性的服務。全通路不僅滿足客戶的需求，還能透過分析來預測客戶潛藏的需要與喜好，並以超越客戶期望的服務，帶給客戶美好的體驗。

4.（3）

全通路以多通路策略為建立基礎，因此讓客戶可隨時隨地使用任何裝置存取，在通路之間享有一致的經驗。全通路亦促成多個客戶接觸點間的互動，進而瞭解客戶意向、洞察客戶需求，並針對客戶個人特性展開最合適的對話。透過全通路，銀行不僅能滿足客戶明確的需求，還能預測客戶的需要與喜好。

5.（2）

多通路：不分線上（Online）或線下（Offline），現在任何數位、行動工具都可是銷售點。

空間並非主戰場，零售角色不再侷限於商品買賣及服務交換，而是創造新體驗價值。

全通路：以多通路策略為建立基礎，因此讓客戶可隨時隨地使用任何裝置存取，在通路之間享有一致的經驗。全通路亦促成多個客戶接觸點間的互動，進而瞭解客戶意向、洞察客戶需求，並針對客戶個人特性展開最合適的對話。透過全通路，銀行不僅能滿足客戶明確的需求，還能預測客戶的需要與喜好。

6.（ 1 ）

數位金融與傳統金融數位化，雖然只是文字順序上的差異，但在實質上卻有著截然不同的意涵，傳統的金融數位化只是將金融業務e化、網路化，使用者多半是從分行通路來的既有客戶，在定位上比較像是銀行為客戶提供的加值服務，而數位金融則是一個獨立的服務通路，不只為客戶提供傳統金融服務，甚至還有創新型的金融業務，同時銀行面對的不只是金融同業的競爭，還有網路新興金融服務業者的衝擊。

7.（ 2 ）

衛星分行（簡易小型分行）為特定的客戶族群或特定的區域提供完整的金融服務。

8.（ 2 ）

分行轉型就是要為走進分行的顧客提供與眾不同的卓越體驗，並降低營業成本，提高效率，並且透過自動化服務降低客戶臨櫃交易的需求。

9.（ 4 ）

全通路銀行（Omni-Channel）是一種跨渠道商業模式，公司用於改善客戶體驗。該方法在醫療保健，政府，金融服務，零售和電信行業有應用，並且包括物理位置，常見問題網頁，社交媒體，現場網路聊天，移動應用和電話通訊等渠道。使用全方位的公司認為，客戶重視通過多個途徑同時與公司保持聯繫的能力。

10.（ 2 ）

智慧分行主要增加使用者行為研究，數位化內容及使用者介面設計，確認主要業務情境，並提供客製化服務加快服務效率等，不會擴增櫃檯。

11. (2)

　　數位通路資料分析可以針對：

　　(1)客戶互動資料：

　　　A.客戶服務中心的互動資料。

　　　B.員工接觸的資料、交易資料。

　　(2)數位通路上與客戶互動的軌跡：

　　　A.網頁點擊率。

　　　B.網頁停留時間、順序。

　　(3)社群討論資料：

　　　討論區、粉絲頁。

12. (4)

　　數位分行建置需考量：

　　(1)掌握所在地理位置之客戶群體的特性。

　　(2)了解當地客戶使用數位科技的意願及熟悉度。

　　(3)分析數位分行功能與其他數位通路功能的互補性。

　　(4)特色分行，提供情感連結，讓銀行有溫度。

13. (3)

　　開放銀行是金融技術中的金融服務術語，指的是：開放API的使用使第三方開發人員能夠圍繞金融機構構建應用程序和服務。從公開數據到私有數據，為帳戶持有者提供了更高的財務透明度選項。

14. (4)

　　金融實體通路從業人員的主要績效指標非只是操作電腦完成交易，而是必須以客戶的利益為優先進行顧問服務。

15. (4)

　　高科技分行，金融科技帶來的巨大衝擊，自動化與智慧化是銀行業者重要的目標，希望一方面藉此轉型迎戰金融科技業者，另一方面則減少人事開支。未來分行不再是金融交易中心，將轉型成「商店（Store）」概念……打造出為「人」設計，而不是為「錢」設計的分行，能以更深入的方式與客戶互動，創造出歸屬感的分行。

16. (4)

　　數位金融的發展，將讓實體銀行據點減少以創造更多新價值。

17.**(2)**

金融業可應用蒐集的大數據範圍：

(1)客戶互動資料：

　　A. 客戶服務中心的互動資料。

　　B. 員工接觸的資料、交易資料。

(2)數位通路上與客戶互動的軌跡：

　　A. 網頁點擊率。

　　B. 網頁停留時間、順序。

(3)社群討論資料：

　　討論區、粉絲頁。

(4)外購資料：

　　加值資料供應商、政府OpenData。

參考資料：

https://fintech.emmon.tw/fintech-classroom-taiwan/1214-%E9%87%91%E8%9E%8D%E6%95%B8%E6%93%9A%E5%88%86%E6%9E%90%E8%88%87%E6%87%89%E7%94%A8/

18.**(2)**

全通路的客戶360度視圖主要為，獲得新客戶、找尋新的產品、保留高利潤高價值的客戶。

19.**(3)**

跨通路提供個人化的行銷應用主要為建立與客戶的對話機會，強化客戶關係與客戶忠誠度及建立客戶終身價值。

Unit 13 監理科技

監理科技（RegTech）為「Regulation」與「Technology」之重組字，其係為因應當前金融數位環境所衍生之服務，將原監理制度導入科技技術後，即可利用監理科技管理各企業是否合規管理，或監測業者之營運活動並協助其完善法規遵循。包括利用數據採集與分析技術，並搭配金融機構內控制度，建立以風險為導向之預防機制，以適應快速變動之市場環境。

近年來金融科技（FinTech）成為全球重點發展之產業，國際級Fintech公司設立及投資金額均顯著成長，亞洲地區包括日本、南韓、新加坡、中國大陸等，亦透過科技創新帶動金融服務致更具競爭力。然Fintech同時帶來資訊安全及隱私權問題，但要解決一連串問題，並非傳統監理方式即可達成，而是需借助科技做為新型監理工具，包括各界高度重視的「監理沙盒（Regulatory Sandbox）」機制的推動亦為發展監理科技之重點。監理思維之創新，係我國打造金融科技生態圈之首要任務，亦是金融業轉型成功與否之關鍵，甚至是協助我國成為亞洲金融科技重鎮之重要推手。

焦點 21 | 數位金融營運

我國金融監督管理委員會為推動金融業運用科技創新服務，提升金融業效率及競爭力，並促進金融科技產業發展，特設立金融科技辦公室，作為擘劃我國推動金融科技創新服務願景及策略，以促進我國整體金融科技應用發展之專責機構（金融監督管理委員會，2015）。另外，為協助或引導金融產業進行跨界轉型，金管會亦積極打造金融數位化環境，協助金融服務業運用科技支援金融服務產業的發展，具體措施有四項：

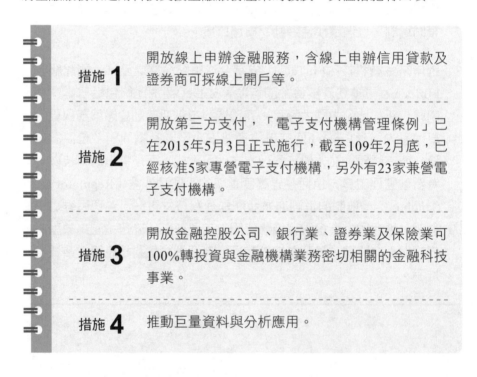

措施 **1**　開放線上申辦金融服務，含線上申辦信用貸款及證券商可採線上開戶等。

措施 **2**　開放第三方支付，「電子支付機構管理條例」已在2015年5月3日正式施行，截至109年2月底，已經核准5家專營電子支付機構，另外有23家兼營電子支付機構。

措施 **3**　開放金融控股公司、銀行業、證券業及保險業可100%轉投資與金融機構業務密切相關的金融科技事業。

措施 **4**　推動巨量資料與分析應用。

「FinTech 100金融科技創新者」報告，為KPMG金融科技與金融科技投資公司H2 Ventures的合作成果。入選Fintech100的是那些通過技術手段發揮最佳優勢，並驅動金融服務行業變革的公司。這些公司致力於提供卓

越的客戶體驗，比其他同行做的更出色。Fintech 100中包括全球50個主要的成熟金融科技公司，以及最引人注目的50個明日之星－具備大膽、顛覆性、可能改變產業規則的金融科技公司。

科技力小課堂

1. 中國目前獨占全球排名鰲頭

中國的金融科技企業從2014年的前50名中只有1家，進度到今年排名前5名的公司中有4家，前50名中有8家。

2. 更多元化的地域分布

在這份50家公司的名單中，今年由來自18個不同國家的金融科技公司組成，然而去年只有13個國家；而法國、墨西哥、南非、新加坡國家的公司為首次出現。

3. 顛覆者占主導地位

名單上排名前10位的金融科技公司中，有9家是金融產業顛覆者（前50名中有46家）；而總體來説，金融產業推動者數量增加至28家（去年的25家）。

4. 借貸領域公司重返領先

今年前50名的公司中，有23家的營運模式涉及借貸（100名中則有32家），而去年有22家涉及借貸業務。

5. 保險科技領域持續上升

今年的名單上有12家保險業務金融科技公司，幾乎為去年總數兩倍。

6. 監管科技（Regtech）的出現

今年9家Fintech公司著重於監管解決方案。巨額融資－高於10億美元的交易/融資規模繼續增長，包括螞蟻金服、陸金所、京東金融。

7. 募集資本總額繼續上升

自去年報告（12個月前）以來，募集資金總額達146億美元。

焦點 22 | 管理機制

金融科技產業範圍：大數據、雲端科技、機器學習、行動支付、自動化投資理財顧問、區塊鏈技術、生物辨識、介面設計、軟體研發、物聯網、無線通訊業務。

政策

1 成立金融科技辦公室

廣邀產官學業組成金融科技諮詢委員會訂定，首次會議決定啟動電子支付比率5年倍增計畫，3個月內發布「金融科技發展政策白皮書」。

2 成立金融科技推動基金

專注推動金融科技相關創新、投資新創事業以及人才培育。預計募資10億元，第一階段年底前可募2億元。

3 建立新創事業創新基地

成立金融科技育成中心或利用現有育成中心，提供技術交流、投資媒合以及協助新創公司引進創投資金、成立公司登記及智慧財產權協助等。

4 利用共同成立之大資料資料庫

准許金融機構合資建置大資料資料庫，並提供給創新基地之新創公司或金融機構使用。

從法規面來看，目前金管會已經推動的開放措施包括三大類，一是調整法規規範，開放線上業務，二是開放設立電子支付機構，三則是開放經營股權性質群眾募資平臺。

金管會也訂定了相關的配套措施，如加強資訊安全，鼓勵金融機構投資IT，並要求銀行公會建立電子銀行業務安全控管作業基準，規定投資人以電子式交易型態委託買賣有價證券，在傳輸其委託、回報之電子文件時，應使用電子簽章簽署。此外，為防範網路詐騙，客戶開戶時應確認其真實身分，避免偽冒身分開戶，加強線上開戶身分確認程序，包括現行憑證、晶片金融卡、一次性密碼、雙因素認證及固定密碼（使用者帳號密碼），並新增視訊會議及知識詢問服務。另外，也針對身分驗證程序較簡單者限制其交易額度。

📝 科技力小課堂

我國對於金融業務採用許可制的方式進行資格審查，並針對經營業務範圍、低資本額限制、境外機構來台等資格進行明確定義。

經典試題及解析

(　)　1. 有關因應金融數位化創新所帶來的監理挑戰，下列何者錯誤？
(1)跨業監理議題
(2)跨境監理議題
(3)新興金融科技的監理
(4)業者的權益與資料保護。（第6屆考題59）

(　) 2. 下列敘述何者正確？
(1)CEO關心的是策略風險、客戶風險、人才風險與聲譽風險
(2)CFO關注財務達標後的管控架構變化及持續日常監控營運風險
(3)COO關注於資本、資金管理風險及資產的使用效率
(4)CIO重視市場推廣成本效益及通路風險。（第6屆考題35）

(　) 3. 下列何者非為洗錢防制之主要管控方式？
(1)客戶風險評估
(2)客戶盡職調查
(3)可疑交易申報
(4)客戶資料保護。（第6屆考題38）

(　) 4. 金融數位化創新業務之跨產業商業模式，主要直接面對下列何者可能帶來的挑戰？
(1)跨業監理議題
(2)跨境監理議題
(3)洗錢監理議題
(4)傳統監理議題。（第7屆考題38）

(　) 5. 有關數位金融創新可能帶來的監理挑戰，下列敘述何者錯誤？
(1)商業模式在不同監理機構或是監理情境的解讀下，不可能產生監理不一致
(2)跨境提供服務具備相當大的監理挑戰
(3)虛擬世界的身分識別對傳統金融監理中執行的KYC作業程序造成巨大的影響
(4)許多交易在線上完成，消費者的權益與資料保護面臨挑戰。
（第7屆考題39）

（　）　6. 下列何者非為電子支付法令應遵循的面向？
　　　　(1)支付機構資格審查
　　　　(2)雲端科技控管
　　　　(3)用戶管理與洗錢防制
　　　　(4)保護消費者權益。（第7屆考題40）

（　）　7. 因應金融數位化創新所帶來的監理挑戰，有關「消費者的權益與資料保護」之監理考量重點，下列敘述何者錯誤？
　　　　(1)金融業者如何在適當的利用目的下取得客戶的資料以進行風險控管的工作
　　　　(2)跨業的聯盟與整合下如何控管與保護資料的傳遞，特別是個人資料方面
　　　　(3)如何透過數據分析，從使用者體驗的角度學習其消費經驗與行為動因，協助強化保障客戶權益的相關管理措施
　　　　(4)如何在服務平台上有效實現系統控制機制，以彌補不再具備人工控制的金融服務上的控制強度。（第7屆考題59）

（　）　8. 因應數位金融監理，應思考科技監理的實施考量重點，不包含下列何者？
　　　　(1)高度發揮數據利用與分析能量
　　　　(2)多元整合與快速實施的能力
　　　　(3)應用人工智慧達到智慧監控的目的
　　　　(4)採用固定式擴充以因應固定的法規。（第7屆考題60）

（　）　9. 有關程序化購買，下列敘述何者錯誤？
　　　　(1)利用數位自動化的方式去撮合賣方的供給及買方的需求
　　　　(2)以競價的方式採買廣告板位與時段
　　　　(3)在龐大碎裂的網海中利用科技力，依照廣告主的期望完成每一播廣告的跨優質媒體購買及投放
　　　　(4)將廣告錢花在刀口上。（第3屆考題3）

( )　10. 科技監管（RegTech）的實施考量重點，包括下列何者？
A.須增加人工控制　B.須具備彈性與客製化擴充　C.須主動且
具效率　D.須具多元整合與快速實施的能力　E.須高度發揮數
據利用與分析能量
(1)僅ABCD
(2)僅ABDE
(3)僅ABCE
(4)僅BCDE。（第3屆考題59）

( )　11. 在由傳統金融邁向數位金融下，對於監理之轉變，不包含下列
哪一項？
(1)交易方式由臨櫃轉變為非臨櫃，金融機構逐漸無法透過傳統
的開戶機制執行KYC
(2)非臨櫃的客戶身份識別，更降低匿名帳戶的使用風險
(3)客戶由虛擬通路進線並進行線上交易
(4)客戶的交易維度較複雜，使客戶的交易模式更不易定義。
（第3屆考題60）

( )　12. 下列何者不是目前銀行導入機器人或智慧型設備的目的？
(1)提高分行自助化設備的使用比率，進行降低分行的整體營運
成本
(2)優化分行作業流程，減少客戶等待時間與提高客戶滿意度
(3)取代大部分分行的理財專員人力，並進行全智能化的財富管
理
(4)節省行員作業時間，同時創造更多與客戶互動的機會，以提
高分行整體營運績效。（第6屆考題53）

( )　13. 英國「競爭及市場管理局（CMA）」設立下列何種業務，藉此
促進英國前九大銀行發展出更好的金融服務給客戶？

(1)統一的純網銀介接標準格式
(2)統一的開放銀行介接標準格式
(3)統一的物聯網銀行介接標準格式
(4)統一的PSD2銀行介接標準格式。（第8屆考題60）

(　)｜14. 可讓金融監理機構直接獲取金融機構之訊息，並可以通過監理機構參與分類帳取代監理報告，是IMF提出之何種監理科技領域？
(1)數據分析工具
(2)區塊鏈與其他分佈式分類帳
(3)身分驗證技術
(4)認知計算與人工智慧技術。（第8屆考題35）

解答與解析

1.(4)

金融數位化監理：一是主動辨識風險，確定監理方式，但絕不阻礙創新；二是必須是負責任的創新，必須兼顧創新與風險預防；三是科技中立，無論用什麼先進技術，只要承作同樣業務，就是同樣監理力度；四為建立友善環境，持續法規開放。

2.(1)

CEO：執行長（英語：Chief Executive Officer，縮寫為

CEO；香港稱行政總裁；臺灣稱執行長；中國大陸稱首席執行官），是許多企業，尤其是美國企業的頭銜，是公司三長之一（另二為董事長、財務長），是在一個企業集團、財閥或行政單位中的最高行政負責人，決策公司的主要運作及日常經營事項：如財務、經營方向、業務範圍等。

CFO：財務長（英語：Chief Financial Officer，英文縮寫：CFO），又稱首席財務官、財務長、財務總監或最高財務

官，公司三長之一（另二為董事長、執行長，是許多企業的職銜，尤其美式企業中，是一個企業集團或財閥中負責財務的最高執行人員。

由於財務長本身的工作性質容易成為司法單位的調查對象，因此部份大企業的財務長法律知識非常充足，甚至在法律長出缺的情況下，會由財務長兼任。而財務長處理財務必定對軟體方面有一定程度的涉略，也因此，部份企業資訊長出缺的情況，也是由財務長出任。也是因為以上的緣故，財務長才被稱為公司三長之一。

COO：營運長（英語：Chief Operating Officer，縮寫為COO），又常稱為首席運營官、營運總監，是公司團體裡負責監督管理每日活動的高階管理人員，為企業組織中最高層的成員之一，是許多企業，尤其是美國企業的頭銜，此職位必須監測每日的公司運作，並直接報告給執行長（CEO）。

總裁（President）是功能類似的職位，與營運長的分際模糊，通常以公司規章和傳統來分別。在某些公司中營運長會同時兼任總裁，但通常還是以兼任常務或資深副總裁的情況居多。

CIO：首席資訊長（英語：Chief Information Officer，英文縮寫：CIO，又常稱為資訊長、資訊主管或資訊總監）是企業團體裡的高階主管職位之一，通常是負責對企業內部資訊系統和資訊資源規劃和整合的高級行政管理人員。

「資訊主管」是中國國內對於CIO的統稱，包括且不限於副總裁級別的CIO（首席資訊官），部門級別的資訊技術主管（負責規劃實施如ERP之類的大型管理資訊化項目）以及隸屬於組織某一部門之下的IT負責人。

CIO肩負著推動資訊化科學發展的重要職責。通過加快建立和完善資訊主管（CIO）制度有利於提高CIO的能力與地位。

3. (4)

洗錢防制管控方式：客戶風險評估、客戶盡職調查、可疑交易申報。

4.(1)

近年來銀行業積極部署國內外通路，搶占通路商機，但因面臨金融科技競爭，零售業務受到衝擊，開始裁撤分行，影響員工就業人數，所以跨業監理議題亦帶來挑戰。

5.(1)

商業模式在不同監理機構或是監理情境的解讀下，更加容易因每個監理機構的監理規範，產生監理不一致。

6.(2)

電子支付法令應遵循的面向如下：
一、支付機構資格審查。
二、人員配置、管理及培訓。
三、內部控制制度及內部稽核制度。
四、洗錢防制相關作業流程。
五、使用者身分確認機制。
六、會計制度。
七、營業之原則及政策。
八、消費者權益保障措施及消費糾紛處理程序。
九、作業手冊及權責劃分。
全國法規資料庫：https://law.moj.gov.tw/LawClass/LawAll.aspx?pcode=G0380237

7.(4)

由於網路交易快速方便，為了促進消費，業者可能因而對消費者的個人資料（下稱個資）進行不當的蒐集、處理及利用；業者一旦發生個資外洩事件，消費者很容易成為歹徒詐騙的對象。就此，行政院消費者保護處（下稱消保處）依個人資料保護法（下稱個資法）規定，認為業者就個資外洩時之處理方式，仍有加強改善以維護消費者權益之處，因此商請各中央主管機關就其業管行業，訂定或修正有關個資檔案安全維護之具體規範。

8.(4)

科技監理的實施考量重點，高度發揮數據利用與分析能量，多元整合與快速實施的能力，應用人工知會達到智慧監控的目的。

9.(2)

程序化購買是行銷與程式語言的結合，行銷人員先進行產品相關的行銷規劃後，再利用電腦的資料分析能力，運算出網路使用者的生活習慣、喜好，再利用程式化購買的技術將廣

告投放至合適使用者的網頁
中，以即時性及自動化為重
點，幫助行銷活動更容易地與
正確地達到曝光。

10.(**4**)

科技監管不需增加人工控制，
科技監管的重點為：

(1)敏捷性：錯綜複雜的數據組
能夠通過ETL（提取、轉換、
加載）技術解耦和組合。

(2)速度：能夠迅速生成報告。

(3)集成：解決方案執行所需時
間短。

(4)分析：監管科技使用分析工
具以智能方式對現有「大數
據」的數據組進行挖掘，釋
放其潛力，例如同一數據可
以實現多種用途。

11.(**2**)

開戶模式改變下，業務關係的
建立缺少了地緣性的判斷，且
傳統的開戶資訊蒐集模式不再
存在，非面對面的客戶身份識
別，將提升匿名帳戶的使用風
險。交易模式的改變使交易不
受時間與地點限制，金融機構
必須在短時間內分析異常行
為、用戶的交易維度也較傳統

金融複雜，金融機構不易定義
用戶的交易模式是否正常。

12.(**3**)

銀行導入機器人或智慧型設備
的目的，並非取代大部分分行
的理財專員人力，並進行全智
能化的財富管理，而是優化分
行作業流程，減少客戶等待時
間與提高客戶滿意度，並降低
分行的整體營運成本。

13.(**2**)

CMA設立統一的開放銀行介接
標準格式，計畫以五項實施要
點達成整體目標，成為全球領
先的消費者權益保護機構：

(1)提供有效的強制執行力。

(2)開拓競爭新領域。

(3)重新調整消費者權益保護焦
點。

(4)開發整合性功能。

(5)實現卓越專業。

14.(**2**)

分散式帳本技術是應用在資本
市場最重要的區塊鏈技術，該
技術可以移除當前市場基礎設
施中的效率極低和成本高昂的
部分。

Unit 14 資訊安全與風險管理

不論金融科技如何轉變，企業追求成長，應清楚了解經營活動的潛在風險為何，除了認知風險並評估衝擊之外，合理的降低市場、財務和經營風險，避免風險導致災害或損失。有效的風險管理流程可協助企業平衡風險與報酬目標，也能降低策略布局的風險。

許多Fintech科技業者新創者，由於對風險全貌未有清楚認知，也經常誤踩法規遵循的界線，風險正確認知與有效風險規避，因此成為新進業者必學的課程。

焦點 23 | 資訊安全

資訊安全是為保護資訊及資訊系統免受未經授權的進入、使用、披露、破壞、修改、檢視、記錄及銷毀。

對於個人來說，資訊安全對於其個人隱私具有重大的影響，但這在不同的文化中的看法差異相當大。資訊安全的領域在最近這些年經歷了巨大的成長和進化。有很多方式進入這一領域，並將之作為一項事業。它提供了許多專門的研究領域，包括：資安的網路和公共基礎設施、資安的應用軟體和資料庫、資安測試、資訊系統評估、企業資安規劃以及數字取證技術等等。為保障資訊安全，要求有資訊源認證、存取控制，不能有非法軟體駐留，不能有未授權的操作等行為。

簡單來講，有關資訊安全的內容可以簡化為下列三個基本點，稱為CIA三元組：

(一) 機密性（Confidentiality）。

(二) 完整性（Integrity）。

(三) 可用性（Availability）。

基於這個原因，任何有違資訊的「可用性」都算是違反資訊安全的規定。因此，世上不少國家，不論是美國還是中國都有要求保持資訊可以不受規限地流通的運動舉行。

對資訊安全的認識經歷了的資料資安階段、網路資訊安全時代和目前的資訊保障時代。

資安技術嚴格地講僅包含3類：隱藏、存取控制和密碼學。典型的資安應用有：

(一) 數位浮水印屬於隱藏。

(二) 網路防火牆屬於存取控制。

(三) 數位簽章屬於密碼學。

數位時代的資料迅速成長，資料保護顯得越來越重要，為了將防護措施佈局妥當，避免因天然災害、機器故障、或是非法使用與破壞行為等因素所造成的資訊系統事件，企業必須有相對應的資安防護措施，將影響降至最低。同時，在個資法規範中，對於防止個人資料被竊取、竄改、毀損、滅失或洩漏等都有明確規範，企業必須遵循法規並提出相關應變政策，包括駭客攻防與惡意程式威脅、防治資料外洩、系統與平台安全、網路安全、資安設備使用與個人資料保護等都是企業IT每天要面對的挑戰。透過網路與資訊安全解決方案，可以滿足企業全面性的資安需求，讓IT人員高枕無憂。

網路與資訊安全解決方案

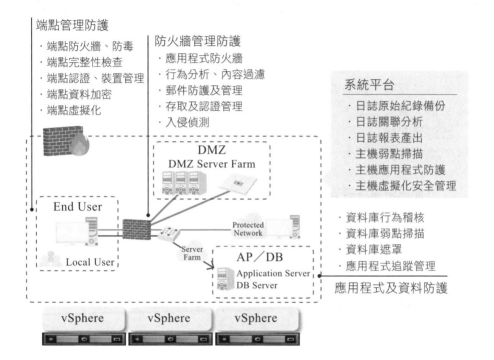

端點管理防護
· 端點防火牆、防毒
· 端點完整性檢查
· 端點認證、裝置管理
· 端點資料加密
· 端點虛擬化

防火牆管理防護
· 應用程式防火牆
· 行為分析、內容過濾
· 郵件防護及管理
· 存取及認證管理
· 入侵偵測

系統平台
· 日誌原始紀錄備份
· 日誌關聯分析
· 日誌報表產出
· 主機弱點掃描
· 主機應用程式防護
· 主機虛擬化安全管理

DMZ
DMZ Server Farm

End User

Local User

Protected
Network

Server
Farm

AP／DB
Application Server
DB Server

· 資料庫行為稽核
· 資料庫弱點掃描
· 資料庫遮罩
· 應用程式追蹤管理
應用程式及資料防護

vSphere　vSphere　vSphere

參考資料：華經資訊

📝 科技力小課堂

銀行對業務建模的依賴程度越來越高，需要風險管理者更好地理解和管理模型風險。雖然損失往往沒有報告，但模型中錯誤的後果可能是極端的。例如，一家大型亞太銀行在應用包含不正確假設和數據輸入錯誤的利率模式時，損失了40億美元。風險減輕將需要嚴格的製定和驗證模式的準則和程序，以及不斷監測和改進模式。

焦點 24 ｜ 客戶風險

(一) **個資隱私保護**：近年來企業已經具備個資保護的基本認知，但在數位環境下，如電商、行動、APP在自行開發或委外時，部分細節仍容易忽略，則需要再針對此部分加強管理。

1. 個人資料安全。
2. 隱私保護權。
3. 完整維護性。

(二) **近期風險事件與省思**

1. SQL Injection（隱碼攻擊）。
2. 中國證券公司數億筆資料外洩。
3. 外商機構八千萬筆資料外洩。
4. App安全檢測認證機制（經濟部2015年10月）。

📝 科技力小課堂

SQL攻擊（SQL injection），簡稱隱碼攻擊，是發生於應用程式之資料庫層的安全漏洞。簡言之，是在輸入的字串之中夾帶SQL指令，在設計不良的程式當中忽略了檢查，那麼這些夾帶進去的指令就會被資料庫伺服器誤認為是正常的SQL指令而執行，因此遭到破壞或是入侵。

(三) **原因與加強措施**：從個資或隱私外洩事件的發生原因，可分為人為疏忽或是駭客攻擊。

1. 個資隱私與外洩。
2. 人為疏失。
3. 駭客攻擊。
4. 資訊安全ISO 27001的相關認證。
5. TPIPAS（台灣個人資料保護與管理制度）。

(四) 個人資料保護法（簡稱個資法）的重點

1. 個資法第七條及第八條：蒐集者（廠商）應告知客戶有在搜集本身的名稱、資料的類別、利用的期間、地區、對象及方式。
2. 個資法第三條：消費者有權要求停止蒐集、處理、利用其資訊，亦可要求廠商刪除其資訊。

(五) 身份識別管理KYC （第6屆）

認識你的客戶Know-Your-Customer（KYC）：是企業識別和驗證客戶身份的過程。這個術語也用來指代這些活動的銀行和反洗錢規定。了解您的客戶流程也被各種規模的公司僱用，以確保他們提出的代理商、顧問或經銷商符合反賄賂。銀行、保險公司和出口債權人越來越要求客戶提供詳細的反腐敗盡職調查信息。

1. 客戶對投資風險的承受能力。
2. 客戶身份認證。
3. 背景與信用記錄的查核。
4. 消費習慣。
5. 投資需求。
6. 償債來源的瞭解。

經典試題及解析

( )　1. 下列何種技術可以將所有運算資源（如：儲存空間、記憶體、CPU等）匯整起來，並依據使用者的的需求，彈性動態分配提供給使用者？
(1)格式化技術
(2)虛擬化技術

(3)動態分割與分配技術

(4)平行運算技術。（第8屆考題2）

( )　2. 有關半結構化資料（Semi-structured Data）的敘述，下列何者
正確？

(1)一般常用的半結構性資料格式大致可分為CSV、JSON、
XML等三類

(2)CSV格式被廣泛作為跨系統或跨平台之間交換的標準

(3)XML格式資料可以從MS EXCEL軟體以另存檔案方式得到

(4)JSON格式資料可讓資料傳輸量上升，提高瀏覽網頁效率。
（第8屆考題7）

( )　3. 下列何種措施不會促進無現金化社會的發展？

(1)擴大行動支付回饋點數使用場域，使其橫跨虛實通路、跨場
景行銷、跨業種類別消費情境

(2)電子支付業者必須基於客戶生物特徵、消費模式、使用習慣
等進行有效、持續性的身份辨認

(3)禁止非金融業者應用程式介面API開發，避免客戶個資外
洩，妨礙電子支付發展

(4)民眾使用電子支付的消費金額得納入所得稅扣除額

( )　4. 有關風險控管防線之敘述，下列何者錯誤？

(1)第一道防線是最直接面對風險之人員

(2)第二道防線包括風險管理及法令遵循等單位

(3)在風險評估上，內部控制係單一單位的責任

(4)第二道防線應該加強與第一道防線之溝通及與第三道防線之
合作。（第8屆考題57）

(　　)　5. 為加強資安犯罪之偵辦工作，減少因證據力不足而導致在法庭上爭議不斷，台灣高檢署自2018年起在8個地檢署成立何種機構？
　　(1)數位採證中心
　　(2)加強資安辦公室
　　(3)打擊駭客中心
　　(4)資安防護中心。（第8屆考題58）

(　　)　6. 下列何者是建立「場景金融」的首要目標？
　　(1)跨業合作
　　(2)滿足使用者需求
　　(3)提高獲利
　　(4)創造趨勢。（第7屆考題15）

(　　)　7. 下列哪個項目不是常見的資訊安全檢驗項目？
　　(1)客觀性（Objectivity）
　　(2)機密性（Confidentiality）
　　(3)完整性（Integrity）
　　(4)可用性（Availablity）。（第6屆考題18）

(　　)　8. 有關一般採用的應對風險措施，下列何者非屬之？
　　(1)規避風險，減少發生機率
　　(2)追逐風險，創造利潤
　　(3)接受現有風險
　　(4)分擔風險，將風險移轉出去。（第6屆考題34）

（　）　9. 為因應業務擴充及移轉彈性以避免受制於雲端運算服務業者，下列何者不是考量虛擬平台標準化的因素？
(1)資料檔案格式
(2)虛擬平台演算模式
(3)應用程式介面（API）
(4)網路協定。（第6屆考題48）

（　）　10. 下列何者是一個線上社群投資平台？
(1)Darwinex
(2)Kickstarter
(3)Amazon
(4)Transferwise。（第6屆考題56）

（　）　11. 一般而言，建立企業風險管理架構，主要做法及考量重點不包括下列何者？
(1)鑑別企業營運的主要目標
(2)企業風險文化的建立
(3)評估企業現行存在的弱點
(4)將風險管理職能外包，交付組織外風險管理專家負責。
（第6屆考題57）

（　）　12. 有關一般企業風險管理程序，下列何者為正確步驟？
(1)風險辨識／風險評估／風險回應／控制與測試
(2)風險評估／風險辨識／風險回應／控制與測試
(3)風險評估／風險辨識／控制與測試／風險回應
(4)風險辨識／控制與測試／風險評估／風險回應。
（第6屆考題58）

( )　13. 有效的風險管理流程強調，協助企業平衡風險與報酬間的目標，下列何者為其實質涵義？

(1)只重視風險大小、不需考慮報酬高低

(2)在特定報酬下，管理流程宜追求承擔最高風險的方案

(3)在特定報酬下，管理流程宜追求承擔最低風險的方案

(4)只重視報酬最高的方案，風險大小不需太在意。

（第3屆考題35）

( )　14. 下列哪種風險不直接屬於Basel III國際風險管理準則，須計提資本需求額的項目？

(1)市場風險

(2)作業風險

(3)信用風險

(4)監理風險。（第3屆考題36）

( )　15. 有關個人資料或隱私外洩事件敘述，下列何者錯誤？

(1)外洩事件的發生原因，可分為人為疏失與駭客攻擊兩種

(2)駭客攻擊過程通常只經過研究安全弱點、網路或社交攻擊，到資料外傳等三個階段

(3)金融消費評議中心是以第三方公正的角色，協助解決金融紛爭，但對象不包括專業投資機構與符合一定財力或專 業能力之自然人或法人

(4)我國的個資法要求，一般個人資料的蒐集、處理及利用，已由當事人「書面同意」修改為「同意」即可。

（第3屆考題37）

( )　16. 有關反洗錢及詐欺管理的敘述，下列何者錯誤？

(1)台灣為亞太防制洗錢組織的正式會員

(2)台灣須在2017年底接受國際評鑑

　　(3)銀行可透過人員、流程、技術的相互搭配，有效管控疑似洗錢或資助恐怖主義的交易風險

　　(4)逃漏稅負與盜卡、詐騙等舞弊行為，均可視為廣義的洗錢活動，宜密切監理。（第3屆考題38）

( )　17. 雲端運算的隱私安全問題上，資訊安全經常是雲端運算最重要的議題，而資訊安全有三要素（通常簡稱 CIA Triad），下列何者不是三者之一？

　　(1)可重製性

　　(2)機密性

　　(3)完整性

　　(4)可用性。（第3屆考題48）

( )　18. 有關銀行業確認客戶身分措施，下列何者錯誤？

　　(1)不得接受客戶使用假名開立帳戶

　　(2)辦理新台幣五十萬元（含等值外幣）以上之單筆現金或轉帳交易時，應確認客戶身分

　　(3)進行臨時性交易，辦理新台幣三萬元（含等值外幣）以上之跨境匯款時，應確認客戶身分

　　(4)對於由代理人辦理之交易，應確實驗證代理人身分並查證代理之事實。（銀行考題）

( )　19. 銀行業客戶為法人或信託之受託人，於驗證客戶身分時應取得之資訊及瞭解事項，下列何者非屬之？

　　(1)客戶或信託之業務性質

　　(2)客戶或信託之所有權與控制權結構

　　(3)客戶之主要營業處所地址

　　(4)客戶之財務報表。（銀行考題）

（　）20.銀行業對現有客戶，應於適當時機對已存在之往來關係進行審查，有關其持續審查之適當時機，下列敘述何者錯誤？
(1)客戶加開帳戶時
(2)客戶減少業務往來關係時
(3)依據客戶之重要性及風險程度所訂之定期審查時點
(4)得知客戶身分與背景資訊有重大變動時。（銀行考題）

（　）21.將風險轉移給其他獨立機構是屬於下列何者？
(1)規避風險
(2)降低風險
(3)接受風險
(4)分擔風險。（第7屆考題35）

（　）22.為了客戶風險管理，一般銀行會採行KYC（Know your customer），KYC內容通常不包含下列何者？
(1)客戶身分
(2)信用紀錄
(3)過去病史
(4)投資風險態度。（第6屆考題36）

（　）23.資訊安全的基本功能及目的不外在提供資料和資源安全性機制，下列何者不是資訊安全所應提供的基本服務？
(1)Confidentiality（機密性）
(2)Integrity（完整性）
(3)Availability（可用性）
(4)Generalized（一般性）。（第2屆金融基測考題65）

解答與解析

1.(2)

虛擬化技術，可以擴大硬體的容量；即可以單CPU模擬多CPU執行，允許一個平台同時執行多個作業系統，並且應用程式都可以在相互獨立的空間內執行而互不影響，從而顯著提升使用者的工作效能。

2.(1)

是結構化數據的一種形式，它不遵循與關係數據庫或其他形式的數據表相關的數據模型的形式結構，但是仍然包含標籤或其他標記以分離語義元素並強制執行記錄的層次結構以及數據中的字段。因此，它也被稱為自描述結構。

在半結構化數據中，即使屬於同一類的實體被分組在一起，它們也可能具有不同的屬性，並且屬性的順序並不重要。一般常用的半結構性資料格式大致可分為CSV、JSON、XML等三類。

3.(3)

API（應用程式介面）是串連「金融數據」與「TSP業者提供

的服務」的介面設計，開放API有兩大特徵：第一是「標準化」，API的格式統一，合作雙方的資料可以相互使用、分析；第二是「規模化」，開放API能帶動更多潛在客戶使用第三方服務，同時擴大銀行數據庫的資料，藉由流量接觸新客群，獲取更多利潤。

4.(3)

內控制度包括：
第一道防線：自行查核（風險監控）。
第二道防線：法令遵循、風險管理（風險監控）。
第三道防線：內部稽核（獨立監督）。

5.(1)

法務部在全台8個地檢署成立「數位採證中心」，包括LINE、微信在內，不管是刪除的照片、通話紀錄，全都能用數位採證方式取得分析。

6.(2)

場景金融：人們在某一活動場景中的金融需求體驗。

7. (1)

資訊安全有三要素為機密性、完整性、可用性。

8. (2)

對應風險措施以規避、減少或避免風險為出發點，不會去追逐風險較高的商機。

9. (2)

虛擬化技術，是將伺服器、儲存空間等運算資源予以統合。一臺採用虛擬化技術的伺服器，可以創造出一個虛擬化的環境，同時執行好幾臺宛如實體伺服器一般的虛擬伺服器。透過虛擬化管理工具，在幾分鐘內就可以建立一臺虛擬伺服器，而其運算資源，如處理器速度、記憶體容量、硬碟儲存空間，則可任意配置。應用程式介面則不為虛擬平台標準化的考量。

10. (1)

Darwinex（前身為TradeSlide）是一家總部位於英國的社交交易經紀人和資產管理公司。其交易平台有一個工具，可以分析交易者的策略，並根據其風險，可擴展性，性能和經驗對其進行評級。與其他外匯複製交易系統不同，這允許其他投資者查看特定交易策略所涉及的風險。該公司受英國FCA監管。

11. (4)

企業風險管理：

(1)協調風險容量（risk appetite）與戰略：管理當局在評價備選的戰略、設定相關目標和建立相關風險的管理機制的過程中，需要考慮所在主體的風險容量。

(2)增進風險應對決策：企業風險管理為識別和在備選的風險應對——風險迴避、降低、分擔和承受——之間進行選擇提供了嚴密性。

(3)抑減經營意外和損失：主體識別潛在事項和實施應對的能力得以增強，抑減了意外情況以及由此帶來的成本或損失。

(4)識別和管理多重的和貫穿於企業的風險：每一家企業都面臨影響組織的不同部分的一系列風險，企業風險管理有助於有效地應對交互影

響，以及整合式地應對多重
風險。

(5)抓住機會：通過考慮全面範
圍內的潛在事項，促使管理
當局識別並積極地實現機
會。

(6)改善資本調配：獲取強有力
的風險信息，使得管理當局
能夠有效地評估總體資本需
求，並改進資本配置。

12.**(1)**

風險管理是透過辨識、衡量
（含預測）、監控、報告來管
理風險，採取有效方法設法降
低成本；有計劃地處理風險，
以保障企業順利營運。這需要
企業在經營過程中，辨識可能
產生的風險，預測各種風險發
生後對資源及營運造成的負面
影響，以便使生產順利進行。
由此可見，風險的辨識、預測
和控制是企業風險管理的主要
步驟。

13.**(3)**

在特定報酬下，透過數位金融
管理分析最低風險的方案來提
高獲利。

14.**(4)**

Basel III國際風險管理準則包
含：市場風險、作業風險、信
用風險。

(1)最低資本適足要求：其中信
用風險資本計提包括：A.標
準法、B.基礎內部評等法、
C.進階內部評等法。

(2)監察審理程序：金融機構應
建立一個監理審核程序，以
因應金融機構業務之所有風
險。

(3)市場制約機能：要求金融機
構公開揭露資本結構、風險
暴露和資本適足率等。

15.**(2)**

駭客攻擊過程利用特製的釣魚
網站、社交程式或電子郵件當
作攻擊的進入點。

16.**(2)**

本題考出當時背景為應於2018
年接受「亞太防制洗錢組織」
評鑑，加速建立完整反洗錢分
析與偵測能力才是各金融機構
應該立即採取的行動。

17.（1）

資訊安全有三要素為機密性、完整性、可用性。

18.（2）

辦理新臺幣三萬元以上、五十萬元以下（不含）之國內現金匯款，及新臺幣三萬元以上之國內轉帳匯款案件時。

19.（4）

驗證客戶身分時客戶之財務報表不是所需之資料。

20.（2）

銀行業者不會因為在審查客戶減少業務往來關係時進行審查。

21.（4）

風險分擔是指受託人與受益人共擔風險，是信託公司作為受託管理資產的金融機構所特有的風險管理策略，是在風險管理中正確處理信託當事人各方利益關係的一種策略。

（資料來源：ＭＢＡ智庫百科 https://wiki.mbalib.com/zh-tw/%E9%A3%8E%E9%99%A9%E5%88%86%E6%8B%85）

22.（3）

認識你的客戶（Know your customer）也稱為瞭解你的客戶，簡稱KYC，是企業確認客戶身份的程序。此一詞語也用在銀行監管。「認識你的客戶」程序也適用在不同規模的公司，以確認其可能的客戶、顧問或經銷商符合反賄賂標準（anti-bribery compliant）。越來越多的銀行、保險公司會要求客戶提供具體的反腐敗盡職調查資訊，以確認客戶的誠實和正直。

23.（4）

有關資訊安全的內容可以簡化為下列三個基本點，稱為CIA三元組：

(1)機密性（Confidentiality）。

(2)完整性（Integrity）。

(3)可用性（Availability）。

金融機構的數位轉型

金融發展趨勢非常快速,「FinTech」(金融科技)這個字出現沒多久,但對金融業衝擊層面,已不僅於支付,還包括理財、貸款、外匯等。在網路、行動支付、物聯網等發展趨勢下,「另類金融」正大幅衝擊金融業,包括銀行、證券、保險在內的金融從業人員逾30萬人,若含業務員等兼職,則超過80萬人,都將面臨影響。

雖然現有分行有轉型之需,取而代之的是行動銀行、數位銀行等新型態,但是業者也必須體認實體分行據點不會完全被取代或消失,而是轉變提供不同功能的情形。舉例來說,銀行未來仍應對於網路弱勢族群的客戶,提供相關金融服務,因為數位金融雖讓消費者增加金融交易的選擇管道,惟亦須注意考量傳統實體交易習慣的民眾需求,在滿足消費者需求與降低經營成本之間必須及衡平,以免滋生民怨。

焦點 25 | 金融通路的轉型趨勢

銀行客戶以前大多是到實體分行進行交易,使用的交易工具是現金、支票、卡片(提款卡或信用卡)、銀行帳戶等,這些都是金融業所熟悉的通路和金融載具。但現在越來越多的客戶不到實體通路,而使用數位通路,「通路」指的是產品轉移至顧客之過程中所使用的各種管道或是產

品接觸顧客的管道。近年來隨著科技發展，網路及智慧型裝置的普及化，國內各大銀行開始積極拓展網路及行動銀行等電子虛擬通路。如何將實體及虛擬通路進行有效的整合，發揮不同通路間之綜效，洞悉顧客在通路間之行為模式，進一步打造具有一致性之全方位顧客體驗，是銀行在未來幾年面對通路大幅轉型衝擊之首要課題。

一、銀行面臨之三大通路難題

面對通路大幅轉型，銀行面臨到三大難題：

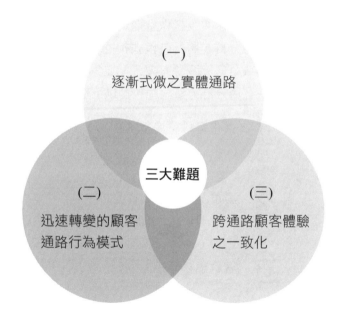

二、銀行因應之道－通路整合管理模式

綜合前段所述，銀行面對之問題在於如何建立一個將「通路」、「顧客行為」及「顧客體驗」納入範疇的管理模式。勤業眾信的通路整合管理方法論利用三階段循環架構，以全行通路之整合管理模式定位目標客群並深入剖析客群通路行為模式，進而設計相對應之行銷策略以至於建立完美顧客體驗。

(一) **客戶分群架構設計**

在勤業眾信通路整合管理方法論中，首先就是定義顧客分群，顧客必須進行分群的原因在於銀行不可能以人口普查之方式逐一了解單一顧客之行為模式或者是需求，這樣做會造成服務成本過高反而降低營運效率，因此透過顧客分群，將行為模式相近或特徵類似之顧客獨立出來，便能夠將行銷或是研究資源有效分配並集中於貢獻度較高之客群上。勤業眾信建議客戶分群方法論應包含以下三個步驟：

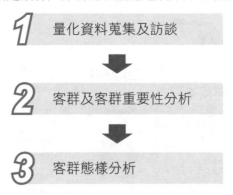

(二) **通路行為分析架構設計**

通路整合管理最終目的在於一致化跨通路之顧客體驗。要設計完美顧客體驗，銀行必須了解不同客群、不同產品在不同購買流程階段

中所展現出來之行為模式。勤業眾信在通路行為分析方法論上包含兩大部分：

1. 顧客通路移轉分析。
2. 顧客接觸點態樣分析。

(三) 通路整合管理架構

在完成顧客分群及通路行為分析後，銀行必須重新調整通路整合管理體制，破除部門之限制並擺脫過去通路各自為政之管理模式，用前兩個階段對於目標客群分析後所得到之行為資訊，強化顧客行為模式與銀行價值主張之連結，未來再透過目標客群之意見回饋再更進一步調整營運模型，訂定符合顧客期望之價值主張及顧客體驗，最終達到提升整體銀行通路營運效益及價值之目標。

焦點 26 ｜ 實體分行轉型策略

將來的實體分行不會只有一種型態，將依據銀行賦予他的任務、分行所在地理位置、目標客戶群等而分為旗艦分行、衛星分行、自助化服務中心等多種形態，並整合行動設備來提供金融服務，作為O2O（On-Line to Off-Line）虛實通路整合的樞紐。由實體通路與虛擬通路所建構而成的銀行全通路，也具備讓客戶服務無縫接軌的互動體驗，因此，先從銀行實體通路，及分行的轉型談起。隨著行動載具蓬勃發展、社群媒體出現及消費者習慣改變，銀行分行已不再只有扮演交易或教育的角色，而是成為諮詢或銷售對象，客戶到分行端不一定只做交易，但要全變成虛擬交易也不可能，分行有存在的必要，但功能與角色要做調整。根據IBM公司預估，現階段實體分行將出現3種模式：

(一) 科技驅動的旗艦店。

(二) 櫃員、櫃檯交易與半自助式服務。

(三) 微型銀行。

首先，以科技驅動的旗艦店部分，例如星展集團提撥星幣2億元，超過新台幣48億元專款用於發展數位銀行，實驗性質濃厚的「未來銀行」。自2012年10月開始，星展銀行新加坡總部著手推動未來銀行，所有作業在電腦上自助操作完成。在台灣分行轉型的概念，外資銀行的腳步總是比較快，包括花旗、渣打銀行近幾年先後引入「智慧銀行」（Smart Banking）、「快易理財中心」（Express Banking），朝無紙化的方向發展，初期主打免填紙本單據，搭配QR code隨身帶走理財商品資訊，民眾到銀行辦理業務，使用紙筆的機會將會愈來愈少。

除此之外，花旗銀行的旗艦分行也採用如蘋果商店的簡潔設計，特別吸睛。外商銀行旗艦店的裝潢醒目，行銷效果十足，示範效果應大於分行。在櫃員、櫃檯交易與半自助式服務方面，IBM金融事業群全球通路轉型部總監Danny Tang舉例說，美國銀行的ATM視訊服務，是在自動櫃員機上裝設視訊系統，消費者可透過螢幕與行員直接對話，並指示操作情況。中國科技大學講座教授董瑞斌表示，中國的四大國有銀行在內，共有2、3000台自動櫃員機，都有視訊服務，可達到24小時都有人服務的目標，補足數位銀行無人服務的缺點。至於微型銀行，雖然目前微型銀行並無明確定義，但設計概念類似貨櫃屋，面積約10～28坪，內部只有1人服務，只能做簡單的存提匯款服務，不做交易型金融服務，通常會設在百貨公司、大型量販店內。

經典試題及解析

( )　1. 透過瞭解搜尋引擎的運作規則來調整網站，以提高網頁排名、流量及增加網頁的曝光度，稱為下列何者？
(1)SMS（Short Message Service）
(2)O2O（Online to Offline）
(3)TSM（Trusted Service Manager）
(4)SEO（Search Engine Optimization）。（第6屆考題2）

( )　2. 日本電通公司針對網路時代消費者生活型態的變化，提出一個全新的消費者行為分析模型AISAS，其中兩個S指的是下列何者？
(1)Search, Spend
(2)Search, Share
(3)Screen, Sell
(4)Show, Spend。（第6屆考題3）

( )　3. 日本服飾品牌UNIQLO曾推出線上的UT CAMERA app，結合實體試穿、上傳、評選及線上展示等步驟，成功與社群互動並吸引更多消費者到實體門市試穿，這是運用下列何項商業模式？
(1)B2B
(2)C2C
(3)P2P
(4)O2O。（第6屆考題4）

（　）　4. 下列何者不屬於社群媒體分析的四個面向？
　　　　(1)蒐集
　　　　(2)分群
　　　　(3)挖掘
　　　　(4)關聯。（第6屆考題8）

（　）　5. 下列何者屬於結構化資料？
　　　　(1)社群媒體資料
　　　　(2)多媒體資料
　　　　(3)銀行帳號
　　　　(4)視訊影像。（第6屆考題10）

（　）　6. 現代金融機構的運作幾乎完全仰賴資訊系統，因此有些銀行業者為能專注於核心業務，而將資訊中心設施資源的建置與維護管理，交由專業的資訊夥伴處理，這種方式稱為：
　　　　(1)軟體即服務（SaaS）
　　　　(2)委託代工（OEM）
　　　　(3)資訊委外（IT Outsourcing）
　　　　(4)隨需服務（On-demand）。（第6屆考題20）

（　）　7. 銀行使用數位科技的發展歷史，請依照時間先後順序排列。
　　　　A.網路銀行　B.自動櫃員機（ATM）　C.電話銀行　D.直銷銀行
　　　　(1)ABCD
　　　　(2)CDBA
　　　　(3)BCAD
　　　　(4)ACBD。（第6屆考題41）

（　）　8. 內容行銷的一種形式，透過提供網友實用有價值的內容，包含
圖文報導的訊息或文章，讓消費者願意閱讀及接收訊息，指的
是下列何者？
(1)小眾廣告
(2)原生廣告
(3)行動廣告
(4)店頭廣告。（第6屆考題42）

（　）　9. 有關眾包和一般人力銀行網站上常見的外包，下列敘述何者錯
誤？
(1)眾包取得滿意結果才需付費，甚至可能不用付費
(2)眾包的需求是把任務和問題指派給確定的群體
(3)外包的需求可能會因為技術挑選確定的個人或團隊
(4)外包的需求可能會因為預算或時間條件不同挑選確定個人或
團隊。（第7屆考題3）

（　）　10. 有關社群行銷使用效益分析工具的目的，下列敘述何者錯誤？
(1)決定社群行銷的成本
(2)對企業而言是很重要的優化工具與持續改善的行銷利器
(3)協助企業獲取網站的各項關鍵績效指標
(4)探索訪客的偏好習性，且有助於企業了解網站營運及行銷活
動的表現。（第7屆考題4）

（　）　11. 下列何者為金融機構服務和商品的應用程式介面化（API：
Application Programming Interface）變得非常重要的原因？
(1)應付金融沙盒的需要
(2)區塊鏈的興起，增加匯款和理財的便利性
(3)和行業內外產業整合，發展一站式服務，擴大服務範圍
(4)機器人的興起，增加自動化。（第7屆考題28）

( )　12. 下列何者為個資隱私保護在跨國情境下的國際趨勢？
　　　　(1)Privacy by Design
　　　　(2)Security by Design
　　　　(3)Privacy as A Service
　　　　(4)Confidentiality Rules。（第7屆考題34）

( )　13. 下列何項非屬成功的行動平台應具備的條件？
　　　　(1)有能力吸引消費者與商店
　　　　(2)有能力進行同業與異業合作
　　　　(3)有能力整合提供各式支付工具
　　　　(4)必須要有高額的行銷預算來支持。（第7屆考題46）

( )　14. 下列哪一項是金融業使用智慧型機器的特色？
　　　　(1)法人機構和個別投資人之間的差異將減少
　　　　(2)各種金融業作業將走向一致性
　　　　(3)即時事件將無法反應在市場價格上
　　　　(4)金融業的整體成本將增加。（第7屆考題56）

( )　15. 根據Deloitte的風險智能地圖（Risk Intelligent Map），下列何
　　　　者不是屬於基礎架構類別的風險？
　　　　(1)企業資產
　　　　(2)公司治理
　　　　(3)財務
　　　　(4)人力資源。（第7屆考題58）

( )　16. 小明看到網路廣告推廣社群投資，請問哪一個廣告宣傳說明錯
　　　　誤？
　　　　(1)社群投資的特色就是跟單交易
　　　　(2)社群中的投資高手又稱為影子交易員
　　　　(3)用戶可採自動或手動複製其他交易者的決策
　　　　(4)社群投資的經營者有證券商及科技公司。（第8屆考題28）

( )　17. 下列何者非演算法交易相較傳統交易模式的特點？

(1)不易追漲追跌，平衡市場波動

(2)避免人為情緒與延遲

(3)不會漏失演算法所定義的交易機會

(4)避免交易目的被提早探知。（第8屆考題29）

( )　18. 有關演算法交易、程式交易、高頻交易之區別，下列敘述何者錯誤？

(1)演算法交易屬於程式交易的一種，高頻交易被視為演算法交易的一種

(2)相較於程式交易而言，演算法交易強調下單這指令本身的形成

(3)高頻交易與其他兩者的最大不同，在於利用高速電腦運算獲取稍縱即逝的套利機會

(4)高頻交易者傾向將伺服器設於交易所的伺服器附近。

（第8屆考題30）

( )　19. 傳統銀行在應對挑戰時的「數位化策略」，下列何者較不適合？

(1)擴大實體分行規模，以提供更好服務

(2)適時引進成熟的人工智慧應用

(3)建立數位時代金融從業人員的應對策略

(4)與異業結盟，將金融服務嵌入客戶的生活場景。

（第8屆考題39）

( )　20. 下列何項金融機構之作業，較不適合運用機器人流程自動化系統（RPA）來處理？

(1)AML洗錢防制

(2)個人金融貸款處理

(3)網路銀行轉帳作業

(4)銀行開戶審核作業。（第8屆考題40）

( )　21. 關聯式資料庫建立index的目的為何？

(1)加快大量新增資料的速度

(2)加快大量刪除資料的速度

(3)加快大量查詢資料的速度

(4)節省空間。（第2屆金融基測考題30）

( )　22. 關聯表之正規化格式包括1NF、2NF、3NF，請問下列何者可移除「遞移相依性」？

(1)1NF

(2)2NF

(3)3NF

(4)都可移除。（第2屆金融基測考題31）

( )　23. 下列哪一種標準資料庫介面可讓我們在一般程式中透過指令直接存取資料庫資料？

(1)ASP

(2)IDC

(3)ODBC

(4)RD。（第2屆金融基測考題32）

( )　24. 每一項資料庫交易（transaction）皆須具備ACID特性，其中"A、I"之意義為何？

(1)A原子性、I智慧性

(2)A原子性、I隔離性

(3)A人因性、I智慧性

(4)A人因性、I隔離性。（第2屆金融基測考題33）

解答與解析

1.(4)

SEO是一種透過自然排序（無付費）的方式增加網頁能見度的行銷規律。SEO包含技術與創意，用以提高網頁排名、流量，以及增加網頁在搜尋引擎的曝光度。SEO有很多方式，可以從網頁上的文字，或著其它網站連結到你的網頁，有時SEO只是運用簡單的方法，確保搜尋引擎可以了解你的網站架構。

2.(2)

AISAS（Attention注意、Interest興趣、Search搜索、Action行動、Share分享）模式，則將消費者在注意商品並產生興趣之後的訊息搜集（Search），以及產生購買行動之後的訊息分享（Share），作為兩個重要環節來考量，這兩個環節都離不開消費者對互聯網（包括無線互聯網）的應用。

3.(4)

O2O（Online To Offline線上到線下）是一種新的電子商務模式，指線上行銷及線上購買帶動線下（非網路上的）經營和線下消費。O2O通過促銷、打折、提供資訊、服務預訂等方式，把線下商店的訊息推播給網際網路用戶，從而將他們轉換為自己的線下客戶，這就特別適合必須到店消費的商品和服務，比如餐飲、健身、電影和演出、美容美髮、攝影及百貨商店等，除了餐廳陸續推出線上商務之外，也有一些以個人或團體旅遊等等為主打的預定網站和應用大量出現。

4.(1)

社群媒體分析：

(1)從社群媒體擷取客戶資料，以瞭解態度、意見、趨勢並且管理線上聲譽。

(2)預測客戶行為，然後藉由建議最佳的下一個行動來提高客戶滿意度。

(3)建立能夠讓社群媒體參與者產生共鳴的客製化行銷活動與促銷。

(4)識別特定社群網路管道中的主要影響力。

5.(3)

結構化資料：資料擺放得整整
齊齊，在放置進倉庫時就已經
收到了精確定義，而且拒絕忍
受任何例外。舉例來說，每筆
資料都有固定的欄位、固定的
格式、固定的順序甚至是固定
的佔用大小。是很有條理的資
料類型。違規的資料根本就進
不了這類資料庫裡面。

6.(3)

IT Outsourcing資訊委外服務通
常採取Team Work的方式，由一
整個IT維運團隊從線上到線下
提供完整的解決方案，支援線
上即時問題諮詢、遠端即時問
題排除，而客製化的企業資訊
環境規劃評估及導入，替企業
量身打造專屬IT資訊維運計
劃，有效提升企業競爭力，通
常若企業人數低於五十人，採
用IT資訊委外解決方案會是符
合成本效益的管理策略。

7.(3)

自動櫃員機（ATM）1967年，
電話銀行為網路銀行發行前所
研發之系統，網路銀行1995年
後，直銷銀行1997年後。

8.(2)

原生廣告（英語：Native
advertising），又稱原生行銷，
在2014年2月由美國IAB
（Interactive Advertising
Bureau）提出討論，是網路廣
告的一種，藉由產生有價值的
內容，期望在消費者的體驗中
獲得關注。
原生廣告的概念有些類似廣編
廣告，通常執行者可能會試圖
編輯一份包含圖文報導的訊息
或文章，創造讓消費者覺得有
價值的內容，並且讓消費者願
意進一步閱讀或接收訊息。

9.(2)

眾包：一個公司或機構把過去
由員工執行的工作任務，以自
由自願的形式外包給非特定的
（而且通常是大型的）大眾網
路的做法。眾包的任務通常由
個人來承擔，但如果涉及到需
要多人協作完成的任務，也有
可能以依靠開源的個體生產的
形式出現。

10.(1)

社群行銷使用效益分析工具的
目的：是很重要的優化工具與

持續改善的行銷利器、協助獲取網站的各項關鍵績效指標、探索訪客的偏好習性，且有助於企業了解網站營運及行銷活動的表現、使用第三方社群工具，節省PO文成本。

11.(**3**)

金融業要挖掘出新客戶，應用程式介面化（API：Application Programming Interface）變得非常重要的工具，串接銀行API的第三方業者，可讓消費者在直接在頁面上付款、轉帳，而不需要跳轉到銀行網站。

12.(**1**)

Privacy by Design：於1995年在應用科學研究部獲得批准。隱私設計框架於2009年發布。並於2010年被國際隱私委員會和數據保護機構大會採用。通過設計來盡可能廣泛地促進隱私保護，並促進將該原則納入政策和立法。

13.(**4**)

成功的行動平台應具備的條件：有能力吸引消費者與商店、有能力進行同業與異業合作、有能力整合提供各式支付工具等。

14.(**2**)

金融業使用智慧型機器是為了將金融作業將走向一致性。

15.(**2**)

Deloitte的風險智能地圖（Risk Intelligent Map）基礎架構為企業資產、財務、人力資源。

16.(**2**)

社群中的投資高手一般稱為明星投資者。

17.(**1**)

演算法交易的特點為，避免人為情緒與延遲，不會漏失演算法定義的交機會，避免交易目的被提早探知。

18.(**2**)

演算法交易（algorithmic trading）是指事先設計好交易策略，然後將其編製成電腦程式。利用電腦程式的演算法來決定交易下單的時機、價格和數量等。程式化下單能避免人的非理性因素造成的干擾，並能更精確的下

單。並能同時管理大量的操作，自動判斷將大單分拆為小單，減小衝擊成本。

19.（**1**）

數位化策略下不會再擴大實體分行規模，而是增加數位銀行來提供更好的服務。

20.（**3**）

網路銀行轉帳作業因涉及個人隱私資料，故不適用機器人流程自動化系統。

21.（**3**）

建立index的目的：加快大量查詢資料的速度。

22.（**3**）

3NF：是資料庫正規化所使用的正規形式，要求所有非主鍵屬性都只和關係鍵有相關性，也就是說非主鍵屬性之間應該是獨立無關的。

23.（**3**）

ODBC提供了一種標準的API方法來存取資料庫管理系統。這些API利用SQL來完成其大部分任務。ODBC本身也提供了對SQL語言的支援，用戶可以直接將SQL語句送給ODBC。

24.（**2**）

資料庫交易擁有以下四個特性，習慣上被稱之為ACID特性。

(1)原子性（Atomicity）：交易作為一個整體被執行，包含在其中的對資料庫的操作要麼全部被執行，要麼都不執行。

(2)一致性（Consistency）：交易應確保資料庫的狀態從一個一致狀態轉變為另一個一致狀態。一致狀態的含義是資料庫中的資料應滿足完整性約束。

(3)隔離性（Isolation）：多個交易並行執行時，一個交易的執行不應影響其他交易的執行。

(4)永續性（Durability）：已被提交的交易對資料庫的修改應該永久儲存在資料庫中。

歷屆試題及解析

金融科技力

【第六屆】

( ) 1. 數位科技對金融業的發展至為重要,數位時代金融業商業模式
上的未來趨勢有哪些? A.網路行銷變成主要行銷策略 B.數
位能力是金融業的核心競爭能力 C.分行將更為普及 D.線上
與客戶即時互動 E.電子商務侵蝕金融業務

(1)ABCD

(2)ACDE

(3)ABDE

(4)BCDE。

( ) 2. 透過瞭解搜尋引擎的運作規則來調整網站,以提高網頁排名、
流量及增加網頁的曝光度,稱為下列何者?

(1)SMS(Short Message Service)

(2)O2O(Online to Offline)

(3)TSM(Trusted Service Manager)

(4)SEO(Search Engine Optimization)。

( ) 3. 日本電通公司針對網路時代消費者生活型態的變化,提出一
個全新的消費者行為分析模型AISAS,其中兩個S指的是下
列何者?

(1)Search, Spend

(2)Search, Share

(3)Screen, Sell

(4)Show, Spend。

( )　4.日本服飾品牌UNIQLO曾推出線上的UT CAMERA app，結合實體試穿、上傳、評選及線上展示等步驟，成功與社群互動並吸引更多消費者到實體門市試穿，這是運用下列何項商業模式？
(1)B2B
(2)C2C
(3)P2P
(4)O2O。

( )　5.下列何者不屬於資料倉儲系統定義的四個面向？
(1)具主題導向的（Subject-Oriented）
(2)具整合性的（Integrated）
(3)具時間區間的（Time-Variant）
(4)可揮發的（Volatile）。

( )　6.下列何者不屬於非結構化文字分析常使用的應用方式？
(1)線上多維分析
(2)文字屬性分類
(3)情感分析
(4)時間軸分析。

( )　7.金融行業擁有數量龐大的客戶群，無法一一直接詢問客戶的狀況。所以我們希望建立360度客戶視圖，以充分瞭解客戶狀態。過去以交易資料所建立的客戶視圖和現今以大數據資料所建立的客戶視圖，這兩者之間有什麼不一樣？
(1)既然都叫作客戶視圖，當然不會有什麼不一樣
(2)透過實體通路記錄客戶的狀態即可，無需建立客戶視圖
(3)客戶視圖只是一個概念，就是觀察金融機構和客戶間的交易記錄，所以過去以交易資料所建立的客戶視圖就已足夠，不需重新建立

(4)除了交易記錄之外，我們還想知道客戶的互動過程及行為資料，所以應用大數據分析的技術，可以知道更多的客戶狀態，更加完整的建立360度客戶視圖。

( )　8. 下列何者不屬於社群媒體分析的四個面向？
　　　(1)蒐集
　　　(2)分群
　　　(3)挖掘
　　　(4)關聯。

( )　9. 下列哪一個大數據的特徵，係指大數據包含結構化與非結構化資料？
　　　(1)具大量性的
　　　(2)具多樣性的
　　　(3)具不斷傳輸性的
　　　(4)真實性的。

( )　10. 下列何者屬於結構化資料？
　　　(1)社群媒體資料
　　　(2)多媒體資料
　　　(3)銀行帳號
　　　(4)視訊影像。

( )　11. 下列哪一個大數據分析的應用層次，係指根據期望的結果、特定場景、資源以及對過去和當前事件的瞭解給出運作建議？
　　　(1)基礎分析
　　　(2)進階預測
　　　(3)規範分析
　　　(4)樣本分析。

( ) 12. 下列ＮＦＣ支付模式何者不採用資料標記技術（ＥＭＶＣo Tokenization）？
(1)Samsung Pay
(2)Android Pay
(3)Apple Pay
(4)HCE Pay。

( ) 13. 最早應用電子郵件（e-mail address）做為使用帳號，並用以辨識用戶間身分，打破傳統金融機構轉帳匯率的不便利，是下列哪一個行動支付平台？
(1)歐付寶
(2)PayPal
(3)支付連
(4)支付寶。

( ) 14. 有關第三方支付平台所主導的行動支付營運模式，下列何者不包括在內？
(1)以電子商務平台為基礎
(2)以社群媒體平台為基礎
(3)以產業供應鏈信用支付平台為基礎
(4)以電信平台為基礎。

( ) 15. 下列何者屬於遠端支付類型？
(1)Apple Pay
(2)NFC行動支付
(3)台灣高鐵的訂票App
(4)Samsung Pay。

( ) 16. 有關生物辨識的敘述，下列何者錯誤？

(1)指紋辨識（Finger print）技術已相當成熟，目前安全性最高

(2)虹膜辨識（Iris）的優點是錯誤率低、不易造假；缺點是危險性較高、比較不為人們所接受

(3)靜脈辨識（Vein）的優點是受環境影響較小、穩定性高、且具獨特性

(4)聲紋辨識（Voice）也有不錯的辨識率，缺點是容易受到外部環境影響。

( ) 17. 有關台灣行動支付公司與台灣Pay的敘述，下列何者錯誤？

(1)是由財金資訊公司、聯合信用卡處理中心、台灣票據交換業務發展基金會、國內32家金融機構與悠遊卡公司於2014年共同發起成立

(2)台灣Pay主要支付方式為信用卡或金融卡

(3)台灣Pay目前只支援「掃碼付款」，而不支援NFC「感應付款」

(4)T Wallet+行動支付可用以購物、轉帳、繳稅及提款等多項服務。

( ) 18. 下列哪個項目不是常見的資訊安全檢驗項目？

(1)客觀性（Objectivity）

(2)機密性（Confidentiality）

(3)完整性（Integrity）

(4)可用性（Availablity）。

( ) 19. 銀行業之數位行銷的相關敘述，下列何者錯誤？

(1)根據統計，沒有銀行業者利用雲端數位行銷而成長擴增消金業務量

(2)數位行銷是針對使用個人電腦、智慧型手機、平板電腦等電子裝置的使用者所操作的行銷

(3)數位行銷讓我們設計及提供給顧客量身訂做的體驗式行銷變得可行

(4)數位行銷之所以深受銀行業重視，是因為它比實體通路更容易追蹤與分析顧客的活動軌跡。

( ) 20. 現代金融機構的運作幾乎完全仰賴資訊系統，因此有些銀行業者為能專注於核心業務，而將資訊中心設施資源的建置與維護管理，交由專業的資訊夥伴處理，這種方式稱為：
(1)軟體即服務（SaaS）
(2)委託代工（OEM）
(3)資訊委外（IT Outsourcing）
(4)隨需服務（On-demand）。

( ) 21. 雲端運算的部署模型，下列敘述何者錯誤？
(1)免費公用雲上的使用者資料不可供任何人隨意檢視
(2)公用雲適合處理一般性資料與機敏資料
(3)混合雲為結合公用雲及私有雲的模式
(4)私有雲對使用者與網路做了特殊限制管理，具有安全性與彈性。

( ) 22. 下列何者不應該是推動分行轉型的驅動力？
(1)銀行內部的成本壓力
(2)為技術而導入技術
(3)科技對生產力的提升
(4)客戶臨櫃交易需求的降低。

( )　23. 日本MIZUHO銀行於2015年引進的Pepper機器人，初期的功能
　　　　不包含下列哪一項？
　　　　(1)雙向的智慧可自行學習成長
　　　　(2)集客效果
　　　　(3)與客戶互動
　　　　(4)業務的導引與Q&A。

( )　24. 有關多通路與全通路的異同之敘述，下列何者錯誤？
　　　　(1)以銀行為中心vs.以客戶為中心
　　　　(2)交易vs.互動
　　　　(3)滿足需求vs.預測需要與喜好
　　　　(4)產品導向架構vs.服務導向架構。

( )　25. 根據不同的應用場景和參與者需求，區塊鏈技術可以劃分為何
　　　　種類型？
　　　　(1)大企業鏈、中小企業鏈和小企業鏈
　　　　(2)公有鏈、私有鏈和聯盟鏈
　　　　(3)國內鏈和國外鏈
　　　　(4)有線網路鏈和無線網路鏈。

( )　26. 在區塊鏈中要做到不可否認的身分驗證，收款方用自己的私鑰
　　　　加密於亂碼化（Hashing）後的交易內容產生數位簽章，付款
　　　　方收到資料後，以下列哪一種方式就可驗證交易的正確性？
　　　　(1)付款方私鑰
　　　　(2)付款方公鑰
　　　　(3)收款方公鑰
　　　　(4)收款方私鑰。

( )　27. 區塊鏈的技術是藉由下列哪一項與網路通訊科技共享帳簿資料
處理的電腦技術,保護交易帳戶的安全與隱私達成共享帳簿的
互聯網?
(1)密碼學
(2)智慧合約
(3)區塊
(4)共識演算法。

( )　28. 對於許多企業而言,不斷增長的非結構化資料如電子郵件、社
群媒體預示著尚未開發的商機,企業可以透過下列何種分析功
能來提升洞察力並將之轉化為全方位視圖形式及時提供給用
戶?
(1)同質運算
(2)超級電腦運算
(3)異質運算
(4)感知運算。

( )　29. 多因了生物辨識是金融機構同時提供一種以上的生物辨識給使
用者,下列哪一種是屬於非接觸式多因子生物辨識?
(1)臉型辨識結合密碼
(2)指紋辨識結合指靜脈辨識
(3)虹膜辨識結合指紋辨識
(4)臉型辨識結合聲音辨識。

( )　30. 金融科技對整體金融業的挑戰與機會,下列何者錯誤?
(1)廣泛使用人工智慧
(2)廣泛使用大數據
(3)中介化
(4)使顧客與金融機構關係產生改變。

( )　31. 下列哪一項虛擬通貨，具有中介發行機構？
　　　(1)比特幣
　　　(2)萊特幣
　　　(3)瑞波幣
　　　(4)亞馬遜幣。

( )　32. 有關P2P借貸的敘述，下列何者正確？
　　　(1)貸款人沒有機會選擇風險與報酬
　　　(2)主要集中於低風險貸款，排除中高風險的借款人
　　　(3)對資金供給者保障有限
　　　(4)可有效降低個別違約風險。

( )　33. 有關區塊鏈去中心化作業匯款系統的特點，下列何者正確？
　　　(1)透過中介機構保障安全
　　　(2)交易成本較高
　　　(3)可追蹤性較差
　　　(4)能夠幾乎即時結算。

( )　34. 有關一般採用的應對風險措施，下列何者非屬之？
　　　(1)規避風險，減少發生機率
　　　(2)追逐風險，創造利潤
　　　(3)接受現有風險
　　　(4)分擔風險，將風險移轉出去。

( )　35. 下列敘述何者正確？
　　　(1)CEO關心的是策略風險、客戶風險、人才風險與聲譽風險
　　　(2)CFO關注財務達標後的管控架構變化及持續日常監控營運風險
　　　(3)COO關注於資本、資金管理風險及資產的使用效率
　　　(4)CIO重視市場推廣成本效益及通路風險。

(　)｜36. 為了客戶風險管理，一般銀行會採行KYC（Know your customer），KYC內容通常不包含下列何者？
(1)客戶身分
(2)信用紀錄
(3)過去病史
(4)投資風險態度。

(　)｜37. 有關P2P借貸的敘述，下列何者錯誤？
(1)P2P借貸是透過線上借貸平台提供金融服務
(2)中國大陸是目前P2P借貸規模較大的國家
(3)P2P借貸屬於信用中介，故應可吸收公眾存款
(4)有助於促進普惠金融，增進資金使用效率。

(　)｜38. 下列何者非為洗錢防制之主要管控方式？
(1)客戶風險評估
(2)客戶盡職調查
(3)可疑交易申報
(4)客戶資料保護。

(　)｜39. 我國金融管理機構對於電子支付業務採用何種制度進行資格審查？
(1)許可制
(2)報備制
(3)註冊制
(4)申報制。

(　)｜40. 有關監理沙盒（regulatory sandbox），下列敘述何者錯誤？
(1)英國已實施監理沙盒
(2)在監理沙盒架構下，金融業者可以大範圍不受任何控管，實驗任何業務模式

(3)監理沙盒目的為在不影響創新的情況下，確保風險控管

(4)臺灣已經立法通過金融科技發展與創新實驗條例。

( ) 41. 銀行使用數位科技的發展歷史，請依照時間先後順序排列。
A.網路銀行　B.自動櫃員機（ATM）　　C.電話銀行　D.直銷銀行
(1)ABCD
(2)CDBA
(3)BCAD
(4)ACBD。

( ) 42. 內容行銷的一種形式，透過提供網友實用有價值的內容，包含圖文報導的訊息或文章，讓消費者願意閱讀及接收訊息，指的是下列何者？
(1)小眾廣告
(2)原生廣告
(3)行動廣告
(4)店頭廣告。

( ) 43. 下列何者不屬於大數據分析的三個應用層次？
(1)基礎分析
(2)進階預測
(3)規範分析
(4)樣本分析。

( ) 44. 下列哪一種資料探勘的分析手法之目的在於瞭解兩個或多個變數間是否相關？
(1)資料分群
(2)類神經網路
(3)迴歸分析
(4)決策樹。

（　）45. 下列何者不是應用資料倉儲系統進行的查詢分析方式？
(1)隨興查詢
(2)線上多維分析
(3)資料探勘
(4)語音辨識。

（　）46. 有關肯亞行動支付M-PESA的發展及說明，下列何者錯誤？
(1)M即為Mobile，PESA是當地語言「錢」
(2)M-PESA意即行動貨幣
(3)M-PESA僅能用於支付，不能匯款
(4)M-PESA不受行動電話功能或網路類型限制。

（　）47. 比較NFC及QR Code近端支付，下列敘述何者錯誤？
(1)NFC支付通常靠三個主要組成元素：手機的NFC天線（或晶片）、手機內建的防干擾安全元件、商店收銀台的非接觸式NFC讀卡機
(2)QR Code因不涉及特殊規格（NFC）手機的普及與否問題，成本也相對不高
(3)NFC可「嗶」一聲快速完成付款，但QR Code行動支付的程序比較多
(4)目前Line Pay只結合NFC感應支付，不採用QR Code。

（　）48. 為因應業務擴充及移轉彈性以避免受制於雲端運算服務業者，下列何者不是考量虛擬平台標準化的因素？
(1)資料檔案格式
(2)虛擬平台演算模式
(3)應用程式介面（API）
(4)網路協定。

( ) 49. 雲端運算與服務的優點，不包含下列何者？
(1)運算與服務更加快速靈敏
(2)減少資本支出與營運成本
(3)使組織更為扁平化
(4)善用資訊資源提高生產力。

( ) 50. 有關全通路銀行業務之敘述，下列何者錯誤？
(1)以多通路策略為建立基礎
(2)在通路之間享有一致的經驗
(3)著重在交易的執行，處理的是客戶的顯性需求
(4)著重在互動，處理的是交易背後的動機和背景，找出客戶的
潛在喜好。

( ) 51. 有關通路轉型的敘述，下列何者錯誤？
(1)台灣準備在2019年發放的兩張純網銀執照就屬於數位銀行類
型中的「純數位銀行」
(2)多通路是建立在海量資料基礎上，此技術能夠管理與分析各
式各樣的資料
(3)日本將舉辦2020年的奧運會，BTMU三菱東京日聯銀行引進
機器人，希望透過機器人來處理海外觀光客業務
(4)從多通路進化到全方位通路意味著將注意力轉移到與客戶的
互動上。

( ) 52. 下列哪一項不是區塊鏈資訊解決方案的組成元件？
(1)基礎建設層
(2)業務應用模組共用層
(3)業務應用層
(4)資訊通訊層。

( )　53. 可以在實體服務場域中協助辨識特定VIP客戶，並將相關該客
戶重要資訊推播至服務人員行動裝置或即時推播專屬客群化的
行銷廣告到數位看板播放系統，下列哪一種生物辨識方式會比
較適合？
(1)指紋辨識
(2)臉部辨識
(3)虹膜辨識
(4)簽名辨識。

( )　54. 在WEF金融科技創新項目中，下列哪一種創新項目是屬於支付
功能？
(1)群眾募資
(2)無現金世界
(3)股權投資者
(4)通路偏好移轉。

( )　55. 收集顧客使用與行為資料，以作為調整保險費率的基礎，改變
了下列何種「保險價值鏈」的環節？
(1)保單設計
(2)通路
(3)核保
(4)理賠。

( )　56. 下列何者是一個線上社群投資平台？
(1)Darwinex
(2)Kickstarter
(3)Amazon
(4)Transferwise。

( ) 57. 一般而言，建立企業風險管理架構，主要做法及考量重點不包括下列何者？
(1)鑑別企業營運的主要目標
(2)企業風險文化的建立
(3)評估企業現行存在的弱點
(4)將風險管理職能外包，交付組織外風險管理專家負責。

( ) 58. 有關一般企業風險管理程序，下列何者為正確步驟？
(1)風險辨識／風險評估／風險回應／控制與測試
(2)風險評估／風險辨識／風險回應／控制與測試
(3)風險評估／風險辨識／控制與測試／風險回應
(4)風險辨識／控制與測試／風險評估／風險回應。

( ) 59. 有關因應金融數位化創新所帶來的監理挑戰，下列何者錯誤？
(1)跨業監理議題
(2)跨境監理議題
(3)新興金融科技的監理
(4)業者的權益與資料保護。

( ) 60. 下列敘述何者錯誤？
(1)數位金融之商業模式中多數的客戶進線與交易都須業者人工介入
(2)虛擬貨幣之高度流通的本質會導致在地監理的難度
(3)我國央行目前將虛擬貨幣視為不具法償效力
(4)為落實消費者保障，電子支付機構管理條例特別在客訴及紛爭解決、業務定型化以及使用者交易資料及其他相關資料之保密義務訂定了相關規範。

解答與解析 答案標示為#者，表官方曾公告更正該題答案。

1.（**3**）

未來發展方向：

(1)金融科技產業（FinTech）：包括銀行業、證券業、保險業可以100%轉投資與金融核心業務高度相關的大數據、物聯網等金融科技（FinTech）產業。

(2)電子支付業務：已於電子支付機構管理條例增訂彈性條款，審酌執行狀況與國外發展趨勢，適時增加電子支付機構經營相關支付業務。

(3)研究開放純網路銀行。

(4)大數據應用及金融資料開放。

(5)創新開發新服務。

2.（**4**）

SEO是一種透過自然排序（無付費）的方式增加網頁能見度的行銷規律。SEO包含技術與創意，用以提高網頁排名、流量，以及增加網頁在搜尋引擎的曝光度。SEO有很多方式，可以從網頁上的文字，或者其它網站連結到你的網頁，有時SEO只是運用簡單的方法，確保搜尋引擎可以了解你的網站架構。

3.（**2**）

AISAS（Attention注意／Interest興趣／Search搜索／Action行動／Share分享）模式，則將消費者在注意商品並產生興趣之後的信息搜集（Search），以及產生購買行動之後的信息分享（Share），作為兩個重要環節來考量，這兩個環節都離不開消費者對互聯網（包括無線互聯網）的應用。

4.（**4**）

O2O（Online To Offline線上到線下）是一種新的電子商務模式，指線上行銷及線上購買帶動線下（非網路上的）經營和線下消費。O2O通過促銷、打折、提供資訊、服務預訂等方式，把線下商店的訊息推播給網際網路用戶，從而將他們轉換為自己的線下客戶，這就特別適合必須到店消費的商品和服務，例如餐飲、健身、電影和演出、美容美髮、攝影及百貨商店等，除了餐廳陸續推出線上商務之外，也有一些以個人或團體旅遊等等為主打的預定網站和應用大量出現。

5. (4)

資料倉儲，係由W. H. Inmon於1990年所提出之概念，按其定義，為1種以主題為導向（Subject-Oriented），同時具備整合性（Integrated）、非暫存性（Non-Volatile）、隨時間變異（Time-Variant）等特性之資料集合，主要目的係支援管理階層的決策。

6. (1)

對於非結構化文字資料的範圍，常使用的分析手法包括：(1)文字屬性分類；(2)情感分析；(3)時間軸分析；(4)趨勢分析；(5)字詞屬性交叉比對分析。故無文字多維分析。

7. (4)

所有行銷人員都會面臨如何真正了解客戶的挑戰，客戶的需求、需求背後的原因及需求的方式。您需要了解單個客戶如何跨通道與您的品牌進行互動，結合外部的數據，打通全網，形成360度客戶視圖，將產生不可估量的價值。與找尋新的產品無關聯。

8. (1)

社群媒體分析：
(1)從社群媒體擷取客戶資料，以瞭解態度、意見、趨勢並且管理線上聲譽。
(2)預測客戶行為，然後藉由建議最佳的下一個行動來提高客戶滿意度。
(3)建立能夠讓社群媒體參與者產生共鳴的客製化行銷活動與促銷。
(4)識別特定社群網路管道中的主要影響力。

9. (2)

現在的數據類型不僅是文本形式，更多的是圖片、視頻、音頻、地理位置訊息等多類型的數據，個性化數據占絕對多數。

10. (3)

結構化資料：資料擺放得整整齊齊，在放置進倉庫時就已經受到了精確定義，而且拒絕忍受任何例外。舉例來說，每筆資料都有固定的欄位、固定的格式、固定的順序甚至是固定的佔用大小。是很有條理的資料類型。違規的資料根本就進不了這類資料庫裡面。

11.（3）

規範分析是指根據一定的價值判斷為基礎，提出某些分析處理經濟問題的標準，樹立經濟理論的前提，作為制定經濟政策的依據，並研究如何才能符合這些標準。

12.（4）

國際市場上有使用NFC支付的Token技術程式碼化信用卡，如Google的Google Pay、Apple的Apple Pay、Samsung的Samsung Pay。結帳時使用虛擬卡號支付，減少實體卡號暴露盜用的危險，是一種高安全的支付技術。

13.（2）

PayPal，是一個總部位於美國加利福尼亞州聖荷西市的網際網路第三方支付服務商，允許在使用電子郵件來標識身分的用戶之間轉移資金，避免了傳統的郵寄支票或者匯款的方法。

14.（4）

第三方支付是具備一定實力和信譽保障的獨立機構，採用與各大銀行簽約的方式，提供與銀行支付結算系統介面的交易支持平臺的網路支付模式。在「第三方支付」模式中，買方選購商品後，使用第三方平臺提供的帳戶進行貨款支付，並由第三方通知賣家貨款到帳、要求發貨；買方收到貨物，並檢驗商品進行確認後，就可以通知第三方付款給賣家，第三方再將款項轉至賣家帳戶上。第三方支付作為目前主要的網路交易手段和信用中介，最重要的是起到了在網上商家和銀行之間建立起連接，實現第三方監管和技術保障的作用。

15.（3）

NFC支付屬近端支付，如Google的Google Pay、Apple的Apple Pay、Samsung的Samsung Pay。結帳時使用虛擬卡號支付，減少實體卡號暴露盜用的危險，是一種高安全的支付技術。

16.（1）

「指紋辨識」技術較成熟，市占率最高，其次則為成長速度最快的「臉部辨識」技術。「虹膜辨識」的準確度最高，但由於使用上需以紅外線掃描眼球，在價格及安全性的考慮

下，並不易發展成為大眾化產
品，相對的市占率也就無法迅
速拓展，其餘生物辨識科技則
仍受一般消費者的使用習慣、
可接受度以及經濟價格因素影
響，成長較緩慢。

17.**(3)**

台灣pay：(1)NFC感應付款；(2)
金融卡繳費；(3)行動轉帳；(4)
行動提款；(5)QR Code掃碼。

18.**(1)**

資訊安全有三要素為機密性、
完整性、可用性。

19.**(1)**

精準的預測分析、即時的分
析、創新的路徑分析，將為數
位銀行帶來更佳的決策。更佳
的決策將會提高作業的效率、
節省成本及降低風險。谷歌、
蘋果、亞馬遜把資料的多樣分
析視為關鍵資源。未來銀行如
何善用分析，更進一步了解客
戶，創造競爭優勢。

20.**(3)**

資訊委外服務（ I T
Outsourcing）通常採取Team
Work的方式，由一整個IT維運
團隊從線上到線下提供完整的
解決方案，支援線上即時問題
諮詢、遠端即時問題排除，而
客製化的企業資訊環境規劃評
估及導入，替企業量身打造專
屬IT資訊維運計劃，有效提升
企業競爭力，通常若企業人數
低於五十人，採用IT資訊委外
解決方案會是符合成本效益的
管理策略。

21.**(2)**

公用雲（Public cloud）是第三
方提供一般公眾或大型產業集
體使用的雲端基礎設施，擁有
它的組織出售雲端服務，系統
服務提供者藉由租借方式提供
客戶有能力部署及使用雲端服
務，故不適合處理機敏資料。

22.**(2)**

金融科技，將傳統臨櫃交易導
引至自動化或數位化完成交
易，增強業務諮詢服務與銷售
功能，並強化運用在地化服
務，建立與客戶情感連結，提
供更高價值的服務，而不是為
了技術而導入這項技術。

23.（**1**）

　　工作內容包括迎賓、介紹相關活動與業務、與客戶玩遊戲消磨等待時間等，最後會引導客戶到真人客服，但尚未有雙向的智慧可自行學習成長。

24.（**4**）

　　全通路意義是指客戶透過手機、平板、電腦、甚至實體商店等不同的通路做消費時，都能像是和同一個銷售打交道，而這位銷售有著過人的記憶，也能直覺地判斷客戶的喜好。根據經濟學人的說法，全通路並非取代多通路，而是強化多通路，讓客戶可以無縫的跨通路使用，且都能享有一致性的服務。全通路不僅滿足客戶的需求，還能透過分析來預測客戶潛藏的需要與喜好，並以超越客戶期望的服務，帶給客戶美好的體驗。

25.（**2**）

　　區塊鏈技術利用複雜的公鑰（Public key）及私鑰（Private key）運算機制，驗證交易資訊之有效性（防偽）及產生下一個區塊。區塊鏈可以將整個金融網路的所有交易資訊分發到每一個使用者端，並確保每個人只能修改自己的財產。區塊鏈技術可廣泛應用於各種金融與支付業務之金流交易活動。

26.（**3**）

　　區塊鏈中訊息被公鑰加密，只有配對的私鑰才能解密讀到訊息。反之，如果你用你的私鑰加密訊息，只有配對的公鑰可以解密。所以當A想要轉帳B，他需要用他的私鑰將轉帳訊息加密後，送到網路裡，然後每個節點使用A的公鑰將訊息解開，以確認是由A發送的。

27.（**1**）

　　區塊鏈技術是一種不依賴第三方、通過自身分散式節點進行網路數據的存儲、驗證、傳遞和交流的一種技術方案。因此，有人從金融會計的角度，把區塊鏈技術看成是一種分散式開放性去中心化的大型網路記賬簿，任何人任何時間都可以採用相同的技術標準加入自己的信息，延伸區塊鏈，持續滿足各種需求帶來的數據錄入需要。為了能在區塊鏈網路裡

進行交易，你需要一個比特幣地址，它讓你可以存放你的比特幣。比特幣地址是由一個私鑰之後產生公鑰再進行一些密碼學方法得出的一個比特幣地址。

28.（4）

感知運算針對特定問題提出解決之道，而著眼於為客戶提供全方位的關聯性資訊視圖，可以協助金融人員和普通不了解理財或保險的人互動，提供財務規劃或資產配置。

29.（4）

臉型辨識結合聲音辨識都不需要接觸硬體設施即可完成辨識，指紋及密碼都需要再由硬體接觸或輸入才可辨識。

30.（3）

金融科技主要以人工智慧、大數據及更加貼合顧客喜好為主。

31.（4）

2013年2月初，亞馬遜宣佈將為自己的安卓應用市場推出一種虛擬貨幣，稱為「亞馬遜幣」（Amazon Coins）。亞馬遜發行虛擬貨幣的主要目的是刺激使用者在其市場購買應用程式，進而激勵Android開發者為其編寫應用，完善平臺生態。亞馬遜在聲明中表示，從2013年5月開始，消費者將能夠使用亞馬遜貨幣購買應用和遊戲內虛擬商品。該公司一開始將向消費者免費發放價值「數千萬美元」的虛擬貨幣。一個亞馬遜幣等價于現實世界中的的一美分。

32.（3）

P2P網路借貸的從業機構被稱為網路借貸資訊中介機構，是指依法設立，專門從事網路借貸資訊中介業務活動的金融資訊中介企業。該類機構以網際網路為主要管道，為借款人與出借人（即貸款人）實現直接借貸提供資訊搜集、資訊公布、資信評估、資訊互動、借貸撮合等服務。

33.（4）

「去中心化」是一種現象或結構，其只能出現在擁有眾多用戶或眾多節點的系統中，每個

用戶都可連接並影響其他節點。通俗地講，就是每個人都是中心，每個人都可以連接並影響其他節點，這種扁平化、開源化、平等化的現象或結構，稱之為「去中心化」。透過跨境交易即時追蹤功能，協助企業掌握交易資訊的即時性與透明性，也可讓過去每筆跨境匯款資金從本來需要三～四天的時間大幅縮短到只要幾分鐘。

34.（2）
對應風險措施以規避、減少或避免風險為出發點，不會去追逐風險較高的商機。

35.（1）
CEO：執行長（英語：Chief Executive Officer，縮寫為CEO；香港稱行政總裁；臺灣稱執行長；中國大陸稱首席執行官），是許多企業，尤其是美國企業的頭銜，是公司三長之一（另二為董事長、財務長），是在一個企業集團、財閥或行政單位中的最高行政負責人，決策公司的主要運作及日常經營事項：如財務、經營方向、業務範圍等。

CFO：財務長（英語：Chief Financial Officer，英文縮寫：CFO），又稱首席財務官、財務長、財務總監或最高財務官，公司三長之一（另二為董事長、執行長，是許多企業的職銜，尤其美式企業中，是一個企業集團或財閥中負責財務的最高執行人員。

由於財務長本身的工作性質容易成為司法單位的調查對象，因此部份大企業的財務長法律知識非常充足，甚至在法律長出缺的情況下，會由財務長兼任。而財務長處理財務必定對軟體方面有一定程度的涉略，也因此，部份企業資訊長出缺的情況，也是由財務長出任。也是因為以上的緣故，財務長才被稱為公司三長之一。

COO：營運長（英語：Chief Operating Officer，縮寫為COO），又常稱為首席運營官、營運總監，是公司團體裡負責監督管理每日活動的高階管理人員，為企業組織中最高層的成員之一，是許多企業，尤其是美國企業的頭銜，此職位必須監測每日的公司運作，並直接報告給執行長（CEO）。

總裁（President）是功能類似的職位，與營運長的分際模糊，通常以公司規章和傳統來分別。在某些公司中營運長會同時兼任總裁，但通常還是以兼任常務或資深副總裁的情況居多。

CIO：首席資訊長（英語：Chief Information Officer，英文縮寫：CIO，又常稱為資訊長、資訊主管或資訊總監）是企業團體裡的高階主管職位之一，通常是負責對企業內部資訊系統和資訊資源規劃和整合的高級行政管理人員。

「資訊主管」是中國國內對於CIO的統稱，包括且不限於副總裁級別的CIO（首席資訊官），部門級別的資訊技術主管（負責規劃實施如ERP之類的大型管理資訊化項目）以及隸屬於組織某一部門之下的IT負責人。CIO肩負著推動資訊化科學發展的重要職責。通過加快建立和完善資訊主管（CIO）制度有利於提高CIO的能力與地位。

36.（3）

認識你的客戶（Know your customer）也稱為瞭解你的客戶，簡稱KYC，是企業確認客戶身份的程序。此一詞語也用在銀行監管。「認識你的客戶」程序也適用在不同規模的公司，以確認其可能的客戶、顧問或經銷商符合反賄賂標準（anti-bribery compliant）。越來越多的銀行、保險公司會要求客戶提供具體的反腐敗盡職調查資訊，以確認客戶的誠實和正直。

37.（3）

P2P網路借貸的從業機構被稱為網路借貸資訊中介機構，是指依法設立，專門從事網路借貸資訊中介業務活動的金融資訊中介企業。該類機構以網際網路為主要管道，為借款人與出借人（即貸款人）實現直接借貸提供資訊搜集、資訊公布、資信評估、資訊互動、借貸撮合等服務。

38.（4）

洗錢防制管控方式：客戶風險評估、客戶盡職調查、可疑交易申報。

39.（1）

我國的電子支付業務為許可制，許可制並非原先禁止而事

後許可，而是經過允許才可以
去做，等於要事先申請，核准
了才能去做。

40.（**2**）

監理沙盒目的為在不影響創新
的情況下，確保風險控管，非
可以不受管控進行業務模式實
驗。

41.（**3**）

自動櫃員機（ATM）1967年，
電話銀行為網路銀行發行前所
研發之系統，網路銀行1995年
後，直銷銀行1997年後。

42.（**2**）

原生廣告（英語：Native
advertising），又稱原生行銷，
在2014年2月由美國IAB
（Interactive Advertising
Bureau）提出討論，是網路廣
告的一種，藉由產生有價值的
內容，期望在消費者的體驗中
獲得關注。
原生廣告的概念有些類似廣編
廣告，通常執行者可能會試圖
編輯一份包含圖文報導的訊息
或文章，創造讓消費者覺得有
價值的內容，並且讓消費者願
意進一步閱讀或接收訊息。

43.（**4**）

應用層包括管理輿情、管理風
控、管理洞察三大層。
管理輿情：包括實時監測、熱
點資訊、輿情分析和輿情應用
等服務。
管理風控：包括風險識別、風
險預警、風險應對及風險評估
等服務。
管理洞察：包括管理對標、管
理診斷、管理處方及亮點案例
等服務。

44.（**3**）

迴歸分析（英語：Regression
Analysis）是一種統計學上分析
數據的方法，目的在於了解兩
個或多個變數間是否相關、相
關方向與強度，並建立數學模
型以便觀察特定變數來預測研
究者感興趣的變數。

45.（**4**）

資料庫儲存的資料與營運
（Operation）相關，資料倉儲
會在資料累積一段時間後，再
整理、移轉至另一個資料系統
中作資料分析。資料倉儲通常
指的是儲存整合後資料的資料
庫，資料倉儲系統則泛指整個
決策輔助系統，包括系統的軟

硬體、資料與報表。不包含語音辨識功能。

46.（**3**）

　　M-PESA對於各個金融服務有相關規定，諸如提款、匯款或貸款的上下限與手續費之外，存款並不需要手續費，但相對銀行來說手續費仍相當低廉，帳戶也沒有規定最小餘額，讓使用者可以立即使用M-PESA。此外在消費者使用這些金融服務的同時，給予額外的點數（bonga point），可以用來兌換折抵通話時間、網路流量及簡訊費用等。

47.（**4**）

　　NFC：英文Near-field Communication的縮寫，中文為「近距離無線通訊」技術，讓兩個電子裝置在非常短的距離進行資料傳輸，和藍牙有點相似，雖然傳輸速度及距離都遜於藍牙，但如此一來可以降低不必要的干擾，讓裝置專注於傳輸資料，只要手機有這項技術，就可以和感應式讀卡機進行交易。

　　QR Code：來自英文Quick Response的縮寫，即快速反應，因為發明者希望QR碼可以快速解碼其內容。QR碼使用四種標準化編碼模式（數字、字母數字、位元組（二進制）和漢字）來儲存資料。QR碼常見於日本，為目前日本最通用的二維空間條碼，在世界各國廣泛運用於手機讀碼操作。QR碼比普通一維條碼具有快速讀取和更大的儲存資料容量，也無需要像一維條碼般在掃描時需要直線對準掃描器。因此其應用範圍已經擴展到包括產品跟蹤，物品識別，文件管理，庫存營銷等方面。

48.（**2**）

　　虛擬化技術，是將伺服器、儲存空間等運算資源予以統合。一臺採用虛擬化技術的伺服器，可以創造出一個虛擬化的環境，同時執行好幾臺宛如實體伺服器一般的虛擬伺服器。透過虛擬化管理工具，在幾分鐘內就可以建立一臺虛擬伺服器，而其運算資源，如處理器速度、記憶體容量、硬碟儲存

空間，則可任意配置。應用程式介面則不為虛擬平台標準化的考量。

49.（3）

雲端運算：

(1)彈性：使用者可調整服務以符合他們的需要、自訂應用程式，以及透過網際網路連線從任何地方存取雲端服務。

(2)效率：企業使用者可加快應用程式上市速度，不用擔心基礎架構成本或維護。

(3)策略價值：雲端服務藉由最創新的技術為企業提供競爭優勢。

50.（3）

全通路以多通路策略為建立基礎，因此讓客戶可隨時隨地使用任何裝置存取，在通路之間享有一致的經驗。全通路亦促成多個客戶接觸點間的互動，進而瞭解客戶意向、洞察客戶需求，並針對客戶個人特性展開最合適的對話。透過全通路，銀行不僅能滿足客戶明確的需求，還能預測客戶的需要與喜好。

51.（2）

多通路：不分線上（Online）或線下（Offline），現在任何數位、行動工具都可是銷售點。空間並非主戰場，零售角色不再侷限於商品買賣及服務交換，而是創造新體驗價值。

全通路：以多通路策略為建立基礎，因此讓客戶可隨時隨地使用任何裝置存取，在通路之間享有一致的經驗。全通路亦促成多個客戶接觸點間的互動，進而瞭解客戶意向、洞察客戶需求，並針對客戶個人特性展開最合適的對話。透過全通路，銀行不僅能滿足客戶明確的需求，還能預測客戶的需要與喜好。

52.（4）

傳統區塊鏈傾向於把架構分為數據層、網絡層、共識層、激勵層、合約層、應用層。

53.（2）

臉部辨識的優勢在於其自然性和不被被測個體察覺的特點，而所謂自然性，是指該辨識方式同人類（甚至其他生物）進行個體辨識時所利用的生物特

徵相同。例如臉部辨識，人類也是通過觀察比較臉部區分和確認身分的，另外具有自然性的辨識還有語音辨識、體形辨識等，而指紋辨識、虹膜辨識等都不具有自然性，因為人類或者其他生物並不通過此類生物特徵區別個體。

54.（2）

是指一群企業運用科技手段使得金融服務變得更有效率，支付則以行動支付為主，因而形成的一種經濟產業。這些金融科技公司通常在新創立時的目標就是想要瓦解眼前那些不夠科技化的大型金融企業和體系。即使在世界上最先進的數字經濟體之一的美國，這種金融服務變化的演變仍處於早期階段。

55.（1）

收集顧客使用與行為會針對特定顧客做量身訂做，在保單設計上會更為貼切需求。

56.（1）

Darwinex（前身為TradeSlide）是一家總部位於英國的社交交易經紀人和資產管理公司。其交易平台有一個工具，可以分析交易者的策略，並根據其風險，可擴展性，性能和經驗對其進行評級。與其他外匯複製交易系統不同，這允許其他投資者查看特定交易策略所涉及的風險。該公司受英國FCA監管。

57.（4）

企業風險管理：

(1)協調風險容量（risk appetite）與戰略：管理當局在評價備選的戰略、設定相關目標和建立相關風險的管理機制的過程中，需要考慮所在主體的風險容量。

(2)增進風險應對決策：企業風險管理為識別和在備選的風險應對：風險迴避、降低、分擔和承受：之間進行選擇提供了嚴密性。

(3)抑減經營意外和損失：主體識別潛在事項和實施應對的能力得以增強，抑減了意外情況以及由此帶來的成本或損失。

(4)識別和管理多重的和貫穿於企業的風險：每一家企業都面臨影響組織的不同部分的

一系列風險，企業風險管理有助於有效地應對交互影響，以及整合式地應對多重風險。

(5)抓住機會：通過考慮全面範圍內的潛在事項，促使管理當局識別並積極地實現機會。

(6)改善資本調配：獲取強有力的風險信息，使得管理當局能夠有效地評估總體資本需求，並改進資本配置。

58.(1)

風險管理是透過辨識、衡量（含預測）、監控、報告來管理風險，採取有效方法設法降低成本；有計劃地處理風險，以保障企業順利營運。這需要企業在經營過程中，辨識可能產生的風險，預測各種風險發生後對資源及營運造成的負面影響，以便使生產順利進行。由此可見，風險的辨識、預測和控制是企業風險管理的主要步驟。

59.(4)

金融數位化監理：一是主動辨識風險，確定監理方式，但絕

不阻礙創新；二是必須是負責任的創新，必須兼顧創新與風險預防；三是科技中立，無論用什麼先進技術，只要承作同樣業務，就是同樣監理力度；四為建立友善環境，持續法規開放。

60.(1)

數位金融與傳統金融數位化，雖然只是文字順序上的差異，但在實質上卻有著截然不同的意涵，傳統的金融數位化只是將金融業務e化、網路化，使用者多半是從分行通路來的既有客戶，在定位上比較像是銀行為客戶提供的加值服務，而數位金融則是一個獨立的服務通路，不只為客戶提供傳統金融服務，甚至還有創新型的金融業務，同時銀行面對的不只是金融同業的競爭，還有網路新興金融服務業者的衝擊。

參考資料：

https://kknews.cc/zh-tw/tech/krbmrpq.html

https://zh.wikipedia.org/wiki

https://wiki.mbalib.com/zh-tw/

【第七屆】

( ) 1. 根據世界經濟論壇（WEF）「金融服務的未來」報告，金融業將在下列哪些領域面對新創公司的競爭？　A.外匯　B.轉帳　C.存貸　D.信用卡　E.籌資　F.投資管理
(1)ADEF
(2)BCD
(3)CDE
(4)CEF。

( ) 2. 社群行銷最視化的意義是指下列何者？
(1)社群行銷應該提供瀏覽者最有意義的內容
(2)社群行銷應該提供色彩最搭配的畫面
(3)社群行銷應該提供最容易閱讀的圖文或影片資訊
(4)社群行銷應該解決因為螢幕大小不同所造成的瀏覽不便。

( ) 3. 有關眾包和一般人力銀行網站上常見的外包，下列敘述何者錯誤？
(1)眾包取得滿意結果才需付費，甚至可能不用付費
(2)眾包的需求是把任務和問題指派給確定的群體
(3)外包的需求可能會因為技術挑選確定的個人或團隊
(4)外包的需求可能會因為預算或時間條件不同挑選確定個人或團隊。

( ) 4. 有關社群行銷使用效益分析工具的目的，下列敘述何者錯誤？
(1)決定社群行銷的成本
(2)對企業而言是很重要的優化工具與持續改善的行銷利器
(3)協助企業獲取網站的各項關鍵績效指標
(4)探索訪客的偏好習性，且有助於企業了解網站營運及行銷活動的表現。

( ) 5. 有關數位通路資料的分析，下列敘述何者正確？
(1)高流量網站才能夠帶來高收入
(2)透過可識別碼，能夠追蹤客戶在網路的行為
(3)數位通路行為分析能夠取代傳統數據或資料倉儲分析
(4)數位通路行為搜集器能有效蒐集使用者情感、語意等資訊。

( ) 6. 在數據分析應用架構下，客戶價值模型的建立，不包含下列何項步驟？
(1)必須重新計算客戶風險評分
(2)導入客戶價值模型定義
(3)建構貢獻度模型
(4)建構潛力模型。

( ) 7. 金融機構一直希望擁有全通路的客戶360度視圖的主要關鍵原因中，不包含下列何者？
(1)獲得新客戶
(2)找尋新的產品
(3)和現有業務來往的客戶保持共同成長的關係
(4)保留高利潤高價值的客戶。

( ) 8. 在大數據資料分析中，資料通常會有一些不確定性，需歸納且整理出具真實性及具可預測性的資料性，此種是屬於大數據的哪個特徵？
(1) Volume
(2) Variety
(3) Velocity
(4) Veracity。

( )　9. 跨通路提供個人化的行銷應用，其主要的框架為：
(1)常在公眾媒體曝光，如電視廣告、公車車體廣告，即可達到效果
(2)運用新聞置入報導本公司的品牌，即可達到效果
(3)建立與客戶的對話機會，強化客戶關係與客戶忠誠度及建立客戶終身價值
(4)產品設計的好，客戶就會上門，應強化商品的研發與分支機構的門面，就會有足夠的行銷效果。

( )　10. 有關數位通路資料（網站互動記錄）的敘述，下列何者錯誤？
(1)數位通路行為蒐集的二大主要目的為「理解訪客特質」與「管理網站內容與功能分析」
(2)數位通路資料分析只能針對有登錄過帳號後的客戶進行分析
(3)數位通路資料分析可讓通路的管理人員以科學化的技術及工具，強化商機的育成
(4)數位行為可與結構化資料進行整合，以建立各強大的分析內容。

( )　11. 下列哪一個大數據分析的應用層次，係指根據期望的結果、特定場景、資源以及對過去和當前事件的瞭解給出運作建議？
(1)基礎分析
(2)進階預測
(3)規範分析
(4)樣本分析。

( )　12. 下列何者非屬NFC應用的安全元件形式？
(1)SWP－SIM
(2)Embedded SE（Secure Element）
(3)Micro SD卡
(4)PAN（Primary Account Number）。

( )　13.對於第三方支付之敘述，下列何者正確？
　　　　(1)第三方支付等於行動支付
　　　　(2)提供買賣雙方交易保障服務
　　　　(3)第三方支付業者指的就是銀行機構
　　　　(4)第三方支付不含電子票證。

( )　14.有關行動支付的營運與發展，下列敘述何者錯誤？
　　　　(1)行動支付需第三方支付業者才能提供服務
　　　　(2)行動支付從技術上，可分為遠端支付與近端支付兩種形式
　　　　(3)行動支付可透過手機進行連線／離線的支付服務
　　　　(4)許多新科技被應用於行動支付，包括穿戴式裝置與生物辨識
　　　　　技術。

( )　15.下列何者是建立「場景金融」的首要目標？
　　　　(1)跨業合作
　　　　(2)滿足使用者需求
　　　　(3)提高獲利
　　　　(4)創造趨勢。

( )　16.下列何者不是行動支付成功發展的首要因素？
　　　　(1)重視使用者需求
　　　　(2)經濟生態體系（ecosystem）的建立
　　　　(3)完善的法律架構
　　　　(4)大量的資本支出。

( )　17.讓行動裝置只要透過行動網路或Wi-Fi即可完成信用卡、金融卡
　　　　等相關交易資料接收的工作，是下列哪一種技術？
　　　　(1)SIM
　　　　(2)TSM
　　　　(3)OTA
　　　　(4)NFC。

( ) 18. 雲端運算的隱私安全問題，不包括下列何者？
(1)在未經授權的情況下，他人以不正當的方式進行資料侵入，獲得使用者資料
(2)使用者擔心雲端資料遺失，自行於本端硬碟作資料備份
(3)政府部門或其他權利機構為達到目的，對雲端運算平台上的資訊進行檢查，取得相應的資料以達到監管和控制的目的
(4)雲端運算提供商為取得商業利益，對使用者資訊進行收集和處理。

( ) 19. 在雲端運算的各種服務模型中可以讓消費者使用處理能力、儲存空間、網路元件或中介軟體等的運算資源，該服務模型為何？
(1)基礎架構即服務
(2)平台即服務
(3)軟體即服務
(4)資料即服務。

( ) 20. Google搜尋引擎和YouTube影音平台將使用者輸入的關鍵字儲存分析，以提供使用者可能有興趣的廣告，這樣的作法又稱為關鍵字行銷。下列何者並非關鍵字行銷的必要項目？
(1)建置有用的網路服務，吸引使用者創建帳戶
(2)對個別帳戶蒐集輸入的關鍵字歷程並進行分析
(3)建置自有雲端平台，以掌握服務的穩定度
(4)合理的收費機制，如當使用者點擊了廣告才向廣告主收費。

( ) 21. 在企業界採用雲端運算平台時，業務擴充及移轉之彈性為企業採用雲端運算服務之重要考量因素，因此要求雲端服務之互通性及可移轉性，下列哪一項非屬建議採用的業界標準？
(1)虛擬化平台
(2)資料檔案格式

(3)虛擬機檔案格式

(4)收費模式。

( ) 22. 下列何者不應該是推動分行轉型的驅動力？

(1)銀行內部的成本壓力

(2)為技術而導入技術

(3)科技對生產力的提升

(4)客戶臨櫃交易需求的降低。

( ) 23. 有關銀行全通路之敘述，下列何者錯誤？

(1)全通路以客戶為中心

(2)多通路為全通路的重要基礎

(3)全通路著重客戶的互動與超越期待

(4)全通路所建立的互動系統，應求資料100%完整準確。

( ) 24. 下列何者非屬智慧分行轉型方案？

(1)使用者行為研究

(2)擴增交易櫃檯

(3)數位內容及使用者介面設計

(4)確認主要業務情境。

( ) 25. 有關大數據分析處理平台在金融業務上的應用，下列何者錯誤？

(1)作為客戶身份識別

(2)預測客戶回應行為，強化行銷成效

(3)透過客戶資料分析，發展通路管理

(4)進行企業流動性風險管理與個人信用風險。

( ) 26. 區塊鏈的技術是藉由下列哪一項與網路通訊科技共享帳簿資料
處理的電腦技術，保護交易帳戶的安全與隱私達成共享帳簿的
互聯網？
(1)密碼學
(2)智慧合約
(3)區塊
(4)共識演算法。

( ) 27. 區塊鏈將合約中的交易條款或商業規則內嵌在區塊鏈系統，使
其在交易的環節中適時地執行，以確保合約的各項條款都有被
遵守，這種運作模式被稱為：
(1)信用狀
(2)智慧合約
(3)法院認證
(4)身份認證。

( ) 28. 下列何者為金融機構服務和商品的應用程式介面化（API：
Application Programming Interface）變得非常重要的原因？
(1)應付金融沙盒的需要
(2)區塊鏈的興起，增加匯款和理財的便利性
(3)和行業內外產業整合，發展一站式服務，擴大服務範圍
(4)機器人的興起，增加自動化。

( ) 29. 下列何者不是企業級SQL引擎的資料儲存方式？
(1)DFS
(2)HBase
(3)Hive
(4)Pig。

( )　30. 根據2015年6月世界經濟論壇（WEF）「金融服務的未來」報告，科技新產品與共享經濟使保險價值鏈發生什麼變化？
(1)市場新進者更難進入保險行銷市場
(2)傳統所有權人與保險對應關係發生調整
(3)小型保險公司風險定價模式與服務能力更形重要，大型保險公司較不受科技影響
(4)透過智慧感測器與資料傳輸，未來汽車公司更需要向保險公司索取駕駛人數據。

( )　31. 利用網路平台快速散播計畫內容或創意作品訊息，獲得眾多支持者的資金，最後得以實踐計畫或完成作品。此屬下列何種業務？
(1)共享經濟
(2)P2P匯兌
(3)群眾募資
(4)網路微貸。

( )　32. 由特定社群開發與控制，在獨立的虛擬環境中單獨操作，限定於虛擬社群成員使用，是下列何者數位通貨？
(1)開放式虛擬通貨
(2)以網路形式的電子貨幣
(3)封閉式虛擬通貨
(4)以法定貨幣為計價單位的電子貨幣。

( )　33. 有關金融科技投資管理業務之類型及特性，下列敘述何者錯誤？
(1)Darwinex是成立於英國的社群投資平台（Social Trading）
(2)Wealthfront是成立於美國的機器人理財平台（Robo-advisors）

(3)Betterment是在美國專門從事演算法交易（Algorithmic Trading）的公司

(4)顧客不侷限於富裕階層，大眾市場顧客亦可輕易獲得低成本之財富管理服務。

( ) 34. 下列何者為個資隱私保護在跨國情境下的國際趨勢？

(1)Privacy by Design

(2)Security by Design

(3)Privacy as A Service

(4)Confidentiality Rules。

( ) 35. 將風險轉移給其他獨立機構是屬於下列何者？

(1)規避風險

(2)降低風險

(3)接受風險

(4)分擔風險。

( ) 36. 一般而言，P2P借貸平台的本質是下列何者？

(1)信息中介而非信用中介

(2)信息與信用中介

(3)信用中介而非信息中介

(4)非信息與非信用中介。

( ) 37. QCA（定性信用評估）與議事規則（Discussion rules）等方法最主要的目的為下列何者？

(1)消除偏見

(2)節省時間

(3)大數據分析

(4)應用於區塊鏈。

( )　38. 金融數位化創新業務之跨產業商業模式，主要直接面對下列何者可能帶來的挑戰？
(1)跨業監理議題
(2)跨境監理議題
(3)洗錢監理議題
(4)傳統監理議題。

( )　39. 有關數位金融創新可能帶來的監理挑戰，下列敘述何者錯誤？
(1)商業模式在不同監理機構或是監理情境的解讀下，不可能產生監理不一致
(2)跨境提供服務具備相當大的監理挑戰
(3)虛擬世界的身分識別對傳統金融監理中執行的KYC作業程序造成巨大的影響
(4)許多交易在線上完成，消費者的權益與資料保護面臨挑戰。

( )　40. 下列何者非為電子支付法令應遵循的面向？
(1)支付機構資格審查
(2)雲端科技控管
(3)用戶管理與洗錢防制
(4)保護消費者權益。

( )　41. 下列何者目前不被臺灣金融主管機關認可作為ATM存提款輔助身份認證用途？
(1)晶片金融卡
(2)以生物辨識技術（如指靜脈等）
(3)智慧型手機（以行動銀行、OTP、NFC及Apple Pay等方式）
(4)聲波。

( ) 42. 下列何者指的是「一種透過了解搜尋引擎的運作規則來調整網站，以及提高目的網站在有關搜尋引擎內排名的方式」？
(1)SEO
(2)SER
(3)SRR
(4)SRO。

( ) 43. 下列何種不是我們常用的資料探勘手法？
(1)資料分群：將資料中相似的個體聚集在一起，並以人為判定的方法，將資料分為數個群體
(2)類神經網路：將資料的特徵透過電腦進行類似腦與神經的處理技術，再將結果作不同的呈現
(3)迴歸分析：瞭解兩個或多個變數間是否相關，相關的方向與強度為何？並建立數學模型以便觀察特定變數
(4)假設檢定：統計上對參數的假設，就是對一個或多個參數的論述。它通常反應了執行檢定的研究者對參數可能數值的另一種（對立的）看法。

( ) 44. 有關大數據分析的應用層次，下列敘述何者正確？
(1)流通業常用的購物籃分析係屬於進階預測
(2)瞭解房貸利率調整對授信業務的影響屬於基礎分析
(3)規範分析能夠依據過去和當前事件的瞭解提供運作建議
(4)透過外部環境評估能夠推估未來會發生什麼事。

( ) 45. 在統計學上常用的大數據分析工具是：
(1)常態分配
(2)迴歸分析
(3)T檢定
(4)變異數分析。

( ) 46. 下列何項非屬成功的行動平台應具備的條件？
(1)有能力吸引消費者與商店
(2)有能力進行同業與異業合作
(3)有能力整合提供各式支付工具
(4)必須要有高額的行銷預算來支持。

( ) 47. 穿戴式裝置的行動支付技術，所帶來的新浪潮，主要原因在
於：
(1)可搭配每天的服裝穿著
(2)因隨身使用，比較不會被別人所濫用
(3)由知名手錶業者提供，安全技術比較可靠
(4)因符合行動支付的傳輸標準，可與消費者帳戶連結，便於支
付。

( ) 48. 大部分的套裝應用（如存貨管理系統，客戶關係管理系統）移
植到雲端後，會以下列哪種雲端服務方式提供？
(1)IaaS（Infrastructure-as-a-Service）
(2)PaaS（Platform-as-a-Service）
(3)SaaS（Software-as-a-Service）
(4)DaaS（Data-as-a-Service）。

( ) 49. 在平台即服務模式中，消費者掌控運作應用程式的環境，通常
也就是掌控著下列哪種組合？
(1)應用程式的開發與執行、資料庫管理
(2)應用程式的開發與執行、網路連線管理、磁碟儲存空間管理
(3)應用程式的啟用與關閉、網路連線管理、作業系統種類
(4)應用程式的啟用與關閉、網路連線管理、磁碟儲存空間管
理、作業系統種類。

( ) 50. 下列哪一種實體分行型態是為特定的客戶族群或特定的區域提供完整的金融服務？
(1)旗艦分行
(2)衛星分行
(3)自助化服務中心
(4)僅有傳統提款機的無人分行。

( ) 51. 下列哪一項客戶體驗之技術，可依據螢幕大小不同、橫向或直向使用，由系統自行裁剪好為不同裝置提供最適合的瀏覽格式？
(1)雲端運算
(2)回應式設計
(3)服務導向架構（SOA）
(4)AI人工智慧。

( ) 52. 下列何者不是區塊鏈在數位金融應用上的重大影響及效益？
(1)降低信任風險
(2)交易過程多層次化
(3)驅動新型商業模式的誕生
(4)共同執行可信賴的流程，是實現共享金融的有利工具。

( ) 53. 下列何者不是目前銀行導入機器人或智慧型設備的目的？
(1)提高分行自助化設備的使用比率，進行降低分行的整體營運成本
(2)優化分行作業流程，減少客戶等待時間與提高客戶滿意度
(3)取代大部分分行的理財專員人力，並進行全智能化的財富管理
(4)節省行員作業時間，同時創造更多與客戶互動的機會，以提高分行整體營運績效。

(　)　54. 根據2015年6月世界經濟論壇（WEF）「金融服務的未來」報告，隨著科技新產品與共享經濟的商業模式出現，現行保險價值鏈面臨重組的情況，下列何者不是其對保險業的影響？
(1)超大型保險業者併購市場
(2)客戶導向轉變為產品導向
(3)焦點轉移到利基市場與商業保險
(4)顧客忠誠度下降。

(　)　55. 根據2015年6月世界經濟論壇（WEF）「金融服務的未來」報告，有關金融業在金融科技時代將面臨的趨勢，下列敘述何者錯誤？
(1)金融機構與非金融機構差異縮小，金融機構面臨競爭
(2)金融機構實體分行優勢仍在，可透過「一站購足」交叉銷售方式，提高整體營收或利潤
(3)傳統金融機構需調整原本的業務模式，透過自行發展或併購的方式提供金融科技服務
(4)金融機構部分業務流程將委託外部專業企業專責處理（流程外部化，Process Externalisation）。

(　)　56. 下列哪一項是金融業使用智慧型機器的特色？
(1)法人機構和個別投資人之間的差異將減少
(2)各種金融業作業將走向一致性
(3)即時事件將無法反應在市場價格上
(4)金融業的整體成本將增加。

(　)　57. 下列何者不是金融科技資訊安全整體性解決框架的重要內涵？
(1)人身健康與責任安全的保障
(2)身份識別與生物辨識安全
(3)隱私安全管理
(4)區塊鏈技術安全應用。

( ) 58. 根據Deloitte的風險智能地圖（Risk Intelligent Map），下列何者不是屬於基礎架構類別的風險？
(1)企業資產
(2)公司治理
(3)財務
(4)人力資源。

( ) 59. 因應金融數位化創新所帶來的監理挑戰，有關「消費者的權益與資料保護」之監理考量重點，下列敘述何者錯誤？
(1)金融業者如何在適當的利用目的下取得客戶的資料以進行風險控管的工作
(2)跨業的聯盟與整合下如何控管與保護資料的傳遞，特別是個人資料方面
(3)如何透過數據分析，從使用者體驗的角度學習其消費經驗與行為動因，協助強化保障客戶權益的相關管理措施
(4)如何在服務平台上有效實現系統控制機制，以彌補不再具備人工控制的金融服務上的控制強度。

( ) 60. 因應數位金融監理，應思考科技監理的實施考量重點，不包含下列何者？
(1)高度發揮數據利用與分析能量
(2)多元整合與快速實施的能力
(3)應用人工智慧達到智慧監控的目的
(4)採用固定式擴充以因應固定的法規。

解答與解析 答案標示為#者，表官方曾公告更正該題答案。

1.(4)
根據世界經濟論壇（WEF）「金融服務的未來」報告未來發展方向：分別是支付（Payments）、保險（Insurance）、存貸（Deposit & Lending）、籌資（Capital Raising）、投資管理（Investment Management）和市場資訊供給（Market Provisioning）。

2.(4)
考量社群行銷都會在不同的行動裝置、螢幕使用，社群行銷應該解決因為螢幕大小不同所造成的瀏覽不便，提高使用效益。

3.(2)
眾包：一個公司或機構把過去由員工執行的工作任務，以自由自願的形式外包給非特定的（而且通常是大型的）大眾網路的做法。眾包的任務通常由個人來承擔，但如果涉及到需要多人協作完成的任務，也有可能以依靠開源的個體生產的形式出現。

4.(1)
社群行銷使用效益分析工具的目的：是很重要的優化工具與持續改善的行銷利器、協助獲取網站的各項關鍵績效指標、探索訪客的偏好習性，且有助於企業了解網站營運及行銷活動的表現、使用第三方社群工具，節省PO文成本。

5.(2)
金融業可應用蒐集的大數據範圍
(1)客戶互動資料：
　　A. 客戶服務中心的互動資料。
　　B. 員工接觸的資料、交易資料。
(2)數位通路上與客戶互動的軌跡：
　　A. 網頁點擊率。
　　B. 網頁停留時間順序。
(3)社群討論資料：
　　討論區、粉絲頁。

(4)外購資料：

　加值資料供應商、政府OpenData。

參考資料：

https://fintech.emmon.tw/fintech-classroom-taiwan/1214-%E9%87%91%E8%9E%8D%E6%95%B8%E6%93%9A%E5%88%86%E6%9E%90%E8%88%87%E6%87%89%E7%94%A8/。

6. (1)

客戶價值模型的建立有：(1)導入客戶價值模型定義；(2)建構貢獻度模型；(3)建構潛力模型等。

7. (2)

全通路的客戶360度視圖主要為，獲得新客戶、找尋新的產品、保留高利潤高價值的客戶。

8. (4)

大數據特質（4V）

(1)Volume 大量。

(2)Variety 多樣。

(3)Velocity 不斷傳輸性不停產生連續性。

(4)Veracity 真實性清除不確定性。

9. (3)

跨通路提供個人化的行銷應用主要為建立與客戶的對話機會，強化客戶關係與客戶忠誠度及建立客戶終身價值。

10. (2)

數位通路資料分析可以針對

(1)客戶互動資料：

　A. 客戶服務中心的互動資料。

　B. 員工接觸的資料、交易資料。

(2)數位通路上與客戶互動的軌跡：

　A. 網頁點擊率。

　B. 網頁停留時間順序。

(3)社群討論資料：

　討論區、粉絲頁。

11. (3)

規範分析是指根據一定的價值判斷為基礎，提出某些分析處理經濟問題的標準，樹立經濟理論的前提，作為制定經濟政策的依據，並研究如何才能符合這些標準。

12.（**4**）

PAN：通常是指提款卡卡號前6位、用來表示發卡銀行或機構的一套提款卡卡號編碼。根據ISO/IEC 7812標準的規定，9字頭BIN號由一國國內的標準組織分配，不適用於全球通用。

13.（**2**）

方便、快速，提供個人化帳務管理；提供交易擔保（確認收到賣方的商品後，再請第三方支付業者付款），可防堵詐騙及減少消費紛爭；減少個人資料外洩風險。

14.（**1**）

行動支付方式共有五種類型：簡訊為基礎的轉帳支付、行動帳單付款、行動裝置網路支付（WAP）、應用程式支付（APP）和非接觸型支付（NFC）。

15.（**2**）

場景金融：人們在某一活動場景中的金融需求體驗。

16.（**4**）

行動支付是指使用行動裝置進行付款的服務。在不需使用現金、支票或信用卡的情況下，消費者可使用行動裝置支付各項服務或數位及實體商品的費用。

17.（**3**）

手機信用卡：利用空中傳輸（Over the Air，簡稱OTA）技術或其他方式，將信用卡資料下載或儲存至手機或配件，取代實體卡片，以便持卡人在特約商店，利用手機NFC功能，進行感應式刷卡交易。

18.（**2**）

為了確保資料是安全的（不能被未授權的使用者存取，或單純地遺失），以及資料隱私是有被保護的，雲端服務提供商必須致力於以下事項：資料保護、身分管理、實體與個資安全、可用性、應用程式安全、隱私等。

19.（**1**）

基礎設施即服務（英語：Infrastructure as a Service，簡稱IaaS）是提供消費者處理、儲存、網路以及各種基礎運算資源，以部署與執行作業系統或應用程式等各種軟體。

20.（3）

關鍵字行銷泛指利用搜尋引擎進行品牌或產品曝光的行銷策略，其領域包含：

(1)SEO搜尋引擎優化：免費，利用網站結構與內容優化，爭取頁面在搜尋引擎結果頁（SERP）中的排名，達成免費曝光目的。

(2)關鍵字廣告（PPC）：付費，在使用者搜尋相關關鍵字時，將會出現廣告主提供的廣告內容。利用競價的方式投放廣告。關鍵字廣告費用計算是使用者每點擊一次，則算一個點擊費用。

建立自有雲端平台，已掌握服務的穩定度非其重點。

21.（4）

雲端運算（英語：cloud computing），是一種基於網際網路的運算方式，通過這種方式，共享的軟硬體資源和資訊可以按需求提供給電腦各種終端和其他裝置，使用服務商提供的電腦基建作運算和資源。收費模式是依個案非屬於業界標準。

22.（2）

分行轉型就是要為走進分行的顧客提供與眾不同的卓越體驗，並降低營業成本，提高效率，並且透過自動化服務降低客戶臨櫃交易的需求。

23.（4）

全通路銀行（Omni-Channel）是一種跨渠道商業模式，公司用於改善客戶體驗。該方法在醫療保健，政府，金融服務，零售和電信行業有應用，並且包括物理位置，常見問題網頁，社交媒體，現場網路聊天，移動應用和電話通信等渠道。使用全方位的公司認為，客戶重視通過多個途徑同時與公司保持聯繫的能力。

24.（2）

智慧分行主要增加使用者行為研究，數位化內容及使用者介面設計，確認主要業務情境，並提供客製化服務加快服務效率等，不會擴增櫃檯。

25.**（1）**

金融業客戶關係管理的應用包括：

(1)瞭解客戶。

(2)客戶分群。

(3)應用目標（差異化行銷）。

大數據分析處理平台在金融業務非作為客戶身分識別使用。

26.**（1）**

區塊鏈是藉由密碼學串接並保護內容的串連文字記錄。

27.**（2）**

智慧合約主力提供驗證及執行合約內所訂立的條件。智慧合約允許在沒有第三方的情況下進行交易。這些交易可追蹤且不可逆轉。

28.**（3）**

金融業要挖掘出新客戶，應用程式介面化（API：Application Programming Interface）變得非常重要的工具，串接銀行API的第三方業者，可讓消費者在直接在頁面上付款、轉帳，而不需要跳轉到銀行網站。

29.**（4）**

(1) DFS：分散式檔案系統（DFS, Distributed File System）是用來集中管理分散於網路各處的共用資料夾，可以讓使用者覺得分散在多台伺服器上的檔案，就好像存放在網路上的同一個位置。

(2)HBase是一個開源的非關係型分散式資料庫（NoSQL），它參考了Google的BigTable建模，實現的程式語言為Java。

(3)Hive是基於hadoop的一個資料倉儲工具，可將結構化的資料檔案對映為一張資料庫表，並提供類SQL查詢功能。

30.**（2）**

(1) 透過網路保險平台、聚合平台銷售保險將更為盛行

(2)保單將由產品導向（Product-based），轉為客戶導向（Customer-based）

(3)平台化服務。

31.（3）

是指個人或小企業通過網際網路向大群眾募資集資金的一種集資方式。

32.（3）

封閉式虛擬通貨：係屬不可轉換的虛擬通貨，在一個獨立的虛擬環境中單獨操作，對法償貨幣（或其他虛擬通貨）或虛擬領域以外之商品與服務間的兌換有顯著限制，例如遊戲幣。

33.（3）

Betterment是成立於美國的機器人理財平台系統透過演算法，分析費用率、買賣價差、總投資資產、增持、匯率避險、資本收益等資料，來管理資產。

34.（1）

Privacy by Design：於1995年在應用科學研究部獲得批准。隱私設計框架於2009年發布。並於2010年被國際隱私委員會和數據保護機構大會採用。通過設計來盡可能廣泛地促進隱私保護，並促進將該原則納入政策和立法。

35.（4）

風險分擔是指受托人與受益人共擔風險，是信託公司作為受托管理資產的金融機構所特有的風險管理策略，是在風險管理中正確處理信託當事人各方利益關係的一種策略。

MBA智庫百科：
https://wiki.mbalib.com/zh-tw/%E9%A3%8E%E9%99%A9%E5%88%86%E6%8B%85。

36.（1）

P2P借貸平台：是指個體和個體之間通過網際網路平台實現的直接借貸。

37.（1）

根據研究調查結果顯示，過去因主觀意識所做的偏見決策相當多，而未來希望透過QCA（定性信用評估）、議事規則（Discussion Rules）及去偏見訓練（De-biasing training）等方法，以消除偏見產生更好的決策。

38.（1）

近年來銀行業積極部署國內外通路，搶占通路商機，但因面

臨金融科技競爭，零售業務受到衝擊，開始裁撤分行，影響員工就業人數，所以跨業監理議題亦帶來挑戰。

39.**(1)**

商業模式在不同監理機構或是監理情境的解讀下，更加容易因每個監理機構的監理規範，產生監理不一致。

40.**(2)**

電子支付法令應遵循的面向如下：

(1)支付機構資格審查。

(2)人員配置、管理及培訓。

(3)內部控制制度及內部稽核制度。

(4)洗錢防制相關作業流程。

(5)使用者身分確認機制。

(6)會計制度。

(7)營業之原則及政策。

(8)消費者權益保障措施及消費糾紛處理程序。

(9)作業手冊及權責劃分。

全國法規資料庫：https://law. moj.gov.tw/LawClass/LawAll. aspx?pcode=G0380237

41.**(4)**

ATM存提款輔助身份認證用：臉部辨識提款、手機無卡提款、指靜脈服務。

42.**(1)**

SEO：是一種透過了解搜尋引擎的運作規則來調整網站，以及提高目的網站在有關搜尋引擎內排名的方式。

43.**(4)**

資料探勘涉及六類常見的任務：

(1)異常檢測（異常/變化/偏差檢測）：辨識不尋常的資料記錄，錯誤資料需要進一步調查。

(2)關聯規則學習（依賴建模）：搜尋變數之間的關係。例如，一個超市可能會收集顧客購買習慣的資料。運用關聯規則學習，超市可以確定哪些產品經常一起買，並利用這些資訊幫助行銷。這有時被稱為市場購物籃分析。

(3)聚類：是在未知資料的結構下，發現資料的類別與結構。

(4)分類：是對新的資料推廣已
知的結構的任務。例如，一
個電子郵件程式可能試圖將
一個電子郵件分類為「合法
的」或「垃圾郵件」。

(5)回歸：試圖找到能夠以最小
誤差對該資料建模的函式。

(6)匯總：提供了一個更緊湊的
資料集表示，包括生成視覺
化和報表。

44.（ 3 ）

大數據分析的應用層次

(1)Foundational基礎分析：資料
表上的解讀

(2)Advanced, Predictive進階預
測：預測未來可能發生

(3)Prescriptive規範分析：情境
分析購買決策風險管理。

45.（ 2 ）

迴歸分析：是一種統計學上分
析數據的方法，目的在於了解
兩個或多個變數間是否相關、
相關方向與強度，並建立數學
模型以便觀察特定變數來預測
研究者感興趣的變數。

46.（ 4 ）

成功的行動平台應具備的條
件：有能力吸引消費者與商
店、有能力進行同業與異業合
作、有能力整合提供各式支付
工具等。

47.（ 4 ）

容易攜帶，且行動支付的傳輸
標準，可與消費者帳戶連結，
便於支付。

48.（ 3 ）

SaaS：軟體即服務，亦可稱為
「按需即用軟體」，它是一種
軟體交付模式。在這種交付模
式中，軟體僅需透過網際網
路，不須經過傳統的安裝步驟
即可使用，軟體及其相關的資
料集中代管於雲端服務。

49.（ 1 ）

PaaS提供使用者將雲端基礎設
施部署與建立至用戶端，或者
藉此獲得使用程式語言、程式
庫與服務。

50.（**2**）

衛星分行（簡易小型分行）為
特定的客戶族群或特定的區域
提供完整的金融服務。

51.（**2**）

回應式設計亦稱響應式設計：
是一種網頁設計的技術做法，
該設計可使網站在不同的裝置
（從桌面電腦顯示器到行動電
話或其他行動產品裝置）上瀏
覽時對應不同解析度皆有適合
的呈現，減少使用者進行縮
放、平移和捲動等操作行為。

52.（**2**）

區塊鏈可以降低信任風險、驅
動新型態商業模式的誕生、及
共同執行可信賴的流程，是實
現共享金融的有利工具。

53.（**3**）

銀行導入機器人或智慧型設備
的目的，並非取代大部分分行
的理財專員人力，並進行全智
能化的財富管理，而是優化分
行作業流程，減少客戶等待時

間與提高客戶滿意度，並降低
分行的整體營運成本。

54.（**2**）

保險業大多來自其他科技領域
的跨界。例如共享經濟、自駕
車、物聯網（IoT）…等，這些
會使得顧客面臨的風險改變，
而評估風險的方式也須隨之演
化，這些創新將使保險業的價
值 鏈 發 生 裂 解
（disaggregation），由多種創
新產業共同提供鏈上的價值。

55.（**2**）

金融機構實體分行優勢仍在，
加強監控網路銀行的流動性，
尤其在銀行非營業時間的變
化，以適時採取因應措施。放
寬「跨行專戶」日終餘額抵充
存款準備金上限，由4%提高至
8%，充裕金融機構清算資金，
以因應網路全日交易的跨行支
付需求。

56.（2）

金融業使用智慧型機器是為了
將金融作業將走向一致性。

57.（1）

金融科技資訊安全：身分識別
與生物辨識安全，隱私安全管
理與區塊鏈技術安全應用都為
資訊安全的重要內涵。

58.（2）

Deloitte的風險智能地圖（Risk
Intelligent Map）基礎架構為企
業資產、財務、人力資源。

59.（4）

由於網路交易快速方便，為了
促進消費，業者可能因而對消
費者的個人資料（下稱個資）

進行不當的蒐集、處理及利
用；業者一旦發生個資外洩事
件，消費者很容易成為歹徒詐
騙的對象。就此，行政院消費
者保護處依個人資料保護法規
定，認為業者就個資外洩時之
處理方式，仍有加強改善以維
護消費者權益之處，因此商請
各中央主管機關就其業管行
業，訂定或修正有關個資檔案
安全維護之具體規範。

60.（4）

科技監理的實施考量重點，高
度發揮數據利用與分析能量，
多元整合與快速實施的能力，
應用人工智慧達到智慧監控的
目的。

【第八屆】

( )　1. 金管會於2019年7月30日核准幾家純網路銀行業者之設立，透過其發揮鯰魚效應，帶動業界發展以消費者為中心的數位化、行動化之服務？
(1)一家
(2)二家
(3)三家
(4)四家。

( )　2. 下列何種技術可以將所有運算資源（如：儲存空間、記憶體、CPU等）匯整起來，並依據使用者的的需求，彈性動態分配提供給使用者？
(1)格式化技術
(2)虛擬化技術
(3)動態分割與分配技術
(4)平行運算技術。

( )　3. 對於雲端運算服務的安全敘述，下列何者錯誤？
(1)企業採用雲端PaaS（Platform as a Service）時，應用系統的使用者權限、資料管理、存取稽核都應該由企業自己負責
(2)雲端運算服務的內容繁多，做好雲端上下游供應鏈管理，也是雲端服務供應商安全的控管要項
(3)企業採用雲端IaaS（Infrastructure as a Service）時，其作業系統與網路存取控制安全都應該由雲端服務提供商負責
(4)雲端安全聯盟（CSA）所提出的雲端控管矩陣（CCM）是基於ISO27001資訊安全管理系統之要求發展而來。

( )　4. 下列何種雲端運算的部署模型是由單一企業或組織專屬使用的雲端運算資源，可實體位於公司的資料中心？
(1)公有雲
(2)特有雲
(3)私有雲
(4)混合雲。

( )　5. WEF（2015）中有關「新市場平台（New Market Platform）」的功能不包括下列何者？
(1)增加流動性
(2)提高價格準確性
(3)增加交易機會
(4)降低透明度。

( )　6. 政府為了打擊假新聞，預計針對《廣播電視法》、《災害防制法》、《糧食管理法》等九項法案進行修法，此種假新聞正是大數據四大特徵之一的何種？
(1)Veracity
(2)Volume
(3)Variety
(4)Velocity。

( )　7. 有關半結構化資料（Semi-structured Data）的敘述，下列何者正確？
(1)一般常用的半結構性資料格式大致可分為CSV、JSON、XML等三類
(2)CSV格式被廣泛作為跨系統或跨平台之間交換的標準
(3)XML格式資料可以從MSEXCEL軟體以另存檔案方式得到
(4)JSON格式資料可讓資料傳輸量上升，提高瀏覽網頁效率。

( )　8. 甲乙丙丁四位專家在一場論壇中各自分享人工智慧對金融業重
要性的看法，請問下列敘述何者錯誤？
(1)甲：人工智慧可提昇反洗錢的偵防品質
(2)乙：流程自動化，主要在簡化重複工作與資源浪費
(3)丙：弱人工智慧與人類的互補關係目前並不存在
(4)丁：人工智慧技術將有利於強化對客戶的了解。

( )　9. 有關人工智慧在銀行業的應用，下列敘述何者正確？
(1)精準行銷主要靠結構化數據的掌握與分析
(2)客戶畫像就是精準辨識客戶照片與本人之相符性
(3)機器人理財主要應用在高資產頂端客戶
(4)人工智慧信用評分可應用在無聯徵資料或少與銀行往來客戶
的評分。

( )　10. 有關深度學習的說明，下列何者錯誤？
(1)利用多層神經網路來分析數據
(2)優點是可忍受有雜訊的數據
(3)可分析影像、影片等多維度且複雜的數據
(4)重點是事先給定「特徵值」（Features）。

( )　11. 區塊鏈使用公鑰及私鑰進行加密工作，此公鑰與私鑰的生成關
係，下列敘述何者正確？
(1)「獨立」生成
(2)「成對」生成
(3)可「獨立」，亦可「成對」生成
(4)非「獨立」且非「成對」生成。

( ) 12. 比特幣區塊鏈中所謂的「挖礦」係指下列何者？
(1)與其他節點競爭交易權
(2)與其他節點競爭軟體的下載權
(3)與其他節點競爭轉帳權
(4)與其他節點競爭記帳權。

( ) 13. 比特幣網路各節點所共有的比特幣交易總帳本，針對此總帳本，下列敘述何者正確？
(1)各節點的帳本是總帳本的一部分且不會重複
(2)各節點的帳本是總帳本的一部分但有部分重複
(3)各節點的帳本可以是總帳本也可以是總帳本的一部分
(4)各節點的帳本都是相同的總帳本。

( ) 14. 指紋辨識是屬於接觸式辨識，它透過指紋的獨特性進行辨識，其資料庫系統建立較早也較完整但易受到下列何種影響而影響辨識結果？
(1)指紋磨損
(2)指紋增生
(3)指紋岔點太多
(4)指紋斷點太多。

( ) 15. 一套兼具安全性與便利性的生物辨識系統必須具備何種特性？
(1)低「冒用被接受率（false acceptance rate）」、高「本人被誤拒率（false rejection rate）」
(2)高「冒用被接受率」、高「本人被誤拒率」
(3)低「冒用被接受率」、低「本人被誤拒率」
(4)高「冒用被接受率」、低「本人被誤拒率」。

( )　16. 銀行利用臉部辨識來觀察客戶對數位看板互動數位內容的反應，預測客戶的喜好，從而提供更好的行銷廣告服務。這種系統是利用下列何種技術來完成的？
(1)結合電玩和眼控
(2)結合電玩和聲控
(3)結合大數據及密碼的應用
(4)結合大數據及生物辨識的應用。

( )　17. 有關傳統支付模式的挑戰或轉型敘述，下列何者錯誤？
(1)現金鑄印成本高，容易成為洗錢媒介
(2)紙本票據具被轉讓性質，難轉往電子化發展
(3)信用卡將逐漸轉以數位代碼化進行交易
(4)小額轉帳將流向電子支付機構執行。

( )　18. 有關行動支付中的TSM（Trusted service manager）與HCE（host card emulation）的比較，下列何者錯誤？
(1)HCE機制中服務供應商可以自主開發或整合APP加值功能，創造額外的營收
(2)HCE機制可免除在行動支付的過程中，來自營運商的OTA平台介接費用，因而降低建置與營運成本
(3)TSM機制將安全元件（SE）放到手機SIM卡中，NFC讀卡機直接和手機中的安全元件（SE）交換資料
(4)TSM機制中手機SIM卡會受到開啟手機電源與連網等限制，無法完成離線（offline）的近端支付交易。

( )　19. 下列何種措施不會促進無現金化社會的發展？
　　　　(1)擴大行動支付回饋點數使用場域，使其橫跨虛實通路、跨場
　　　　　景行銷、跨業種類別消費情境
　　　　(2)電子支付業者必須基於客戶生物特徵、消費模式、使用習慣
　　　　　等進行有效、持續性的身份辨認
　　　　(3)禁止非金融業者應用程式介面API開發，避免客戶個資外
　　　　　洩，妨礙電子支付發展
　　　　(4)民眾使用電子支付的消費金額得納入所得稅扣除額。

( )　20. 保險商品結合物聯網技術，最早在何類險種被實踐？
　　　　(1)車險
　　　　(2)火險
　　　　(3)健康險
　　　　(4)海上保險。

( )　21. 有關保險科技的敘述，下列何者錯誤？
　　　　(1)保險科技可以降低人力成本
　　　　(2)保險科技可以降低保戶資料被竄改的風險
　　　　(3)保險科技可以提供客製化的服務
　　　　(4)保險科技無法減輕資訊不對稱的問題。

( )　22. 有關保險科技之敘述，下列何者錯誤？
　　　　(1)隨著保險科技的發展，保險公司將來可以提升經營效率
　　　　(2)消費者與保險公司均可由保險科技創新中受益
　　　　(3)在政策上，主管機關應該多多鼓勵保險公司發展以提升保戶
　　　　　的權益為中心的保險科技
　　　　(4)保險科技不會影響未來保險通路的發展。

( ) 23. 有關P2P借貸平台之敘述，下列何者錯誤？
(1)提供借方信用評等分數，協助核貸與後續程序
(2)資金供給者可以自行挑選符合其風險偏好的放貸對象
(3)投資人無法獲得更高利率的報酬
(4)借款人較易取得貸款。

( ) 24. P2P借貸分類模式中，下列平台哪一個屬於公證模式？
(1)Zopa
(2)Lending Club
(3)陸金服
(4)SoFi。

( ) 25. 下列何者非屬中央銀行（2018）對P2P借貸創造社會價值的敘述？
(1)提高傳統金融的競爭力
(2)增進資金使用效率
(3)發展新的商業信用模式
(4)促進普惠金融。

( ) 26. 下列何種股權型群眾募資模式也稱為「領投+跟投」的模式？
(1)聯合投資模式
(2)自發合投模式
(3)基金模式
(4)銀行模式。

( ) 27. 群眾募資具有協助新創業者募資之功能，但亦存在許多風險。下列何者非為群眾募資之可能風險？
(1)較少的法律保障
(2)較低的投資損失
(3)稀釋風險
(4)資訊不對稱。

( ) 28. 小明看到網路廣告推廣社群投資，請問哪一個廣告宣傳說明錯誤？
(1)社群投資的特色就是跟單交易
(2)社群中的投資高手又稱為影子交易員
(3)用戶可採自動或手動複製其他交易者的決策
(4)社群投資的經營者有證券商及科技公司。

( ) 29. 下列何者非演算法交易相較傳統交易模式的特點？
(1)不易追漲追跌，平衡市場波動
(2)避免人為情緒與延遲
(3)不會漏失演算法所定義的交易機會
(4)避免交易目的被提早探知。

( ) 30. 有關演算法交易、程式交易、高頻交易之區別，下列敘述何者錯誤？
(1)演算法交易屬於程式交易的一種，高頻交易被視為演算法交易的一種
(2)相較於程式交易而言，演算法交易強調下單這指令本身的形成
(3)高頻交易與其他兩者的最大不同，在於利用高速電腦運算獲取稍縱即逝的套利機會
(4)高頻交易者傾向將伺服器設於交易所的伺服器附近。

（　）31. 有關開放銀行的敘述，下列何者正確？
　　　(1)只要是對消費者有利，不須消費者同意，銀行就可以開放共
　　　　享
　　　(2)帳戶者資訊是銀行資產，由銀行決定是否開放分享
　　　(3)帳戶資訊主控權是消費者的，由消費者決定是否開放分享
　　　(4)公開數據的開放分享，需要取得消費者的同意。

（　）32. 下列何者非Open API對金融業者帶來的好處？
　　　(1)加速產品開發
　　　(2)節省成本
　　　(3)降低法遵風險
　　　(4)節省時間。

（　）33. 依香港金融管理局規劃，開放下列四階段建置Open API的順序
　　　為何？　1.開放申請銀行產品　2.開放查閱銀行產品和服務資
　　　料　3.開放財務交易資料　4.開放帳戶資訊
　　　(1)1234
　　　(2)2143
　　　(3)2413
　　　(4)3214。

（　）34. 透過機器學習及演算法能夠組織和分析大量數據，是ＩＭＦ
　　　（2017）提出之何種監理科技領域？
　　　(1)身分驗證技術
　　　(2)雲應用程序
　　　(3)數據分析工具
　　　(4)認知計算與人工智慧技術。

( )　35. 可讓金融監理機構直接獲取金融機構之訊息，並可以通過監理
機構參與分類帳取代監理報告，是IMF提出之何種監理科技領
域？
(1)數據分析工具
(2)區塊鏈與其他分佈式分類帳
(3)身分驗證技術
(4)認知計算與人工智慧技術。

( )　36. 在2019世界經濟論壇的「全球風險報告」（WEF Global Risks
Report）中，何項風險同時列居十大可能風險及十大衝擊風險
中？
(1)身分被冒用
(2)網路攻擊
(3)關鍵基礎建設被毀
(4)個人資料被竊取。

( )　37. 2017年5月全球一百多個國家陸續遭到「想哭（Wanna Cry）」
病毒攻擊，中毒電腦的檔案將被強制封存，這是一種：
(1)進階持續威脅攻擊（APT）
(2)分散式阻斷服務（DDoS）
(3)勒索病毒軟體（RaaS）
(4)虛擬貨幣洗錢。

( )　38. 隨著下列何項金融科技的發展，人工智慧預期將會讓監理機關
以及受監理機構節省大量合規成本？
(1)RegTech
(2)InsurTech
(3)Blockchain
(4)Cloud Computing。

( )｜39. 傳統銀行在應對挑戰時的「數位化策略」，下列何者較不適合？
(1)擴大實體分行規模，以提供更好服務
(2)適時引進成熟的人工智慧應用
(3)建立數位時代金融從業人員的應對策略
(4)與異業結盟，將金融服務嵌入客戶的生活場景。

( )｜40. 下列何項金融機構之作業，較不適合運用機器人流程自動化系統（RPA）來處理？
(1)AML洗錢防制
(2)個人金融貸款處理
(3)網路銀行轉帳作業
(4)銀行開戶審核作業。

( )｜41. 歐盟PSD2（Revised Directive on Payment Services）指令於2018年1月13日生效後，要求銀行必須開放其客戶資料給非銀行的第三方（Third Party Providers, TPPs）使用，稱為下列何者？
(1)網路銀行
(2)純網路銀行
(3)普惠金融
(4)開放銀行。

( )｜42. 下列何者並非雲端運算的特色？
(1)資源虛擬化與共享
(2)資源容易擴充與隨需應變
(3)可以依需求量提供資源與計費
(4)資源閒置。

( )│ 43. 企業在建置應用服務的時候，對比雲端運算的三大服務模式與傳統模式，下列敘述何者正確？
(1)企業不需要準備任何軟、硬體即可使用該項雲端服務稱為IaaS服務模式
(2)為符合企業商業邏輯、作業流程需求，該應用軟體由企業自行設計開發，所需硬體與程式執行環境由雲端服務提供商提供，稱之為PaaS服務模式
(3)企業自購或向雲端廠商租用設備，放至雲端資料中心代管，並提供企業使用，此模式稱之為IaaS服務模式
(4)傳統的應用服務系統建置模式，具有高度擴充彈性、較低的花費成本，這也是多數企業仍然使用的主要原因。

( )│ 44. 有關「新市場平台（New Market Platform）」商業模式，下列何者正確？
(1)新進或小型金融機構可加入平台，透過資訊整合與潛在的交易者進行聯繫
(2)台灣尚未出現新市場平台商業模式
(3)Novus是一個著名的自動化股票期貨交易數據分析平台
(4)新市場平台難以擴展現有市場的運作架構。

( )│ 45. 有關人工智慧在保險業方面的可能應用，下列何者錯誤？
(1)利用機器學習增加交叉銷售與追加銷售成功率
(2)利用地理圖像資料，主要應用在幫投資型保險客戶做差別定價
(3)利用掃描與文檔分析，加速核保及理賠流程
(4)自然語言技術，可減少保險客服中心人力負荷。

( )　46. 將偽造資料引入模型用以扭曲AI演算法，稱為何種攻擊？
　　　　(1)洪水
　　　　(2)山洪
　　　　(3)颱風
　　　　(4)對抗。

( )　47. 下列何項並非區塊鏈所擁有的特點？
　　　　(1)以集體共識維護帳本
　　　　(2)不可篡改性
　　　　(3)必定存在智能合約
　　　　(4)不可否認性。

( )　48. 對於區塊鏈的數位簽章，下列敘述何者正確？
　　　　(1)使用公鑰上鎖，私鑰解鎖
　　　　(2)使用私鑰上鎖，公鑰解鎖
　　　　(3)使用公鑰及私鑰聯合上鎖
　　　　(4)使用公鑰及私鑰聯合解鎖。

( )　49. 信用卡公司Mastercard於2017年陸續推展「生物辨識卡」，以加強刷卡者的身分辨識，它的作法是把卡片擁有者的生物特徵存入信用卡的晶片以作為刷卡時的比對，下列何種生物特徵資料是Mastercard用來存入信用卡？
　　　　(1)人臉
　　　　(2)指靜脈
　　　　(3)聲紋
　　　　(4)指紋。

( )　50. 下列哪個項目不屬於遠端支付？

(1)提供繳費、轉帳的網路銀行App模式

(2)第三方支付的行動購物模式

(3)醫療費用行動支付平台綁定信用卡或金融卡，以繳付醫療費用的App模式

(4)Apply Pay、Google Pay、Samsung pay。

( )　51. 有關P2P匯兌，可能存在一些不易察覺的實質缺陷，下列敘述何者錯誤？

(1)估計費率與實際費率的差異：P2P網站都會公布現在可用匯率，但當預訂和支付時可能需3到5天，匯率可能已大幅上漲

(2)P2P匯兌業者規模大都屬大型機構，其買家及賣家的匯兌金額，通常都能確保在任何時間擁有相同數量的匯兌金額，不曾發生失衡

(3)若客戶預定購買的貨幣發生價格快速上漲，為保護買家P2P的自動匯兌機制可能自動暫停轉帳，導致必須額外等待時間處理匯款

(4)P2P匯兌屬於跨境交易，客戶大都來自網路線上，平台若未像電支機構或網銀進行客戶身分驗證，若客戶發生洗錢或資恐，平台可能遭高額罰款。

( )　52. 下列何項技術最有助於識別客戶的發病風險，推進更加精準高效的產品定價與核保？

(1)雲端計算

(2)基因檢測

(3)區塊鏈

(4)智能合約。

( ) 53. P2P借貸為何會有流動性風險？
　　(1)資金規模小
　　(2)債權憑證多缺乏次級市場，不易轉售換取現金
　　(3)無投資人保護機制
　　(4)有網路攻擊風險。

( ) 54. 群眾募資類型中較類似於「團購+預購」模式的，為下列何種類型？
　　(1)捐贈
　　(2)回饋
　　(3)股權
　　(4)債權

( ) 55. 2018年，道瓊指數暴跌千點，以及同年台股選擇權大跌542點，被認為是程式交易的何種風險所造成？
　　(1)事件／流動性風險
　　(2)資安風險
　　(3)作業風險
　　(4)道德風險。

( ) 56. 下列何者的資料屬於「公開數據」？　A.銀行ATM據點　B.銀行存款牌告利率　C.銀行牌告匯率　D.客戶聯絡電話　E.客戶交易明細
　　(1)僅AD
　　(2)僅ABD
　　(3)僅AE
　　(4)僅ABC。

( ) 57. 有關風險控管防線之敘述，下列何者錯誤？
(1)第一道防線是最直接面對風險之人員
(2)第二道防線包括風險管理及法令遵循等單位
(3)在風險評估上，內部控制係單一單位的責任
(4)第二道防線應該加強與第一道防線之溝通及與第三道防線之
合作。

( ) 58. 為加強資安犯罪之偵辦工作，減少因證據力不足而導致在法庭
上爭議不斷，台灣高檢署自2018年起在8個地檢署成立何種機
構？
(1)數位採證中心
(2)加強資安辦公室
(3)打擊駭客中心
(4)資安防護中心。

( ) 59. 建置「數位分行」需要事先考慮許多要素，下列何者非必要之
要素？
(1)掌握所在地理位置之客戶群體的特性
(2)了解當地客戶使用數位科技的意願及熟悉度
(3)分析數位分行功能與其他數位通路功能的互補性
(4)持續複製與移植具各國特色之先進數位分行進行展示。

( ) 60. 英國「競爭及市場管理局（CMA）」設立下列何種業務，藉此
促進英國前九大銀行發展出更好的金融服務給客戶？
(1)統一的純網銀介接標準格式
(2)統一的開放銀行介接標準格式
(3)統一的物聯網銀行介接標準格式
(4)統一的PSD2銀行介接標準格式。

解答與解析　答案標示為#者，表官方曾公告更正該題答案。

1.(3)

金管會開放設立純網路銀行後，計有連線商業銀行籌備處、將來商業銀行籌備處及樂天國際商業銀行籌備處提出申請（依遞件申請先後排序），經成立審查會進行評選，金管會於108年7月30日宣布，3家均獲得設立許可。

2.(2)

虛擬化技術，可以擴大硬體的容量；即可以單CPU模擬多CPU執行，允許一個平台同時執行多個作業系統，並且應用程式都可以在相互獨立的空間內執行而互不影響，從而顯著提升使用者的工作效能。

3.(3)

IaaS（Infrastructure as a Service）：是提供消費者處理、儲存、網路以及各種基礎運算資源，以部署與執行作業系統或應用程式等各種軟體。

4.(3)

私有雲是將雲基礎設施與軟硬體資源建立在防火牆內，以供機構或企業內各部門共享數據中心內的資源。私有雲完全為特定組織而運作的雲端基礎設施，管理者可能是組織本身，也可能是第三方；位置可能在組織內部，也可能在組織外部。

5.(4)

新市場平台（New Market Platform）是以提高透明度為主。

6.(1)

Veracity：大數據分析中應該加入這點做考慮，分析並過濾資料有偏差、偽造、異常的部分，防止這些「dirty data」損害到資料系統的完整跟正確性，進而影響決策。

7.(#)

依公告，答(1)、(3)者計分，未作答則不計分。

8.（ 3 ）

人工智慧對於金融業的重要性主要就是與人類的互補關係，來補充人類的不足之處，以達到更好的服務品質。

9.（ 4 ）

通過統計使用者的人口特徵、信用記錄、行為記錄、交易記錄等大量歷史資料並進行系統分析，挖掘資料中隱含的行為模式和信用特徵，開發信用評估模型，對使用者的信用進行評估。

10.（ 4 ）

深度學習是機器學習中一種基於對資料進行表徵學習的演算法。深度學習的好處是用非監督式或半監督式的特徵學習和分層特徵提取高效演算法來替代手工取得特徵。

11.（ 2 ）

技術採用一對匹配的密鑰進行加密、解密，具有兩個密鑰，一個是公鑰一個是私鑰，它們具有這種性質：每把密鑰執行一種對數據的單向處理，每把的功能恰恰與另一把相反，一

把用於加密時，則另一把就用於解密。

參考網址：https://kknews.cc/news/pk9jmg8.html

12.（ 4 ）

挖礦是與其他節點競爭記帳權。

13.（ 4 ）

區塊鏈分散式帳本的系統中，節點（node）是提供、維護「共同總帳」的單位，不同的節點之間以網狀的方式相互連結，成為獨立自主的電腦網路，這個概念我們也可以稱之為「去中心化」。

14.（ 1 ）

指紋磨損最容易影響指紋辨識的準確性。

15.（ 3 ）

如果要兼具安全性與便利性的生物辨識系統需具有低冒用被接受率及低本人被誤拒率。

16.（ 4 ）

銀行利用臉部辨識來觀察客戶對數位看板互動數位內容的反

應，預測客戶的喜好，從而提供更好的行銷廣告服務，是利用大數據及生物辨識的應用，來觀察客戶，並收集預測客戶的喜好。

17. (2)

紙本票據具被轉讓性質，並不會影響轉往電子化發展。

18. (4)

TSM機制：
(1)端到端安全。
(2)啟動和停用服務。
(3)遠端訪問應用程序。
(4)與行動網路運營商和服務提供商互連。
(5)應用程序生命週期管理。
(6)管理可信任執行環境的密鑰。

這些功能可以由行動網路運營商，服務提供商或第三方執行，或者一部分可以由一方委託給另一方。

19. (3)

API（應用程式介面）是串連「金融數據」與「TSP業者提供的服務」的介面設計，開放API有兩大特徵：第一是「標準化」，API的格式統一，合作雙方的資料可以相互使用、分析；第二是「規模化」，開放API能帶動更多潛在客戶使用第三方服務，同時擴大銀行數據庫的資料，藉由流量接觸新客群，獲取更多利潤。

20. (1)

物聯網結合保險的創新商業模式，在國外逐漸興起。全球第一家推出物聯網車險概念的美國進步保險公司（Progressive），首開UBI（Usage Based Insurance）先河，根據駕駛人的行車習慣，例如緊急剎車、超速，或駕駛時間、里程長短等因素，來決定車險保費。駕駛習慣愈好，就能獲得愈多保費優惠。

21. (4)

保險科技可以降低人力成本，保險科技可以降低保戶資料被竄改的風險，保險科技可以提供客製化的服務等。

22. (4)

保險科技發展趨勢：
(1)新型態保險通路。

(2)保險事後補償提升為事前風
險預防。

(3)大數據與人工智慧輔助保險
智能決策。

(4)物聯網（IoT）提供加值服
務。

(5)區塊鍊精簡保單作業流程。

(6)新興保險商品崛起（無人
車、資安保險、智慧財產保
險、UBI外溢保單等）。

(7)保險生態系模式興起。

參考資料：https://www.ithome.
com.tw/news/133795

23.（3）

P2P就是一個無形的網路平
台，當現在有個需要資金的借
款人提出借貸申請後，平台就
會運用區塊鏈的技術，開始尋
找可以媒合的投資人進行配
對、媒合，再用更簡單的話來
講，P2P就像是一個中間媒
介，為借貸雙方進行金錢的流
動處理，因此我們可以是借款
人也可以是提供資金的投資
人。因為去除了銀行金融仲介
的費用，不僅借款利率低，從
投資人角度看也是有利的，可
大幅拉高投資報酬，不用一定
要把錢借給銀行。

24.（2）

Lending Club為一提供同儕借貸
服務之金融公司，總部位於美
國加州舊金山市。其為第一間
將借貸業務商品向美國證券交
易委員會登記為證券之網絡借
貸公司，並且推行借貸內容之
「債券」（Note）可於次級市
場上交易。

25.（1）

P2P借貸創造社會價值，主要
以增進資金使用效率，發展新
的商業信用模式及促進普惠金
融等。

26.（1）

股權型：類似借貸關係，由出
資者透過網路借貸平台借款予
提案者，提案者再依約定條件
返還本金及利息予出資者，是
為聯合投資模式。

27.（2）

群眾募資之可能風險為較少的
法律保障、稀釋風險及資訊不
對稱等都為群眾募資的風險。

28.（2）

社群中的投資高手一般稱為明星投資者。

29.（1）

演算法交易的特點為，避免人為情緒與延遲，不會漏失演算法定義的交易機會，避免交易目的被提早探知。

30.（2）

演算法交易（algorithmic trading）是指事先設計好交易策略，然後將其編製成電腦程式。利用電腦程式的演算法來決定交易下單的時機、價格和數量等。程式化下單能避免人的非理性因素造成的干擾，並能更精確的下單。並能同時管理大量的操作，自動判斷將大單分拆為小單，減小衝擊成本。

31.（3）

開放銀行是金融技術中的金融服務術語，指的是：開放API的使用使第三方開發人員能夠圍繞金融機構構建應用程序和服務。從公開數據到私有數據，

為帳戶持有者提供了更高的財務透明度選項。

32.（3）

開放API（Open API）是相當重要的工具。比如說，串接銀行API的第三方業者，可讓消費者直接在頁面上付款、轉帳，而不需要跳轉到銀行網站。

33.（2）

Open API的順序：
(1)開放查閱銀行產品和服務資料
(2)開放申請銀行產品
(3)開放帳戶資訊
(4)開放財務交易資料。

34.（4）

認知計算是指模仿人類大腦的計算系統，讓電腦像人一樣思考，而不是僅僅是作為一個開發系統。

35.（2）

分散式賬本技術是應用在資本市場最重要的區塊鏈技術，該技術可以移除當前市場基礎設施中的效率極低和成本高昂的部分。

36.（ 2 ）

網路攻擊（Cyberattack，也譯為賽博攻擊）是指對電腦資訊系統、基礎設施、電腦網路或個人電腦裝置的，任何類型的進攻動作。

37.（ 3 ）

勒索軟體，又稱勒索病毒，是一種特殊的惡意軟體，又被人歸類為「阻斷存取式攻擊」（denial-of-access attack），其與其他病毒最大的不同在於手法以及中毒方式。其中一種勒索軟體僅是單純地將受害者的電腦鎖起來，而另一種則系統性地加密受害者硬碟上的檔案。

38.（ 1 ）

RegTech是一種利用資訊科技來增強監管流程的新技術。通過將其主要應用於金融部門，它正在擴展到對消費品行業具有特殊吸引力的任何受監管業務。它特別強調監管監督，報告和合規性，從而使金融業受益。

39.（ 1 ）

數位化策略下不會再擴大實體分行規模，而是增加數位銀行來提供更好的服務。

40.（ 3 ）

網路銀行轉帳作業因涉及個人隱私資料，故不適用機器人流程自動化系統。

41.（ 4 ）

開放銀行是金融技術中的金融服務術語，指的是：開放API的使用使第三方開發人員能夠圍繞金融機構構建應用程序和服務。從公開數據到私有數據，為帳戶持有者提供了更高的財務透明度選項。使用開源技術來實現上述目的。作為一個概念，開放銀行可以被視為亨利·切斯布魯（Henry Chesbrough）提倡的開放式創新概念的子類別。

42.（ 4 ）

雲端運算的特色：資源虛擬化與共享、資源容易擴充與隨需應變、可以依需求提供資源與計費。

43.（2）

軟體即服務（SaaS）：消費者使用應用程式，但並不掌控作業系統、硬體或運作的網路基礎架構。

平台即服務（PaaS）：消費者使用主機操作應用程式。

基礎設施即服務（IaaS）：消費者使用「基礎運算資源」，如處理能力、儲存空間、網路元件或中介軟體。

44.（1）

平台模式成為最重要的商業模式之一，平台模式是許多新創品牌採用的商業模式，也是近年來經濟成長的重要力量。不同於傳統線性生產的企業，平台模式能同時整合生產者與消費者，有效地「媒合」了所有參與者，進而為平台所有參與者創造價值。新進或小型金融機構可加入平台，透過資訊整合與潛在的交易者進行聯繫。

45.（2）

利用地理圖像資料，主要應用在幫投資型保險客戶做差別定價，不是主要人工智慧應用在保險業的模式。

46.（1）

洪水攻擊：是一種針對DNS的阻斷服務攻擊，目的是令該網路的資源耗盡，導致業務暫時中斷或停止。攻擊者發出的大量請求到該資源或伺服器，使其正常用戶無法存取。在DNS洪水攻擊中，由於超負荷的流量，受影響的主機連接到該DNS時連線會中斷。

47.（3）

區塊鍊特色為以集體共識維護帳本，去中心化和不可竄改性，不可否認性等。

48.（2）

私鑰跟公鑰是非對稱加密（asymmetric cryptography）技術中最重要的部份，背後的數學原理在於用私鑰可以很容易算出一把公鑰來用，而公鑰很難去反推回私鑰。

49.（4）

萬事達卡宣布推出新一代生物辨識支付卡，以現行的行動支付規格為基礎，將指紋辨識功能整合至晶片當中，因此新一代生物辨識卡可直接通用於全

球任何符合EMV標準的收單裝置，使持卡人以更安全便利的方式在實體店面消費。

50.（4）
Apply Pay、Google Pay、Samsung pay是以近端感應支付方式進行交易，其餘選項都為遠端支付模式，不須直接於商家進行感應支付。

51.（2）
2010年跨國轉帳服務TransferWise運用點對點（Peer-to-peer）轉帳技術，讓人們跳過銀行這個中介者，直接將錢轉入對方的戶頭，過程方便、快速，只會收取少量手續費。

52.（2）
基因檢測：保險客戶可依保單內容，享有不同程度的精準醫療檢測優惠或折扣。透過行動基因提供的基因檢測服務，可按各客戶個人化癌症基因資料，獲得合適的治療方案。

53.（2）
平台出現提現困難、逾期提現或限制提現等問題，而這些問題平台的背後正是平台在運營的過程中，資金流動性問題不斷累積，從而導致提現困難，進而引發了擠兌等流動性風險，最終導致平台的倒閉。
原文網址：https://kknews.cc/finance/4mn9lp2.html。

54.（2）
回饋型群眾募資：是目前最常見的募資方式，發起人需要集資製造物品時，以預售的方式跟其他人索取金錢，而出資者則可以用較便宜的價格預購物品，或是得到某些限量紀念性商品。

55.（1）
流動資金風險是由於不確定的流動資金而產生的財務風險。如果某個機構的信用等級下降，突然出現意外的現金流出或其他原因導致交易對手避免與該機構進行交易或放貸，則該機構可能會失去流動性。如果公司所依賴的市場遭受流動性損失，那麼該公司也將面臨流動性風險。

56.（**4**）
客戶連絡電話與客戶交易明細為個人隱私資料，不可隨意公開，非公開數據。

57.（**3**）
內控制度包括：
第一道防線：自行查核（風險監控）。
第二道防線：法令遵循、風險管理（風險監控）。
第三道防線：內部稽核（獨立監督）。

58.（**1**）
法務部在全台8個地檢署成立「數位採證中心」，包括LINE、微信在內，不管是刪除的照片、通話紀錄，全都能用數位採證方式取得分析。

59.（**4**）
數位分行建置需考量：
(1)掌握所在地理位置之客戶群體的特性。
(2)了解當地客戶使用數位科技的意願及熟悉度。
(3)分析數位分行功能與其他數位通路功能的互補性。
(4)特色分行，提供情感連結，讓銀行有溫度。

60.（**2**）
CMA設立統一的開放銀行介接標準格式，計畫以五項實施要點達成整體目標，成為全球領先的消費者權益保護機構：
(1)提供有效的強制執行力。
(2)開拓競爭新領域。
(3)重新調整消費者權益保護焦點。
(4)開發整合性功能。
(5)實現卓越專業。

【第九屆】

( )　1. 以客戶體驗為中心，除整合運用各種數位技術外，更記錄客戶在不同通路的反應，分析客戶的需求，並據以規劃客戶所需的產品並適時提供，稱為下列何者？
(1)單一通路
(2)多通路整合（Multi-Channel）
(3)全通路整合（Omni-Channel）
(4)雙通路整合。

( )　2. 「一種基於網際網路的運算方式，共享的軟硬體資源和資訊可以按需求提供給電腦和其他裝置」，下列何者最符合以上描述？
(1)大數據
(2)金融科技
(3)雲端運算
(4)區塊鏈。

( )　3. 依美國國家標準局與技術研究院（NIST）定義，下列何種模式是讓多個不同使用者可以使用相同的系統或程式元件，彼此的資料是被隔離的，不會互相干擾與影響？
(1)平行運算模式
(2)跨平台API資料傳輸模式
(3)資料保護模式
(4)多租戶模式。

( )　4. 消費者自己掌控運作的應用程式，由雲端供應商提供應用程式運作時所需的執行環境、作業系統及硬體，是下列何種雲端運算的服務模式？
(1)基礎架構即服務
(2)平台即服務

(3)軟體即服務

(4)資料即服務。

(　　)　5. 下列何項個人資料項目屬臺灣個人資料保護法中定義的特種個
資？

(1)身分證字號

(2)電話號碼

(3)護照號碼

(4)健康檢查。

(　　)　6. 大數據又稱巨量資料或海量資料，下列何者非其四大特徵
（4V）之一？

(1)具多樣性

(2)具不斷傳輸性的速度

(3)具敏感性

(4)真實性。

(　　)　7. 大數據資料分析的重要步驟，不包括下列何者？

(1)定義問題

(2)收集數據

(3)數據清理

(4)數據交換。

(　　)　8. 人工智慧的發展第一次熱潮主要環繞在讓機器具備「推論」或
「探索」的功能，使用的主要工具是何種結構的搜尋演算法，
用以做「狀況區分」？

(1)線性結構

(2)樹狀結構

(3)網狀結構

(4)環狀結構。

( )　9. 人工智慧交易因為採取類似演算法，加大市場波動，導致產生
　　　 下列何種效應？
　　　 (1)牛群
　　　 (2)羊群
　　　 (3)狼群
　　　 (4)魚群。

( )　10. 下列何種學習適合用來分析複雜、多維度的數據，比如影像、
　　　　 音訊、影片、時間序列和文字檔等，或像是即時數據流、感測
　　　　 器數據等？
　　　　 (1)視覺學習
　　　　 (2)深度學習
　　　　 (3)體驗式學習
　　　　 (4)聽覺學習。

( )　11. 若廠商發行的代幣是作為使用該廠商產品的權利，這是屬於下
　　　　 列何種的群眾募資型式？
　　　　 (1)報償／回饋型
　　　　 (2)股權型
　　　　 (3)債券型
　　　　 (4)貨幣型。

( )　12. 比較電子貨幣與虛擬貨幣，下列敘述何者正確？
　　　　 (1)兩者均以法償貨幣作為計價單位
　　　　 (2)兩者均不以法償貨幣作為計價單位
　　　　 (3)前者以法償貨幣作為計價單位，後者則非
　　　　 (4)後者以法償貨幣作為計價單位，前者則非。

( )　13. 區塊鏈技術已發展出智能合約的功能，請問智能合約置放於下
　　　　 列何處，無法被竄改？

(1)錢包軟體上
(2)礦工節點上
(3)錢包地址上
(4)區塊鏈上。

( )　14. 下列何者非屬人臉辨識的優點？
(1)屬於非接觸式辨識，不會有衛生考量
(2)不受攝影角度與光線影響
(3)受辨識者無須額外動作配合
(4)辨識過程簡單快速。

( )　15. 目前智慧手機所搭配指紋辨識的冒用接受率（False Acceptance Rate, FAR）大約可做到五萬分之一。下列有關冒用接受率的定義何者正確？
(1)冒用者被接受次數除以本人嘗試次數
(2)冒用者被接受次數除以冒用者嘗試次數
(3)本人被接受次數除以本人嘗試次數
(4)本人被接受次數除以冒用者嘗試次數。

( )　16. 對「多因子生物辨識平台（multi-factor biometrics platform）」的敘述，下列何者錯誤？
(1)依不同的運用場域選擇不同辨識技術
(2)依不同安全等級要求選擇不同辨識技術
(3)必須同時完成建置
(4)可搭配客服中心與虛擬網路銀行提供服務。

( )　17. EMV支付代碼服務框架（EMV® Payment Tokenisation Specification Technical Framework）是為了解決何種問題？
(1)為了加速完成支付交易
(2)為了讓店家請款時對帳方便

(3)為了讓消費者不需記憶冗長的卡號資訊

(4)為了讓支付的過程中，不讓店家有可能儲存客戶的卡號資料。

( )　18. 有關數位貨幣之敘述，下列何者錯誤？

(1)在許多國家大多數將加密貨幣視為商品進行交易

(2)加密貨幣具有貨幣之名，實際價值波動相當劇烈，因此不是一個良好的價值保存工具

(3)比特幣現金是比特幣的一個分叉產品

(4)當今市場上第一個分散式加密貨幣是萊特幣。

( )　19. 有關P2P匯兌（Peer-to-peer Money Transfers）業者強調之特色的敘述，下列何者錯誤？

(1)相對於金融機構可更快的匯入跨境帳戶

(2)相對於金融機構有機會可取得較好的兌換匯率

(3)在安全的疑慮下，跨境P2P匯款方式已逐漸萎縮

(4)在跨境P2P匯款的競爭下，成本為其決勝關鍵之一。

( )　20. 有關保險科技（InsurTech）的敘述，下列何者錯誤？

(1)保險科技是金融科技的一環

(2)保險科技是科技業者針對保險價值鏈中不效率的地方，使之變得更有效率

(3)保險科技的崛起，促使保險業者開始要考慮經營策略的轉變

(4)保險科技的發展，通常會促使保險業者開發出成本較高，附加價值也高的產品。

( )　21. 下列何種保單在目前有應用到比較高程度的保險科技？

(1)Usage-based Insurance（UBI）保單

(2)長期照顧保單

(3)實物給付保單

(4)傷害險保單。

( )　22. 有關保險科技在行銷方面的應用，下列何者錯誤？
　　　　(1)保險科技可以提升客戶的體驗
　　　　(2)保險科技可以協助釐清客戶對保險真正需求
　　　　(3)應用保險科技可以讓客戶更能感受有溫度的保險服務
　　　　(4)保險科技可以協助業務員在適當的時機行銷保險業務。

( )　23. 依據中央銀行2018年第3季理監事會後資料，全球首家P2P借貸
　　　　平台是屬於何種營運模式？
　　　　(1)傳統模式
　　　　(2)公證模式
　　　　(3)保證收益模式
　　　　(4)資產負債表模式。

( )　24. 有關P2P借貸平台之敘述，下列何者錯誤？
　　　　(1)增進資金使用效率
　　　　(2)網路交易無地域性
　　　　(3)人事及設備成本降低
　　　　(4)潛在投資收益較低。

( )　25. 有關P2P借貸傳統模式之敘述，下列何者正確？
　　　　(1)僅協助資訊中介
　　　　(2)銀行參與合作撥貸
　　　　(3)向出借人承諾一定收益
　　　　(4)以自有資金撥貸。

( )　26. 下列何種募資方式，主要是運用於公益事業上？
　　　　(1)股權
　　　　(2)回饋
　　　　(3)捐贈
　　　　(4)債權。

( ) 27. 群募貝果與嘖嘖是屬於下列何種群募平台？
(1)捐贈型
(2)回饋型
(3)股權型
(4)債權型。

( ) 28. 理財機器人服務流程之第一步驟為何？
(1)提供投資組合建議
(2)執行交易
(3)瞭解客戶
(4)風險監控。

( ) 29. 有關金融科技採行「流程外部化」之敘述，下列何者錯誤？
(1)依靠人工智慧與大數據分析技術，可提供進階分析投資決策
(2)金融機構可經由外部專業供應商提供投資管理專業技術
(3)金融機構亦需投入大量基礎設施
(4)可將現有人工流程自動化。

( ) 30. 所謂金融科技應用於投資之「投資者賦權」敘述，下列何者錯誤？
(1)個人藉由學習參與、合作等過程，使獲得「掌握自己本身相關事務的力量」
(2)使小資投資者有更好能力做決策
(3)投資者需學習專業投資策略，增加財務管理門檻
(4)促使傳統理財專員需進化以為因應。

( ) 31. 依據央行定義，下列對純網銀敘述何者錯誤？
(1)無實體分行
(2)無實體客服中心
(3)所有金融服務均透過網路進行
(4)服務手續費較低。

( )｜32. 開放銀行為傳統銀行帶來的機會不包括下列何者？
(1)風險管理
(2)金融服務的創新
(3)增加利息收入
(4)強化市場競爭力。

( )｜33. 當銀行作業多倚賴金融科技（如應用程式介面（API）、雲端技術等）之第三方廠商，當作業發生問題時，責任歸屬不清之風險為下列何種風險？
(1)資安風險
(2)委外風險
(3)作業風險
(4)法遵風險。

( )｜34. 根據德勤（RegTech is the new FinTech）的報告，對於錯綜複雜之數據可以進行快速解析與組合，是監理科技的何種特性？
(1)速度
(2)整合
(3)敏捷性
(4)分析。

( )｜35. 下列何者非PwC（2016a）報告區分之監理科技類型？
(1)效率和合作
(2)整合、標準、理解
(3)預測、學習、簡化
(4)舊方向。

( )｜36. 2017年2月國內券商交易系統遭到強大的攻擊流量，癱瘓網路運作，這種手法為何？
(1)進階持續威脅攻擊（APT）
(2)分散式阻斷服務（DDoS）

(3)勒索病毒軟體（RaaS）

(4)釣魚郵件。

( ) 37. 依據2018年行政院國家資通安全會報技術服務中心統計，政府機關通報的事件，有40%以上是受到網頁攻擊，主要的原因不包括下列何者？

(1)網站設計不當

(2)應用程式漏洞

(3)弱密碼

(4)系統稽核軌跡不足。

( ) 38. 請問依據Accenture於2019年的報告指出，網路犯罪對何種行業所增加的成本最大？

(1)銀行業

(2)軟體業

(3)汽車業

(4)保險業。

( ) 39. 「創新科技使金融機構能夠獲得新的資料型態，如社群網路資料，進而以新的方法來理解客戶及市場。」以上描述指的是何項金融創新議題？

(1)高價值活動自動化

(2)中介減少

(3)數據策略性角色

(4)專利化利基商品。

( ) 40. 金融創新的議題中之「流線型設施（Streamlined Infrastructure）」，係指下列何者？

(1)創新科技讓客戶可以連結到以往受限而無法取得的資產和服務，對於產品有更多的資訊及工具可以管理各種產品選項，進而成為生產性消費者

(2)創新科技如「平台化」及「分散式」技術，提供全新整合及分析資訊的方法。同時方便連結能力也降低取得金融資訊及參與金融服務的成本

(3)許多金融創新應用先進的演算法及高效的處理能力，將過去需要專業人員判斷的應用加以自動化。進而提供更便宜、更快速、擴展性更強的替代服務及產品

(4)新進者專精於特定領域，並設計具有高度針對性的產品及服務，加大在這些領域的競爭。

( ) 41. 若客戶可以使用隨身攜帶的手機或是生物特徵，來進行啟動ATM之交易，此乃下列何種金融科技之因應趨勢？
(1)分行角色與功能的演進
(2)應用新科技進行身分認證與無卡取款
(3)網路銀行
(4)社群媒體。

( ) 42. 下列何種雲端運算的部署模型是由擁有相近利益、關注相同議題、或是屬於相同產業的企業組織，且多因為有安全性的考量而組成的？
(1)公有雲
(2)社群雲
(3)私有雲
(4)混合雲。

( ) 43. 下列何者並非組織採用雲端運算服務的常見考量原因？
(1)成本
(2)速度
(3)隱私
(4)效能。

( )　44. 利用網頁爬蟲程式（Crawler）抓取網頁資料與透過API方式取得資料，關於兩者的敘述何者錯誤？
　　　　(1)網頁爬蟲程式（Crawler）所抓取到的資料，資料取得較為即時，正確性也較高
　　　　(2)一般來說API方式取得的資料欄位，比爬蟲程式抓取的資料要完整
　　　　(3)API方式需要資料擁有者的授權才可以使用，而網頁爬蟲程式不用
　　　　(4)網頁爬蟲程式（Crawler）會因為網頁改版導致抓不到資料，而API方式不會。

( )　45. 人工智慧對RegTech主要應用在金融業中後台業務，重點在於透過機械學習辨識眾多非既定格式情境並及時調整預測及決策展出，有三大應用主軸，包括辨識、報告以及下列何者？
　　　　(1)統計
　　　　(2)分析
　　　　(3)法遵
　　　　(4)分類。

( )　46. 下列何項非用於金融服務的主要人工智慧技術？
　　　　(1)專家流程設計（EPD）
　　　　(2)自然語言處理
　　　　(3)認知計算
　　　　(4)深度學習。

( )　47. 有關比特幣區塊鏈，其交易具有匿名性係指下列何者？
　　　　(1)交易者姓名被加密保護
　　　　(2)每筆交易被加密保護
　　　　(3)每筆交易僅以錢包地址作為發送及接收的基礎
　　　　(4)交易採用數位簽章，以確保匿名性。

( )　48. 比特幣區塊鏈上的每一個區塊，可分為區塊主體與區塊頭，其
　　　　區塊頭不包括下列何項資訊？
　　　　(1)時間戳
　　　　(2)難度值
　　　　(3)前一個區塊之區塊頭的雜湊值
　　　　(4)比特幣地址。

( )　49. 近年經由智慧手機進行銀行服務越來越頻繁，大部分是透過下
　　　　列何種生物辨識技術來確認使用者身分？
　　　　(1)人臉辨識或指紋辨識
　　　　(2)密碼辨識或指紋辨識
　　　　(3)虹膜辨識或指紋辨識
　　　　(4)靜脈辨識或指紋辨識。

( )　50. 下列何項非屬近距離無線通訊（Near Field Communication,
　　　　NFC）支付的主要組成元素？
　　　　(1)手機的NFC天線
　　　　(2)收銀台的非接觸式讀卡機
　　　　(3)手機內建防干擾的安全元件
　　　　(4)QR code。

( )　51. 有關無現金社會之敘述，下列何者錯誤？
　　　　(1)從1990年代開始，從家中電腦以網頁方式連上網路銀行服
　　　　　務，進行轉帳或支付的無現金方式
　　　　(2)2010年代蘋果公司生產iPhone，谷歌公司推出安卓手機作業
　　　　　系統，採用各種支付程式在手機上進行付款的可行性
　　　　(3)達成無現金社會所遇到的瓶頸，主要是百貨公司或是網路購
　　　　　物等場域，反而不是傳統市場、小型攤商及個人商店
　　　　(4)無論實體現金存在與否，只要是使用各種數位化方式進行現
　　　　　金交易，或是使用去中心化的加密貨幣進行交易，都可視
　　　　　為無現金化社會的情況。

( )｜52. 區塊鏈技術目前最常見應用在我國何種保險商品上？
(1)旅遊不便險中的航班延誤險
(2)年金保險中生存給付
(3)定期壽險的死亡給付
(4)癌症保險的癌症死亡給付。

( )｜53. P2P借貸資產負債表模式之敘述，下列何者正確？
(1)僅協助資訊中介
(2)銀行參與合作撥貸
(3)向出借人承諾一定收益
(4)以自有資金撥貸。

( )｜54. 下列何者是群眾募資的五項主要風險之一？
(1)較低的投資損失
(2)較多的法律保障
(3)稀釋風險
(4)資訊對稱。

( )｜55. 比較傳統投資（財富）管理與金融科技管理的不同時，我們會
發現：
(1)金融科技投資管理主要參與者為機構投資者
(2)金融科技投資管理強調投資者賦權
(3)金融科技投資管理的客戶較注重整合性與一站式服務
(4)金融科技投資管理的優點在於可以更多中介機構專家建議。

( )｜56. 下列何者的資料屬於「帳戶及交易數據」？　A.銀行地址
B.客戶地址　C.客戶帳戶餘額　D.銀行存款牌告利率
(1)僅AB
(2)僅BC
(3)僅BD
(4)僅CD。

( )｜57. 分享監理數據常規與結構，促進效率，是PwC（2016a）報告中
何類監理科技內涵？
(1)共享數據
(2)區塊鏈
(3)雲端計算
(4)風險評估統一化。

( )｜58. 有關Open API的相關敘述，下列何者錯誤？
(1)係指一個可公開取得的應用程式介面
(2)提供開發人員透過程式化存取一個專有的軟體應用程式
(3)Open API為人與程式提供了便利且快速的溝通界面
(4)如涉及個人資料的傳輸仍應取得個資當事人的同意。

( )｜59. 金融機構在運用人工智慧技術需要注意的原則中，下列敘述何
者錯誤？
(1)避免過度期望人工智慧的進展
(2)對於要研究的議題需擁有足夠數量的資料
(3)設定合理的期望值
(4)要從大規模的應用開始。

( )｜60. 運用人工智慧的技術，結合各種外部資訊，可以進行網路聲量
解析、客戶行為趨勢預測，進而可以進行精準行銷，所指的是
金融機構利用人工智慧在何種方面之應用？
(1)法令遵循
(2)風險合規
(3)數據分析
(4)流程精進。

解答與解析 答案標示為#者,表官方曾公告更正該題答案。

1.(**3**)

全通路整合的中心為消費者,企業透過整合各個虛實通路,提供客戶在使用不同通路時,都能得到一致的服務;多通路整合是以企業角度出發,企業發展多種通路;單一通路是指只有單個通路提供服務;雙通路整合是指特定兩通路進行整合。因為(1)(2)(4)都並沒有強調以消費者為中心發展,且(3)的意涵較相近,故此題答案為(3)。

2.(**3**)

雲端運算是指透過網際網路便可以傳遞伺服器、記憶體、資料庫、軟體、分析等運算服務。基於雲端運算方式,使用者無需擁有自己的機房,共用的軟硬體資源和資訊可創造即時線上協作、共享整合資訊。根據上面敘述,此題為(3)。

3.(**4**)

多租戶模式可以讓不同使用者共用系統或程式元件,但其資料及運算是隔離的,並不會相互干擾與影響。

4.(**2**)

敘述為典型的PaaS,雲端供應商提供的服務是可以供消費者製作自己的應用程式的平台,故此題為(2)。

5.(**4**)

根據個人資料保護法第6條:「有關病歷、醫療、基因、性生活、健康檢查及犯罪前科之個人資料,不得蒐集、處理或利用。」此條定義了特種個資,因此此題為(4)。

6.(**3**)

大數據的四大特徵為資料量(volume)、速度(velocity)、多樣性(variety)和真實性(veracity)。因此此題(3)並非4V之一。

7.(**4**)

大數據分析的重要步驟為:定義問題、收集數據、數據清理、數據儲存、數據分析、以及應用。故此題答案為(4)。

8.（**2**）

搜尋演算法中，常用的「狀況區分」方法為樹狀結構（Tree-based method）。且第一次人工智慧發展熱潮約莫是1955-1980年，在當時正式樹狀結構演算法蓬勃發展之時。

9.（**2**）

金融市場中的「羊群行為」（herd behaviors）是一種特殊的非理性行為，它是在訊息環境不確定的情況下，個體行為受到其他個體的影響，模仿他人決策，或者過度依賴於輿論，而不考慮自己的信息的行為。由於羊群行為是涉及多個投資主體的相關性行為，對於市場的穩定性效率有很大的影響。關於羊群效應形成有兩種觀點：由於訊息相似性產生、以及由於訊息不完全產生。因為人工智慧交易採取類似演算法，概念與第一種觀點相似。故此題為(2)。

10.（**2**）

深度學習是基於類神經網路的非監督式學習演算法，用以處理複雜與多維度的數據。(1)(3)(4)並非用以處理感測器數據或數據流的演算法，故此題答案為(2)。

11.（**1**）

群眾募資分成四種類型：報償／回饋型（Rewards Crowdfunding）、股權型（Equity Crowdfunding）、債券型（Lending／Debt Crowdfunding）、捐贈型（Donation Crowdfunding）。報償／回饋型是指民眾贊助提案人專案，以換取提案人提供的有價值非財務類的報酬（如：紀念商品或是廠商產品）。故此題為(1)。

12.（**3**）

電子貨幣的概念是將法償貨幣數位化，以線上或電子支付平台流通。故以法償貨幣作為計價單位。根據歐洲銀行業管理局定義虛擬貨幣為「並非由央行或政府部門發行的，也不必要與法定貨幣相關聯的一種數碼形式的價值，但是它作為一種支付途徑被自然人和法人所接受，並可以電子地轉帳，儲存和交易。」可以看出虛擬貨幣非以法償貨幣作為計價單位。故此題答案為(3)。

13.（**4**）

將智能合約寫在區塊鏈上便無法被輕易竄改，因此此題為(4)。

14.（**2**）

現今的人臉辨識技術仰賴光學技術，因此會受到攝影角度與光線影響。故此題(2)並非人臉辨識技術優點。

15.（**2**）

冒用接受率的定義是冒用者被接受次數除以冒用者嘗試次數。故此題為(2)。

16.（**3**）

多因子生物辨識平台是指搭配兩種以上的生物辨識技術進行認證的平台。並不需要同時完成建置，而是可以考量自身需求與成本，擴充或減少使用量。

17.（**4**）

EMV QR Code統一規格，是由各大國際發卡組織共同成立的EMVCo國際支付產業標準機構所發行，主要任務為發展、制定與主管維護EMV支付晶片卡的規格、標準與認證，監督並

確保該標準於全球的安全互通性與其付款環境的可用性。此題(4)與支付安全相關，故選擇(4)為解答。

18.（**4**）

當今市場上第一個分散式加密貨幣是比特幣，故此題(4)錯誤。

19.（**3**）

此題(3)並非P2P業者強調之特色，而應該是市場風險。且跨境P2P匯款近年來並無因為安全疑慮而萎縮，P2P跨境匯款最大的風險在於洗錢與資恐，因此跨境P2P匯款可能因為法規面而無法暢通發展，而非因為安全疑慮。

20.（**4**）

保險科技的發展應會促使保險業者開發出成本較低，或附加價值高的產品，來提高市場競爭力。

21.（**1**）

UBI保單應用在車險上是典型的保險科技保單，其結合駕駛人習慣，根據行車的資料來客製化駕駛人的保單，為應用程度高的保險科技。

22.（**3**）

應用保險科技可以帶給客戶更客
製化及便利的服務，但是並不強
調也不一定能帶給客戶有溫度的
保險服務。故此題選(3)。

23.（**1**）

根據中央銀行2018年第3季理監
事會後資料：「英國Zopa係全
球最早成立的P2P個人金融借貸
公司，其線上平臺於2005年3月
設立。營運模式為傳統模式，
擅長依客戶需求提供個人貸
款。」故此題為(1)。

傳統模式：提供訊息及相關服
務為主不涉入撥貸，平台不涉
及借貸行為本身；公證模式：
撥貸銀行債權轉讓其他投資
人，平台與銀行合作，由銀行
撥款；保證收益模式：平臺投
資人保證收益；資產負債表模
式：平台以自有資金撥款；發
票交易／應收帳款承購：平臺
憑商業發票／應收帳款撥貸。

24.（**4**）

P2P借貸平台的潛在投資收益較
高，因為其營業成本較低，且因
市場上潛在許多小額融資需求
者，不易透過傳統金融機構取得

貸款，同時投資人也承擔了較高
風險，因此投資收益高。

25.（**1**）

根據中央銀行2018年第3季理監
事會後資料定義P2P借貸傳統模
式：「提供訊息及相關服務為
主不涉入撥貸：借款人於網路
平臺申請貸款，由平臺核准貸
款後揭露相關訊息，投資人透
過該平臺尋找投資標的，將資
金借予借款人。」故此題(1)為
正解。另外(2)為公證模式、(3)
為保證收益模式、(4)為資產負
債表模式。

26.（**3**）

公益事業上的常見募資方式為
「捐贈」，贊助者通常不要求
任何形式的返還或酬勞。

27.（**2**）

群募貝果與嘖嘖是屬於回饋型
的群募平台，通常提案人會提
供非財務類的回饋，如商品、
紀念品，給贊助人。

28.（**3**）

理財機器人服務流程為瞭解客
戶（KYC）、提供投資組合建

議、執行交易、檢視投資組合
與風險監控。

29.（3）

流程外部化是指金融機構將例
如KYC等相關流程處理外包給
第三方業者負責，本身僅專注
在最重要的業務方面，因此金
融機構是將大量基礎設施移
出，而非投入。

30.（3）

投資者賦權（Empowered
Investors）為降低財務管理門檻
及其複雜性，使投資者能有能
力自行做投資決策。故此題(3)
並不正確。

31.（2）

根據央行定義，純網銀是指沒有
實體分行，所有金融服務均透過
網路或行動管道進行之銀行。雖
無實體分行，但實務上仍會設立
實體總行與客服中心，保障消費
者權益。故(2)錯誤。

32.（3）

開放銀行的意涵是將銀行的服
務碎片化，使得金融服務可以
透過第三方業者提供給其他家

銀行的客戶。而這樣的合作模
式無法直接增加銀行的利息收
入。故此題答案為(3)。

33.（2）

根據BCBS（2018）報告指出，
金融科技對銀行業之影響有五
種可能情境21，而各種情境將
面臨不同程度之「作業風
險」、「流動性風險」、「法
遵風險」、「個資保護風
險」、「委外風險」及「資安
風險」等。此題描述屬於委外
風險，故選(2)。

34.（3）

依據德勤的報告監理科技有四
大特性：敏捷性（Agility）、速
度（Speed）、與整合
（Integration）。敏捷性係指對
於錯綜複雜之數據可以運用ETL
（Extract, Transform, Load）工
具進行快速解析與組合。速度
係指可以快速產生報告與通
知。整合係指在短時間內找到
解決方案並執行。分析指挖掘
大數據背後的意涵，同時也代
表者以相同的資料解析不同的
目的。故此題敘述為(3)。

35.（**4**）

PwC（2016a）報告將監理科技類型區分為效率和合作（Efficient and Collaboration）、整合、標準、理解（Integration, standards and understanding）、預測、學習、簡化（Predict, learn and simplify）、與新方向（New avenues）。

36.（**2**）

透過強大的攻擊流量狙擊系統，導致網路癱瘓為分散式阻斷服務。

37.（**4**）

根據2018年行政院國家資通安全會報技術服務中心統計，受到網頁攻擊的通報原因，前三名分別是網站設計不當（約26.55%）、弱密碼（約12.5%）、應用程式漏洞（約9.38%）。因此此題(4)並非主要原因。

38.（**1**）

依據Accenture於2019年的報告指出，網路犯罪對銀行業所增加的成本（cost）最大。

39.（**3**）

以上描述符合WEF對數據策略性角色的定義，故此題解答為(3)。

40.（**2**）

依據WEF的定義，流線型設施係指運用「平台化」和「去中心化」技術提供新的方式整合和分析信息、並增進連結能力也減少獲取信息和參與金融活動的邊際成本。故此題選(2)。另外(1)為投資者賦權、(3)為高價值活動自動化、(4)為專業化利基商品。

41.（**2**）

題幹敘述與(2)的意涵相符，故應選擇(2)。

42.（**2**）

由擁有相近利益、關注相同議題、或是屬於相同產業的企業組織，且多因為有安全性的考量而組成的雲端運算部署模式為社群雲，故應選擇(2)。

43.（**3**）

隱私並非組織採用雲端運算服務的考量原因，因為雲端運算

技術本身帶來的好處與隱私關係不大。

44.（1）

網頁爬蟲程式所抓取到的資料與API方式取得即時性相當，但是API所抓取的資料正確性叫爬蟲程式高，故此題選(1)。

45.（3）

人工智慧對監理科技的三大應用主軸包括辨識、報告，以及法遵。

46.（1）

(2)(3)(4)都是運用在金融服務的人工智慧技術，故此題選(1)。

47.（3）

比特幣交易具有匿名性因為其交易僅以僅以錢包地址作為發送及接收的基礎。交易者姓名並非加密保護，而是沒有紀錄。交易雖被加密保護，但其保護是在保障交易不被隨意竄改，而非看不到交易紀錄。另外比特幣交易雖數位簽章，但其意涵為防止其他人篡改過去公布的交易。綜上所述，此題解答為(3)。

48.（4）

區塊頭包含三組元數據，包括難度值（有關區塊中事務的結構化）、時間戳記、及對前一個區塊頭的雜湊值（引用連結），故此題(4)並非在區塊頭中。

49.（1）

智慧手機進行的生物辨識技術主要為人臉辨識與指紋辨識。密碼辨識技術非生物辨識技術。虹膜辨識與靜脈辨識雖為生物辨識技術，但是其設備要求較高，目前要應用在智慧手機上有困難，故此題選(1)。

50.（4）

NFC支付通常有三個主要的組成元素：手機的NFC天線、手機裡防干擾的安全元件、和放在店內收銀台的非接觸式NFC讀卡機，故此題(4)並非主要組成元素。

51.（3）

要達成無現金社會所遇到的瓶頸在傳統市場、小型攤商及個人商店，因為無現金支付設備的導入成本較高，對於這類型的店家來說，吸引力較小。

52.（ 1 ）

目前最常見的區塊鏈技術結合智能合約，應用在旅遊不便險中的航班延誤險，其賠償條件較無爭議，且金額通常不大，目前我國至少有8家保險業者推出相關保險產品。

53.（ 4 ）

P2P借貸資產負債表模式係指平台以自有資金撥款。故選擇(4)。

54.（ 3 ）

群眾募資的五項主要風險有較高的投資損失、較少的法律保障、稀釋風險、資訊不對稱，及流動性風險。

55.（ 2 ）

金融科技投資管理與傳統財富管理上，最大的差別是投資者賦權。傳統式由專業機構或中介機構來提供決策和財務規劃策略，而金融科技的引進可以降低投資理財的門檻，使一般投資人也能自行進行決策。

56.（ 2 ）

「客戶地址」與「客戶帳戶餘額」屬於帳戶及交易數據。

57.（ 1 ）

根據PwC（2016a）的報告共享數據（Shared data ontology）是指分享監理數據常規與結構，促進效率。雲端運算（Cloud Computing）則是強調在風險控管及回報上更有效率的資料共享、搜集及存取。區塊鏈（Blockchain/distributed ledger）的內涵則是使資料共享更加透明。風險評估統一化（Unified risk assessment）是指具備法遵功能的平台上都是用相同標準的風險評估標準。故此題答案為(1)。

58.（ 3 ）

Open API為了銀行與第三方服務提供商提供了便利且快速的溝通介面。故此題(3)為錯。

59.（ 4 ）

金融機構在運用人工智慧技術時，不需從大規模的應用開始，應一步一步的小範圍應用，測試效果與控制風險，再進一步擴大應用範圍，以此管控風險。

60.（ 3 ）

題幹敘述屬於數據分析之應用，故選(3)。

金融基測

【第一屆】

( )　1. 公開金鑰加解密系統中,有關「訊息」以金鑰(key)作加解密
方式,下列何者正確?
(1)訊息以收件者公鑰加密、以收件者私鑰解密
(2)訊息以收件者私鑰加密、以收件者公鑰解密
(3)訊息以寄件者公鑰加密、以寄件者私鑰解密
(4)訊息以寄件者私鑰加密、以寄件者公鑰解密。

( )　2. 為確保資料傳遞與儲存的私密性,避免未經授權的使用者有意
或無意的揭露資料內涵,下列何者是網際網路上資料傳遞常用
的安全協定?
(1)SSL
(2)SNMP
(3)SMTP
(4)RTCP。

( )　3. 有關密碼學中使用之單向雜湊函數(hash function)要求,下
列敘述何者錯誤?
(1)給定訊息,可很容易算出其對應之雜湊值
(2)不同訊息產生之雜湊值一定不相同
(3)給定訊息,很難找到另一訊息,使二者之雜湊值相同
(4)訊息長度不同,但產生之雜湊值長度相同。

( )　4. 在防火牆(firewall)前後各設置過濾路由器(filtering
router),形成一個隔離區(DMZ),外部網路只能連接到
DMZ。此種防火牆架構稱為下列何者?
(1)屏障式子網路防火牆(screened subnet firewall)
(2)封包過濾防火牆(packet filter firewall)

　　(3)防禦主機防火牆（bastion subnet firewall）

　　(4)應用閘道防火牆（application gateway firewall）。

( )　5. 下列何者為行動支付的近端交易？

　　(1)線上轉帳

　　(2)藍牙交易

　　(3)行動條碼

　　(4)紅外線。

( )　6. 下列何者是執行機器學習的主要技術？

　　(1)大數據

　　(2)深度學習

　　(3)資料探勘

　　(4)資料倉儲。

( )　7. 下列何者不是大數據的特徵？

　　(1)多樣（varitey）

　　(2)成功（victory）

　　(3)大量（volume）

　　(4)真實（veracity）。

( )　8. 下列何者不是世界經濟論壇所認為的新市場平台的功能？

　　(1)增加流動性

　　(2)提高價格準確性

　　(3)提高賣方利潤

　　(4)提高透明度。

( )　9. 下列何者是物聯網層級架構由下至上的正確層級順序？

　　(1)感知層→應用層→表面層

　　(2)感知層→應用層→網路層

(3)網路層→應用層→表面層

(4)感知層→網路層→應用層

( ) 10. AI人工智慧的全名為何？

(1)Artificial Infrastructure

(2)Artificial Intelligence

(3)Artificial Informaiton

(4)Artificial Intellectual。

( ) 11. 商店若要帶給NFC客戶良好的體驗，需要大幅改良下列何種系統或設施？

(1)POS

(2)Bluetooth

(3)RFID

(4)Internet。

( ) 12. 下列何者不屬於區塊鏈的特性？

(1)去中心化

(2)可回溯

(3)不可竄改

(4)無效能負載疑慮。

( ) 13. 下列何者是IaaS雲端運算架構中的系統核心功能？

(1)負載平衡

(2)API擴展

(3)節點配置

(4)去中心化。

（　） 14. 下列何種機器學習是所有資料都被標註，告訴機器相對應的
值，以提供機器學習在輸出時判斷誤差，預測時比較精確？
(1)監督式學習
(2)非監督式學習
(3)半監督式學習
(4)強化式學習。

（　） 15. 下列何者不屬於大數據分析的資料清理對象？
(1)處理遺漏值
(2)處理偏離值
(3)處理重複值
(4)處理交換值。

（　） 16. 下列何者為Apple Pay行動支付使用的技術？
(1)TSM（Trusted Service Manager）
(2)HCE（Host Card Emulation）
(3)RFID（Radio Frequency IDentification）
(4)Tokenization。

解答與解析 答案標示為#者，表官方曾公告更正該題答案。

1.**(1)**

公開金鑰密碼學也稱非對稱式密碼學，是密碼學的一種演算法，它需要兩個金鑰，一個是公開密鑰，另一個是私有密鑰；公鑰用作加密，私鑰則用作解密。

2.**(1)**

是一種安全協定，目的是為網際網路通訊提供安全及資料完整性保障。

3.**(2)**

滿足「正著算很簡單、逆著算很煩」的函數通稱為one-way function1，非不同訊息產生之雜湊值一定不相同。

4.**(1)**

屏障式子網路防火牆（screened subnet firewall）：此防火牆藉由多台主機與兩個路由器組成，電腦分成兩個區塊，屏障子網域與內部網路，封包經由以下路徑，第一個路由器→屏障子網域→第二路由器→內部網路，此設計因有階段式的過濾功能，因此兩個路由器可以有不同的過濾規則，讓網路封包更有效率。若一封包通過第一過濾器封包，會先在屏障子網域進行服務處理，若要進行更深入內部網路的服務，則要通過第二路由器過濾。

5.**(3)**

行動條碼須於臨櫃才可使用屬於近端交易。

6.**(2)**

深度學習是機器學習中一種基於對資料進行表徵學習的演算法。觀測值（例如一幅圖像）可以使用多種方式來表示，如每個像素強度值的向量，或者更抽象地表示成一系列邊、特定形狀的區域等。

7.**(2)**

大數據的特徵為多樣（varitey）、真實（veracity）、大量（volume）、時效（Velocity）。

8.（**3**）

世界經濟論壇所認為的新市場平台的功能有增加流動性、提高價格準確性提高透明度等。

9.（**4**）

感知層→網路層→應用層。

10.（**2**）

Artificial Intelligence。

11.（**1**）

主要功能在於統計商品的銷售、庫存與顧客購買行為。業者可以透過此系統有效提升經營效率，可以說是現代零售業界經營上不可或缺的必要工具。

12.（**4**）

區塊鏈的特性去中心化、可回溯、不可竄改。

13.（**1**）

是提供消費者處理、儲存、網路以及各種基礎運算資源，以部署與執行作業系統或應用程式等各種軟體。IaaS是雲服務的最底層，主要提供一些基礎資源。

14.（**1**）

監督式學習可以由訓練資料中學到或建立一個模式，並依此模式推測新的實例。

15.（**4**）

當數據沒有不合理值、不正常值，資料分析才可能得到正確結果。

16.（**4**）

提供Apple Pay服務的為Token Service。

【第二屆】

( )　1. 在多重字母替換加密法（polyalphabetic ciphers）中，定義「金
鑰」為每個字母的位移數，例如123是指第一個字母向左移一
位；第二字母向左移二位；第三字母向左移三位。請問CAB會
被加密為何？
(1)DCE
(2)BZZ
(3)BYZ
(4)BYY。

( )　2. 下列何種防火牆最適合企業用來掃描電子郵件的內容？
(1)Application-proxy gateway firewalls
(2)Packet filter firewalls
(3)Statful inspection firewalls
(4)personal firewalls。

( )　3. 下列何者不是NIST（National Institute of Standards and
Technology）定義的雲端運算部署模式？
(1)Private Cloud
(2)Home Cloud
(3)Hybrid Cloud
(4)Community Cloud8。

( )　4. 根據NIST（National Institute of Standards and Technology）
SP1500-1，通常會使用下列哪種資料庫處理大數據？
(1)關聯式資料庫
(2)非關聯式資料庫
(3)結構式資料庫
(4)網狀式資料庫。

( )　5. 下列何者常被用來評估生物辨識系統的安全性？
　　　(1)冒用被拒絕率
　　　(2)本人被拒絕率
　　　(3)冒用被接受率
　　　(4)本人被接受率。

( )　6. 在區塊鏈中的交易記錄是記錄在下列何處？
　　　(1)私密帳本
　　　(2)公共帳本
　　　(3)國有帳本
　　　(4)傳輸帳本。

( )　7. 下列何者不是物聯網技術運作的關鍵要素？
　　　(1)感測器
　　　(2)有線網路
　　　(3)無線網路
　　　(4)智慧積體電路。

( )　8. 下列何者不屬於雲端運算技術的優點？
　　　(1)高存取性
　　　(2)高擴展性
　　　(3)服務可計量
　　　(4)高隱密性。

( )　9. 有關虛擬實境，下列敘述何者正確？
　　　(1)可見如同真實的虛擬世界
　　　(2)結合現場與虛擬物件
　　　(3)虛擬物件可在真實空間中與使用者進行互動
　　　(4)用電腦螢幕跟攝影機呈現預期的髮型設計狀況。

( )　10. 下列何者不是區塊鏈的特性？
　　　　(1)去中心化
　　　　(2)不可竄改性
　　　　(3)可追蹤性
　　　　(4)自主學習。

( )　11. 有關航班延誤險，產險公司以「智能合約」執行保險運作快速
　　　　理賠，主要是採用下列何種金融科技的技術？
　　　　(1)支付
　　　　(2)區塊鏈
　　　　(3)人工智慧
　　　　(4)雲端運算

( )　12. 2016年駭客入侵孟加拉中央銀行SWIFT系統，取得系統登入憑
　　　　證，盜轉8,100萬美金，此一透過資訊工具的金融犯罪手法，
　　　　是下列哪一種？
　　　　(1)用虛擬貨幣洗錢
　　　　(2)勒索病毒軟體（RaaS）
　　　　(3)分散式阻斷服務（DDos）
　　　　(4)進階持續威脅攻擊（APT）。

( )　13. 有關人工智慧、機器學習、深度學習三者的關係，下列何者正確？
　　　　(1)三者是相同的
　　　　(2)深度學習是機器學習的一種，機器學習是人工智慧的一部分
　　　　(3)機器學習是深度學習的一種，深度學習是人工智慧的一部分
　　　　(4)深度學習與機器學習是相同的，兩者都是人工智慧的一部分。

( )　14. 下列何者不是近端支付的技術？
　　　　(1)手機SMS（Short Message Service）
　　　　(2)NFC（Near-Field Communication）
　　　　(3)信用卡行動收單裝置（mPOS）
　　　　(4)QR Code。

解答與解析　答案標示為#者，表官方曾公告更正該題答案。

1.(4)

BYY：C→B，A退2位→Y，B
退3位→Y。

2.(1)

應 用 代 理 閘 道 防 火 牆
（application-proxy gateway
firewall）可以掃描電子郵件的
內容，並過濾Javascript。

3.(2)

(1) 自 助 式 隨 需 服 務 （ O n -
demand self-service）：客戶
可以依其需求索取計算資源
（ 例 如 伺 服 器 或 儲 存 空
間），且整個過程是單方面
自動化的，無須與資源提供
者互動。

(2) 廣 泛 網 路 接 取 （ B r o a d
network access）：服務是經
由網路提供，且有標準機制
能讓不同的客戶端平台（如
智慧型手機及筆電等）都可
以使用。

(3) 共 享 資 源 池 （ R e s o u r c e
pooling）：服務者所提供的

計算資源，例如儲存空間、
網路頻寬、計算能力、虛擬
機器數量等，可類比為一個
大水池，能隨時依需要（重
新）分配給不同平台的多個
使用者。使用者不需了解資
源的實體位置，只要有抽象
概念即可（如資源是在哪個
國家或哪個資料中心）。

(4) 快 速 的 彈 性 （ R a p i d
elasticity）：計算資源不僅
可以快速且有彈性地被提供
或釋放，且對客戶而言，資
源是取之不盡且可以恣意購
買的。

(5) 可量測的服務（Measured
service）：計算資源可依其
所提供的服務特性被自動控
管及最佳化。提供者與使用
者雙方都可透明地監控資源
使用情形。

4.(2)

非關聯式資料庫在開發的容易
性、功能性和大規模效能方面
廣受肯定。

5.(3)

生物辨識技術之準確度以錯誤排斥率（false rejection rate, FRR）以及錯誤接受率（false acceptance rate, FAR）為評估標準，所謂「錯誤排斥率」是指獲得授權之使用者被誤認為不具資格者之機率，而「錯誤接受率」是指誤將盜用身分者辨識為獲得授權者之機率。

6.(2)

整個區塊鏈就像是一個共享的分散式總帳，由多個參與的運算節點來共同維護，每個節點也各自擁有一份完整的帳本備份（完整個區塊鏈資料），而其中的每個區塊，就像是帳本的其中一頁，記錄好幾筆不同的交易資訊，這些紀錄都無法經由其中一個節點來竄改。

7.(2)

感測器、無線網路、智慧積體電路等都為物聯網技術運作的關鍵要素。

8.(4)

(1)基於虛擬化技術快速部署資源或獲得服務。

(2)減少用戶終端的處理負擔。

(3)降低了用戶對於IT專業知識的依賴。

9.(1)

虛擬實境（英語：virtual reality，縮寫VR）是利用電腦類比產生一個三維空間的虛擬世界，提供使用者關於視覺等感官的類比，讓使用者感覺彷彿身歷其境，可以即時、沒有限制地觀察三維空間內的事物。

10.(4)

自主學習非區塊鏈的特性。

11.(2)

智能合約（smart contract）是區塊鏈中一種制訂合約時所使用的特殊協議，主要用於提供驗證及執行智能合約內所訂定的條件。

12.(**4**)

進階持續威脅攻擊（APT）：是指隱匿而持久的電腦入侵過程，通常由某些人員精心策劃，針對特定的目標。其通常是出於商業或政治動機，針對特定組織或國家，並要求在長時間內保持高隱蔽性。高級長期威脅包含三個要素：高級、長期、威脅。高級強調的是使用複雜精密的惡意軟體及技術以利用系統中的漏洞。

13.(**2**)

深度學習是機器學習的一種，機器學習是人工智慧的一部分。

14.(**1**)

手機SMS（Short Message Service）：也稱為訊息、簡訊、文字訊息，此服務亦有許多英語的俗稱如SMSes、text messages、messages或甚至於texts和txts，是行動電話服務的一種。

信託業務 銀行內控 初階授信 初階外匯 理財規劃 保險人員用書

千華出品
有口皆碑

2F011091	圖解速成防制洗錢與打擊資恐法令與實務	金永瑩	390元
2F021091	初階外匯人員專業測驗重點整理+模擬試題	蘇育群	410元
2F031091	債權委外催收人員專業能力測驗重點整理+模擬試題	王文宏 邱雯瑄	470元
2F051091	無形資產評價師(初級、中級)能力鑑定速成	陳善	390元
2F061091	證券商高級業務員(重點整理+試題演練)	蘇育群	610元
2F071091	證券商業務員(重點整理+試題演練)	金永瑩	590元
2F081101	金融科技力知識檢定(重點整理+模擬試題)	李宗翰	390元
2F091101	風險管理基本能力測驗一次過關	金善英	470元

2F621081	信託業務專業測驗考前猜題及歷屆試題	龍田	560元
2F791101	圖解式金融市場常識與職業道德	金融編輯小組	370元
2F811081	銀行內部控制與內部稽核測驗焦點速成+歷屆試題	薛常湧	490元
2F851101	信託業務人員專業測驗一次過關	蔡季霖	650元
2F861081	衍生性金融商品銷售人員資格測驗一次過關	可樂	430元
2F881101	理財規劃人員專業能力測驗一次過關	可樂	530元
2F891081	防制洗錢與打擊資恐法令及實務一次過關	金永瑩	400元
2F901091	初階授信人員專業能力測驗重點整理+歷年試題解析二合一過關寶典	艾帕斯	470元
2F911081	投信投顧相關法規(含自律規範)重點統整+歷年試題解析二合一過關寶典	陳怡如	470元
2F931081	外匯交易專業能力測驗(重點速成+模擬試題)	高瀅	410元
2F941101	人身保險業務員資格測驗(重點整理+試題演練)	陳宣仲	390元
2F951101	財產保險業務員資格測驗(重點整理+試題演練)	楊昊軒	490元
2F961081	投資型保險商品第一科(含投資型保險商品概要、金融體系概述)	周大宇	330元
2F981091	投資型保險商品第二科(含投資學概要、債券與證券之評價分析、投資組合)重點整理+試題演練	陳宜	360元
2F991081	企業內部控制基本能力測驗(重點統整+歷年試題)	高瀅	450元

銀行&金融基測招考

名額多・考科少・易準備・薪資高・福利好・前途佳

【本系列叢書特色】

切中命題・名師編著・囊括重點・
解說詳盡・易懂易記

銀行系列

2G031091	搶救銀行國文特訓	徐弘縉	590 元
2G041091	邏輯推理	千華編委會	430 元
2G541091	一次考上銀行 國文	李宜藍	480 元
2G021071	一次考上銀行 英文	德芬	490 元
2G281091	一次考上銀行 貨幣銀行學(含概要)	歐欣亞	430 元
2G521091	一次考上銀行 銀行法(含概要)	成在天	350 元
2G551092	一次考上銀行 會計學(含概要)	歐欣亞	570 元
2G491091	一次考上銀行 票據法(含概要)	亭宣	390 元
2G531081	一次考上銀行 國際貿易實務	吳怡萱	490 元
2G561071	一次考上銀行 計算機概論(含網路概論)	茆政吉、蔡穎	490 元
2G601091	圖解速成 防制洗錢與打擊資恐法令與實務	金永瑩	390 元

金融基測系列

2G311091	金融基測考科1[會計學+貨幣銀行學]焦點速成	林惠貞、陳敏	470 元
2G321091	金融基測考科2[票據法+銀行法]焦點速成	李亭 、林蓉	430 元
2G331101	創新科技焦點速成 [金融基測]	李宗翰	390 元

考前速成系列

2G161031	2014一次考上銀行 銀行專業科題庫(一) (102年度會計學概要+貨幣銀行學等)超級無敵詳解	歐欣亞等	500 元
2G171041	2015一次考上銀行 銀行專業科題庫(二) (103年度會計學概要+貨幣銀行學等)超級無敵詳解	歐欣亞等	490 元
2G181051	2016一次考上銀行 銀行專業科題庫(三) (104年度會計學概要+貨幣銀行學等)超級無敵詳解	歐欣亞等	470 元
2G191061	2017一次考上銀行 銀行專業科題庫(四) (105年度會計學概要+貨幣銀行學概要+票據法概要+ 銀行法概要) 重點精要+試題詳解	賦誠等	700 元
2G241081	一次考上銀行 銀行考前速成	賦誠等	700 元

以上定價，以正式出版書籍封底之標價為準

歡迎至千華網路書店選購
服務電話 (02)2228-9070
千華網路書店

更多網路書店及實體書店

博客來網路書店　　PChome 24hr書店　　三民網路書店

MOMO 購物網　　金石堂網路書店　　誠品網路書店

查詢實體書店

郵政從業人員招考 專用系列

內勤

2A071101	洗錢防制法大意一次過關	成琳	近期出版
2A081101	金融科技知識一次過關	李宗翰	390 元
2A111091	國文 (短文寫作、閱讀測驗) 焦點總複習	高朋等	450 元
2A121091	郵政三法大意百分百必勝精鑰	以明	490 元
2A131081	搶救郵政國文特訓	徐弘縉	570 元
2A171091	郵政專家陳金城老師開講：郵政三法大意	陳金城	490 元
2A191091	企業管理 (含大意)	陳金城	590 元
2A261091	郵政英文勝經	劉似蓉	470 元
2A361081	主題式企業管理 (含大意)	張恆	590 元
2A411091	企業管理大意滿分必殺絕技	楊均	550 元
2A471091	郵政三法大意 -- 逐條白話解構	畢慧	460 元
2A481091	郵政內勤四合一 -- 快速搶分便利帶	千華名師群	630 元
2A541091	絕對高分！郵政企業管理 (含大意)	高芬	650 元

以上定價，以正式出版書籍封底之標價為準

~~ 不是好書不出版 ~~
最權威、齊全的國考教材盡在千華

千華系列叢書訂購辦法

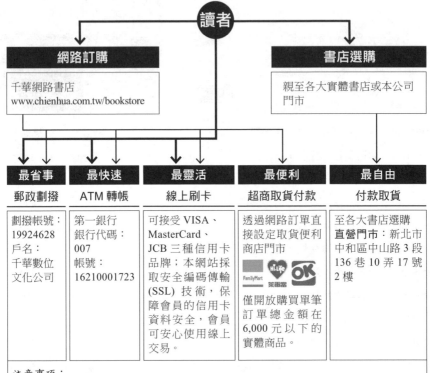

讀者

網路訂購	書店選購
千華網路書店 www.chienhua.com.tw/bookstore	親至各大實體書店或本公司門市

最省事	最快速	最靈活	最便利	最自由
郵政劃撥	ATM 轉帳	線上刷卡	超商取貨付款	付款取貨
劃撥帳號： 19924628 戶名： 千華數位 文化公司	第一銀行 銀行代碼： 007 帳號： 16210001723	可接受 VISA、MasterCard、JCB 三種信用卡品牌；本網站採取安全編碼傳輸(SSL) 技術，保障會員的信用卡資料安全，會員可安心使用線上交易。	透過網路訂單直接設定取貨便利商店門市 FamilyMart Hi-Life 萊爾富 OK 僅開放購買單筆訂單總金額在 6,000 元以下的實體商品。	至各大書店選購 直營門市：新北市中和區中山路 3 段 136 巷 10 弄 17 號 2 樓

注意事項：

1. 單筆訂單總額 499 元以下郵資 60 元；500~999 元郵資 40 元；1000 元以上免付郵資。

2. 請在劃撥或轉帳後將收據傳真給我們 (02)2228-9076、客服信箱：chienhua@chienhua.com.tw 或 LineID:@chienhuafan,並註明您的姓名、電話、地址及所購買書籍之書名及書號。

3. 請您確保收件處必須有人簽收貨物 (民間貨運、郵寄掛號)，以免耽誤您收件時效。

訂單及匯款確認

收到產品

我們接到訂單及確認匯款後，您可在三個工作天內收到所訂產品 (離島地區除外)，如未收到所訂產品，請以電話與我們確認。

※ 團體訂購，另享優惠。請電洽服務專線 (02)2228-9070 分機 211,221

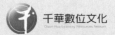千華數位文化

國家圖書館出版品預行編目 (CIP) 資料

金融科技力知識檢定 (重點整理＋模擬試題) /
李宗翰編著 . -- 第一版 . -- 新北市：千華數位文化，
2020.07
面；　公分
ISBN 978-986-520-046-6(平裝)

1. 金融業 2. 金融管理 3. 金融自動化 4. 考試指南
561.029　　　　　　　　　109008648

金融科技力知識檢定(重點整理+模擬試題)

編　著　者：李　宗　翰

發　行　人：廖　雪　鳳
登　記　證：行政院新聞局局版台業字第 3388 號
出　版　者：千華數位文化股份有限公司
　　　　　　地址／新北市中和區中山路三段 136 巷 10 弄 17 號
　　　　　　電話／ (02)2228-9070　　傳真／ (02)2228-9076
　　　　　　郵撥／第 19924628 號　千華數位文化公司帳戶
　　　　　　千華公職資訊網 : http://www.chienhua.com.tw
　　　　　　千華網路書店 : http://www.chienhua.com.tw/bookstore
　　　　　　網路客服信箱 : chienhua@chienhua.com.tw

法律顧問：永然聯合法律事務所
編輯經理：甯開遠　　　　　　　校　　對：千華資深編輯群
主　　編：甯開遠　　　　　　　排版主任：陳春花
執行編輯：廖信凱　　　　　　　排　　版：陸承愛

出版日期：2020 年 11 月 30 日　　第一版／第二刷

本書如有勘誤或其他補充資料，
將刊於千華公職資訊網　http://www.chienhua.com.tw
歡迎上網下載。